現代中国の起源を探る
史料ハンドブック

中村元哉・大澤 肇・久保 亨 編

はじめに

中村元哉

　現代中国は、日本人にとって、いつの間にか「近くて遠い国」になってしまった。地理的には近接しているにもかかわらず、心理的には大きな距離を感じる国になっている、との思いである。
　現代中国が心理的に遠い存在になってしまったことは、日中間に様々な摩擦が生じているからにほかならない。とりわけ、歴史認識問題は日中間の政治・外交問題へと発展するほどに深刻化し、両国の社会で嫌中感と嫌日感を呼び覚まして相互のイメージを悪化させている。
　本書は、日中の歴史認識問題を正面から論じたいわけではない。しかし、この歴史認識問題を引き起こしている一因は、日本側の「固定化された中国観」にもあると考えられる。多くの日本人は、相変わらず中国を「遅れた暗い国」、すなわち「近代化に努力を払おうとしない非文明の国」もしくは「近代化に努力を払ったとしても文明の域に達しない国」と捉え続けているのではないだろうか。その結果、現代中国に対する思考を止めて、その実像を知ろうとする努力さえ怠っているのではないだろうか。現代中国をそうたらしめていることに対する理解が深まっていないように思われる。
　現代中国は、依然として社会主義の看板を掲げているとはいえ、すでに経済発展をとげた。しかも、21世紀の国際社会において大国となった。どんなに少なく見積もっても、「遅れた暗い国」というステレオタイプ化された日本の中国イメージは、もはや破綻している。もちろん「遅れた暗い国」というイメージを反転させて近代化した中国を強調すれば、すべてが解決するわけではない。「進んだ明るい国」と呑気に形容できるほどに安定した国や地

域、あるいは近代化論ですべてを説明できる国や地域など、この世界にはどこにも存在しないからである。むしろ大切なことは、既に破綻した現代中国に対する従来のイメージを取り払って、個々人が現代中国の内情をつぶさに観察できる知的土台を築くこと、それを世界との同時代性を念頭におきながら、どこまでが普遍で、どこからが特殊であるのかを考え続けることである。

　このような現代中国に対する知的探求がなぜ日本にとって重要なのであろうか。総務省が長期にわたって実施している「外交に関する世論調査」（2016年3月）によれば、中国に対して親しみを感じるとの回答は依然として過去最低の14.8％であるにもかかわらず、今後の日中関係の発展が重要であるとの回答は73.3％にも達している。経済や貿易、そして安全保障を小難しく論じなくとも、この73.3％という数字が日本の現代中国に対する知的探求の重要性を雄弁に物語っていよう。

　本書は、現代中国の実像に学問としてどのように接近するのかを問うのではなく——この高度に洗練化された方法論については高橋伸夫編『現代中国政治研究ハンドブック』（慶應義塾大学出版会、2015）を参照のこと——、現代中国を現代中国たらしめている歴史的起源を解明するためのツールを、現在の日中関係を担っているすべての人々と将来の日中関係を担うはずの学部生や大学院生に対して分かりやすく提供することを目標とする。この目標を達成できれば、一人でも多くの人たちが、時事解説とは一味も二味も違う、深みのある現代中国理解を構築できるだろう。

　そのためには、まず、ツールとしての史料にどうしても注目せざるを得ない。なぜなら、良質な史料を取捨選択し、それを正しく解読できなければ、現代中国を歴史的にそうたらしめている主因を特定できないからである。このような基礎的作業と基礎的認識を欠いた現代中国理解など、時勢の変化に応じて、直ちに意味をなさなくなるだろう。

　以上のような目標を設定する本書は、書名を『現代中国の起源を探る——史料ハンドブック』とする。ここでいう史料とは、「檔案」（行政文書）、新聞、雑誌、回想録、調査資料および各種の資料などを便宜的に総称した概念

として使用する。そう判断した理由は、人民共和国期の一次史料の公開状況が急速に好転しているわけではない現状下で、資料や回想録などに分類されるべきものが一次史料に準じるような重要性を帯びているからである。したがって、厳密にいえば資料と記すべきものも、固有名詞としての資料集名を除いて、本文中ではすべて史料と記すことにする。同様に、本来であれば「地方志」と称されるものも、固有名詞を除いて、すべて地方史と記すことにする。また、本書のいう現代中国の起源とは、主として中華人民共和国（本書では人民共和国）成立初期の1950年代を指すものとする。言い換えれば、本書は、人民共和国の正統性をつくり出してきた1950年代を史料に即して整理しながら、各分野の歴史的起源を探究することで現代中国を照射することになる。

　ただし、一点だけ強調しておきたいことは、本書が扱う1950年代の中国が文字どおりの1950年代の大陸中国のみを指すわけではない、ということである。1950年代の人民共和国の歩みは、1949年以前の中華民国（本書では民国）の歴史と断絶するわけではない。それは、民国期の中国共産党（本書では共産党）の歴史に加えて中国国民党（本書では国民党）の歴史とも密接にかかわっているのであり、党や政府の歴史には収まりきらない社会や個人の歴史の積み重なりの上にも成立している。さらには、民国期の人的ネットワークや知的遺産が1949年を境にして大陸中国、台湾、香港へと広がった以上、1950年代の人民共和国は同時代の台湾や香港ともつながりあいながら、1960年代へと歩みをすすめ、現代中国に至っている。つまり本書は、1950年代に重点をおきながら、民国史と改革開放以降の現代史（「当代史」）を東アジア世界のなかで接続しようとするものでもある（ただし各章のテーマによっては、その限りではない）。

　本書は、歴史的起源としての1950年代中国を20世紀の時空のなかに定位しようとするからこそ、ある特定の政治的立場からの歴史観を排して、あるがままの中国像を最大限に提供することに全力を尽くさなければならない。だからこそ、民国の国家建設を否定するかのような人民共和国「建国」という

表記を使用せず、人民共和国成立と表記することにした。

　本書は、各章の冒頭で各テーマに応じた研究状況を説明し、その到達点を確認した上で重要史料を厳選している。また、各章の担当者が詳細な紹介を要すると判断した史料については、章末に解題を付けた。いずれも読みやすさを追求してのことである。

　それでは、現代中国の起源をじっくりと探究することにしよう。

目次 ❖ 現代中国の起源を探る──史料ハンドブック

はじめに ……………………………………………… 中村元哉　i

凡例 ……………………………………………………………… vi

年表・地図 …………………………………………………… vii

第1章　政治・思想史──連鎖する民国史と人民共和国史──
　　　　………………………………………………… 中村元哉　1

第2章　中国共産党史 ………………………………… 田中仁　13

第3章　政治制度史──人民代表大会を中心に── … 杜崎群傑　25

第4章　法制史──憲法と司法を中心に── ………… 吉見崇　33

第5章　軍事史 ………………………………………… 山口信治　43

第6章　外交史・日中関係史 ………………………… 王雪萍　55

第7章　民族政策史──チベットを事例として──
　　　　小林亮介・大川謙作　　　　　　　　　　　　　69

第8章　経済史 ………………………………………… 久保亨　87

第9章　農村政策・農村社会史研究 ………………… 河野正　97

第10章　教育史 ……………………………………… 大澤肇　113

第11章　文学史 ……………………………………… 和田知久　131

第12章　ジェンダー史──家族・動員・身体── … 小浜正子　149

補論　電子史料とデータベースについて ………… 大澤肇　159

研究文献・史料一覧 ………………………………… 河野正　179

あとがき ……………………………………………… 編者一同　233

v

凡例
　・本文は、原則として新仮名遣い、常用漢字で記述した。
　・漢数字は、原則として算用数字を用いた。
　・本文中の研究文献名の表記は、著者名（発行年）とした。
　・本文中の史料名の表記は、著者名『史料名』（発行者、発行年）とした。

〈略年表〉
- 1949年10月：中華人民共和国の成立
- 1949年12月：中華民国政府の台北への移転
- 1950年2月：中ソ友好同盟相互援助条約の調印
- 1950年6月：朝鮮戦争の勃発、土地改革法の公布
- 1950年7月：反革命鎮圧運動に関する指示
- 1951年5月：『武訓伝』批判の開始、チベット平和解放に関する17条協議の締結
- 1951年12月：三反運動の開始
- 1952年1月：五反運動の開始
- 1952年4月：日華平和条約の調印
- 1953年9月：「過渡期の総路線」を発表
- 1953年12月：「農業生産合作社の発展に関する決議」を採択
- 1954年4月：平和五原則の発表
- 1954年9月：中華人民共和国憲法の採択・公布
- 1954年10月：『紅楼夢』問題で兪平伯批判を開始
- 1955年4月：アジア・アフリカ会議の開催、平和十原則の提唱
- 1955年5月：胡風批判の発表
- 1956年2月：ソ連共産党のスターリン批判
- 1956年5月：学術に関する「百花斉放・百家争鳴」を奨励
- 1956年9月：中国共産党第8回全国大会の開幕
- 1957年6月：反右派闘争の開始
- 1958年1月：戸籍登記条例の公布
- 1958年5月：「大躍進」政策の拡大
- 1958年8月：人民公社の設立を決定
- 1959年3月：チベットのダライ・ラマ14世がインドへ亡命
- 1959年7月：彭徳懐が「大躍進」政策を批判
- 1960年4月：中ソ論争の公然化

(参考：歴史学研究会編『世界史年表〔第3版〕』岩波書店、2001年)

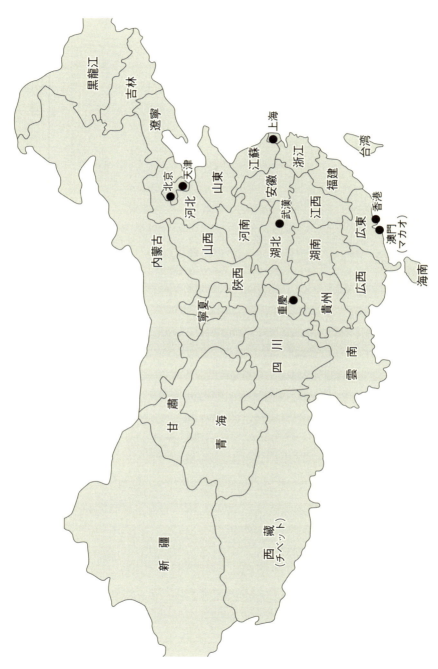

第1章　政治・思想史
　　──連鎖する民国史と人民共和国史──

中村元哉

§研究状況

　1950年代の中国（大陸中国）に関する研究は、人民共和国の正統性を探究する作業そのものである。とりわけ、政治・思想史研究がカバーする領域は、学問の自由や出版の統制、つまりは知識人政策や宣伝・出版政策の展開とも深くかかわるだけに、しばしばイデオロギー論争を巻き起こしてきた。だからこそ、1950年代の政治・思想史研究は長年停滞せざるを得なかったのである。いわば、この研究領域は、幾つかの同時代的考察を除けば、長期間にわたり荒涼とした砂漠地帯のようだった。わずかな例外的研究は、公式史料の解釈に客観性をもたせながら社会主義建設の動態に迫ろうとした日本国際問題研究所中国部会編（1963～1971）、同編（1973～1974）など、数点を数え得るのみであった。
　こうした1950年代中国に関する研究状況は、岡部達味ほか編（1986）や毛里和子編（1990）が公刊された前後から、政治史の分野においては、自覚的に克服されていった。思想史の分野においては、戴晴（1990）が日本に紹介され、1949年の人民共和国の成立によってすべてが新たに始まったかのような神話は再考を迫られた。以後、民国史から人民共和国史を展望する連続性の視角が徐々に研究者に意識され始めた。
　もちろん1990年代に入って、1950年代の政治・思想史に関する史料公開状況が劇的に改善されたわけではない。それにもかかわらず、1990年代前半の中国研究者は、1950年代の中国研究を、良質な同時代的考察を取捨選択しな

がら、少しずつ好転させようとした（野村浩一編1989；同ほか編1990；毛里和子ほか編1994〜1995；吉田富夫ほか編1994）。この間に出版された毛里和子（1993）は、現代中国政治の歴史と現状を体系立てて分析し、その後も最新の研究成果をフォローしながら、同（2012）へと発展をみせた。

　1990年代から2000年代の研究動機は、改革開放政策や「六四」事件（第二次天安門事件）によって変容し始めた中国を目の当たりにして、「社会主義建設期の中国を歴史的にどう総括すればいいのか」という点にあったのだろう。この問題関心を軸に現代中国を射程に収めたのが、毛里和子編（2000）、天児慧編（2000）、国分良成（2004）、久保亨編（2006）などであった。中国語圏でも、政治的に敏感な反右派闘争期の問題群について、沈志華（2008）が扱うようになった。同書は香港だからこそ出版可能だったのかもしれないが、その後に大陸版も出版されていることから、中国でも人民共和国成立期の研究は着実に進展していると評価できよう。楊奎松（2009）は、その代表例でもある。

　ただし、21世紀に入ってから、新たな研究潮流が生まれている。それは、中国近現代史のなかに1950年代以降の政治史を位置づけ直そうとする試みである。西村成雄編（2000）が先駆的な業績であり、田中仁編（2003）や西村成雄・国分良成（2009）、久保亨（2011）、浅野亮編（2012）、深町英夫編（2015）が、次々と世に出された。英語圏でも同様であり、たとえばシャンボー編（Shambaugh, David ed. 2000）などがある。

　以上のような1950年代を含む政治史研究の進展は、思想史研究にも刺激を与えた。西順蔵編（1976〜1977）は、1940年代の国共内戦期——「解放」戦争期——までの思想状況を、共産党の視点を軸にして再現したが、近代思想家の営為を1950年代にまで広げて探求したのが、水羽信男（2007）や砂山幸雄編（2011）だった。中国語圏からも、1950年代の思想運動や政治闘争が生々しく語られ始めた。章詒和（2007）や銭理群（2012）は、日本を含む海外の研究者の視野を広げるのに十分な効果をもった。こうした日中両国の研究状況が、1950年代前半に知識人たちが直面した思想的苦悩を見事に蘇らせ

た。楊奎松（2013）や聶莉莉（2015）などが好例である。また、1950年代の知識人政策と両輪の関係をなす宣伝・出版政策のうち、とりわけ出版にかかわる研究においては、やはり民国史から1949年の中国革命を跨ぐような研究成果が、*China Weekly／Monthly Review*（『密勒氏評論報』【解題1】）に注目したオブライエン（O'Brien, Neil L. 2003）などによって発信された。

　さらに、2010年代に入ると、社会主義建設期の1950年代中国を、中国近現代史のみならず、台湾や香港といった横断的視野をも組み込んで総括し始めている。たとえば、社会主義の文脈だけでは理解しがたい近現代中国の政治・思想現象を、自由主義の受容と展開の歴史や民主憲政史の文脈に即して分析した石塚迅ほか編（2010）、村田雄二郎編（2011）、中村元哉（2011）、同『共和国としての中国：対立と共存の日中関係史』（講談社、近刊）などが出版された。中国語圏では、章清（2004）が画期的な研究成果であり、今日においても、戦後台湾の政治思想や戦後香港の新儒家たちの思想を民国期の自由主義と結びつけて分析する研究成果が次々と生まれている。

§史料紹介

（1）共産党史としての政治・思想史

　有益な研究案内書や翻訳集は、これまでにも日本で数多く出版されてきた。それは、人民共和国史研究を前進させる際に、日本のほうが中国よりもはるかに学問の自由を保障してきたからであろう。

　ところが、近年では、中国においても研究の基本となる史料が次々と公刊され始めた。これらは共産党イデオロギーから完全に解放されているわけではないが、政治史研究に新風を吹き込んでいることは間違いない。

　衆目が一致して価値を認める基本史料は、第2章で詳しく紹介するように、中共中央文献研究室や中央檔案館が編纂してきた毛沢東、劉少奇、周恩来らの『文稿』であり、『建国以来重要文献選編』全20冊（中央文献出版社、1992〜1998）、中央檔案館編『中共中央文件選集』全18冊（中共中央党校出版

社、1989～1992）である。

とりわけ、『中共中央文件選集』の続編に相当する中共中央文献研究室・中央檔案館編『中共中央文件選集：1949年10月～1966年5月』全50冊（人民出版社、2013）は、文化大革命直前までの極秘史料を一部に収録しており、新たな情報が埋もれていないかを一度は確認しておくべき基本史料である。思想、学術、出版にかかわる政治史に限定した場合でも、人民共和国成立初期からの断続的な思想統制が1960年代前半にどのように継承されたのかを知る上で、大変興味深い史料を提供している。たとえば、第1冊のカラーページで公開された党内秘密文書「党員、幹部の真偽を見極める任務を加速して実行することに関する中共中央の通知」（「中共中央関於加速進行党員、幹部甄別工作的通知」）からは、共産党が1962年春に知識人政策を緩和しようとしていたことが分かる。

ところで、一連の思想統制政策は、思想や学術の方向性を政治面から操作していた出版政策とも深くかかわっている。したがって、これらの史料群についても確認しておく必要がある。

これまでも、出版政策にかかわる史料は、反右派闘争開始以前のものを中心にして、各地の檔案館で公開されてきた。しかし、これら分散して公開されてきた史料は、現在、中央檔案館・中国出版科学研究所編『中華人民共和国出版史料』（中国書籍出版社、1995～現在【解題2】）で体系立てて整理されている。

この史料集は、1940年代後半から1990年代までをカバーすると宣言しているものの、現時点では1966年の文化大革命直前までしか編集作業を終えていない。しかし、人民共和国期の出版史を解明する上で重要な政策文書をほぼ網羅しており、地方の檔案館で偶然にしか発見できなかった中央レベルの政策文書もほとんど含んでいる。中央宣伝部、国家出版局、新聞出版署、国家版権局をはじめとする主要機関の指導者の講話や報告、出版に関する統計データ、さらには非共産党員による会議発言も豊富に収録されている。一例を挙げれば、民国期の代表的な自由主義知識人で『観察』（後述）を創刊した

儲安平の発言記録——反右派闘争直前の1956年の座談会記録など——も含まれている。

このように同史料集の利用価値は極めて高い。これを中文出版物服務中心編『中共重要歴史文献資料彙編』（〔中文出版物服務中心〕、2005）と対照させれば、出版史に関しては、ほぼ全貌をつかめるのではないかと思われる。

この『中共重要歴史文献資料彙編』は身元不明の出版社から発行されているだけに、収録されている史料の信憑性には疑問符がつく。それでも、この史料集は文革期も含めて中央レベルの政策文書、とりわけ軍関係の文書を膨大にカバーしており、研究者が数百冊にも及ぶ同史料集を検索のツールとして利用しない手はないだろう。出版に関係する史料が系統的に整理されているわけではないが、出版政策の背後にあった党内情勢や政治状況を多方面から検証する際には、利用する価値がある。一例を挙げれば、21集に収録されている『1949年以来中共内部党刊資料専輯』全120冊、22集に収録されている『50年代後期"反右派"和"反右傾"運動歴史資料専輯』全11冊などは、一度は確認しておくべき史料である。

（2）民国史の延長としての政治・思想史

つぎに、政治・思想史と重複する研究領域のうち、学術史と呼ばれる領域——教育および文学・文化については第10章・第11章を参照——を中心に整理していきたい。

1950年代の学術・思想動向は、共産党史の視角からすれば、民国史の本流とは切り離されることになる。抗日根拠地で発行された最初の大型日刊紙の共産党中央機関紙『解放日報』（1941～1947）、華北局機関紙として創刊され、1949年からは中央機関紙に位置づけられた『人民日報』（1948～現在）、内政・外交にかかわる重要な文献や史料を収集した『新華月報』（1949～現在）、人民解放軍機関紙で1987年から国内外に公開された『解放軍報』（1956～現在）、共産党の政治理論誌である『紅旗』（1958～1988、1988年からは『求是』）などは、民国期の学術・思想動向とは別の次元から独自の理論や学理

を探究してきた（第2章参照）。

　しかし、独自路線を探究してきた共産党も、民国の時代から、政敵としての国民党や、第三勢力と呼ばれた中国民主同盟（民盟）をはじめとする政治的諸党派、さらには「社会賢達」と形容された在野のエリート知識人らと競い合いながら、学術や思想を自らに有利な方向へと誘導して、独自路線を強化しようともしてきた。その際に、民国期の政治思想が共産党の政治思想に呑み込まれるケースと、民国期の政治思想が共産党の政治思想に抗おうとするケースとが現れた。とりわけ、民国期の政治思想を動かしてきた第三勢力の大多数の諸党派と民国期の有力な自由主義知識人の一部が1949年以降も人民共和国に残り続けたことから、この2つの政治思想の力学は1950年代の学術や思想の動向に複雑な影響を及ぼした。

　まずは、民国期の政治思想が共産党の政治思想に呑み込まれていったケースを確認しておこう。

　民盟の基本となる公刊史料集は、中国民主同盟中央文史資料委員会編『中国民主同盟歴史文献：1941〜1949』（文史資料出版社、1983）とその再版（中国社会科学出版社、2012）、ならびに中国民主同盟中央文史委員会編『中国民主同盟歴史文献：1949〜1988』上下（文物出版社、1991）、中国民主同盟中央委員会編『中国民主同盟60年：1941〜2001』（群言出版社、2001）である。これらから民盟の変質過程の概略をつかむことができ、中国民主同盟南方総支部宣伝委員会編『知識分子的思想改造問題』（人間書屋、1952）などを併用すれば、細部の変化にまで理解を深められるだろう。民盟以外の諸党派、たとえば中国民主建国会などについても、北京や上海の檔案館で関連史料を閲覧すれば、1950年代の変化の概要を把握できる。

　同時に注目すべき新聞と雑誌は、『大公報』天津版（1902〜1966）、『文匯報』上海版（1938〜1947、1949〜現在）[1]、『光明日報』（1949〜現在）である。また、民国期の自由主義思想を最も代弁した『観察』（1946〜1948、1949〜1950）とその後継誌の『新観察』（1950〜1966）も貴重な史料である。これらを手に取れば容易に分かるように、民国期の豊かな学術と思想は、1950年代

に入ると、共産党による画一化を免れなかった。『大公報』天津版は、民国期においては最大の民営紙だったが、それにもかかわらず、人民共和国成立初期に『進歩日報』と短期間改称された時期も含めて、次第に左派色を強めていった。『光明日報』は、民盟の機関紙ではあったが、反右派闘争の1957年から共産党中央宣伝部ならびに統一戦線工作部の指導をうけ入れて、現在においては共産党機関紙の一つとなった。『観察』は、同誌の社会的影響力を利用しようとした共産党によって人民共和国成立直後に復刊を認められたものの、1950年夏からは組織が改編され、共産党の指導をより強くうけるようになった。

　こうして共産党や中央政府の方針に沿った学術・思想動向が、総合誌の『新建設』（1949～1966）や中国人民大学編の『教学与研究』（1953～現在）で現れるようになった。とりわけ、政治批判やイデオロギー批判に直結しかねない民国期の政治学と法学は、1950年代初頭の、いわゆる「院系調整」と呼ばれた学術機関の再編によって、大転換を迫られた。政治学は社会学とともに廃止され、法学は社会主義建設に奉仕することを求められた。

　しかし、さきに指摘したように、1950年代には民国期の政治思想が共産党の政治思想に抗う局面もしばしば発生した。その対立の頂点こそが、反右派闘争であった。

　1950年代後半以降の学術・思想上の主要な争点や問題意識は、上海で創刊された総合学術誌『学術月刊』（1957～現在）で調べられる。「問題と討論」と題されたコラムなどは、反右派闘争期においては、学界の流れを追うのに便利である。このコラムでは、たとえば、政治への貢献が求められるようになった法学者たちが様々な学術論争を展開して、民国期の知的遺産を活用しようとした、いわば抵抗の歴史が記されている。

　法学の詳細な動向は第4章に譲りたいが、それでも本章で指摘しておかなければならない基本史料がある。それらは、中国政治法律学会の会誌でソ連の法理論と政治理論を紹介した『政法研究』（1954～1966、1979年からは『法学研究』）、華東政法学院[2]の機関誌『華東政法学報』（1956）として創刊され、

民国期の自由主義的な法学・政治学の流れを内部に取り込んでいた『法学』（1957～1958、1980～現在）、『華東政法学報』と同様に民国期の法学・政治学の遺産を比較的に多く継承していた『武漢大学人文科学学報』（1956～1965、1974～現在）と『中南政法学院学報』（1957～1958、1986年からは『法商研究』）である。実際、これらの学術誌において、民国期の法学をどのように継承すればいいのかを争った議論や、国際法理論とその性質をめぐって争った議論は、知識人政策が緩和された1956年から始まっている。これらの法学論争は、民国期の学術遺産を活用しようとした知識人が1957年から「右派」として弾圧されると、結論を得ないまま、自然消滅していった。この時に「右派」のレッテルを貼られた法学者たちの思想は、中国政治法律学会資料室編『為保衛社会主義法制而闘争：政法界反右派闘争論文集』（法律出版社、1958）にも整理されている。

　さらに、民国史の視線から1950年代の学術・思想研究を展開するにあたり、他にも有益な史料がある。それは、外国資本系メディアである。

　外国資本系メディアとして特筆すべきは、*China Weekly／Monthly Review*（『密勒氏評論報』）であろう。1953年に停刊するまでの約32年間、上海で発行され続けた英字新聞の『密勒氏評論報』は、米国人の目線から時事問題を論評し、1949年前後の中国史像を再点検する上で有益な史料である。現在は、『密勒氏評論報』全98冊（上海書店出版社、2013）、『密勒氏評論報続編』全24冊（上海書店出版社、2014）、馬学強・王海良編『密勒氏評論報総目与研究』（上海書店出版社、2015）が公刊され、ますます手軽に利用できるようになった。

（3）戦後台湾史・香港史を射程に入れた政治・思想史

　最後に、もう一つ忘れてはならない重要な視角がある。それは、民国期の政治思想が1949年の人民共和国の成立をきっかけにして大陸中国に伏流すると同時に、台湾や香港へと広がっていったことである。

　その主要な担い手は、台湾においては、反伝統主義を掲げて五四運動で台

頭した新型知識人や自由主義的傾向をもつ国民党員であった。香港においては、反共民主を掲げて民国を支持しながらも蔣介石の独裁を批判した青年党・民社党系のエリート知識人、日中戦争期に漢奸とみなされて行き場を失った政治家、反共民主の立場をとりつつも伝統文化をも同時に重視した新儒家と呼ばれた知識人たちであった。これらの主要な担い手が形成した多様な政治思想は、冷戦下における国民党や共産党、さらには米国や英国による文化工作の影響をうけながら、1950年代以降の大陸中国へと跳ね返っていった。

　民国と1949年以後の台湾および香港をつなぐ重要な政論誌は、『自由中国』（1949〜1960）、『自由陣線』（1949〜1959）、『聯合評論』（1958〜1964）である。いずれも民国期の自由主義思想を継承する政論誌であり、台北で発行された『自由中国』は自由主義知識人の胡適や国民党内自由主義者の雷震らによって支えられ、香港で発行された『自由陣線』と『聯合評論』は青年党や民社党に属する政治家および知識人らによって支えられた。自由と民主を基調として民国を中心に中国の再統一を果たそうとしたこの反共的自由主義運動の一端は、張忠棟ほか編『現代中国自由主義資料選編』全9冊（唐山出版社、1999〜2002）や程玉鳳ほか編『戦後台湾民主運動史料彙編』全12冊（国史館、2000〜2004）にも収められている。こうした台湾や香港の思想動向と対峙しながら、大陸中国では反右派闘争が始まったのである。

　もっとも1950年代以降に台湾や香港から発せられた中国再統一論は、中華文化の正統な継承者は誰なのか、中華文化はどのように持続的な発展が可能なのか、というナショナリズム論をも喚起した。香港を避難場所とした銭穆ら新儒家たちは、台湾思想界とも協調や摩擦を繰り返しながら――たとえば徐復観を中心に創刊された『民主評論』（1949〜1966）は香港・台湾間で文化論争を巻き起こした――、新たな中華ナショナリズム論を構築して大陸中国に発信しようとした。

　ちなみに、香港では、以上のような自由主義論や中華ナショナリズム論がいずれも反共的な論調をまといながら展開されるなかで、新華社を中核とする共産党メディアの影響力はさほど強まらなかった。『文匯報』香港版

(1948〜現在) や『大公報』香港版 (1948〜現在) の社会に対する影響力は限られ、1967年の反英抗争 (六七暴動) 後に反植民地主義の「愛国左派」が文化大革命に心酔しながら『盤古』(1967〜1978) を徐々に親共的論調へと変化させたとはいえ、それも一時的な盛り上がりに過ぎなかった。

　こうした1950年代から1970年代にかけての香港における政治思想の目まぐるしい変化が、新たなアイデンティティ論の創出を後押ししていった[3]。政治的に中立でありながらも、香港そのものを次第に論ずるようになった『明報』(1959〜現在) が影響力を拡大していったのは、半ば必然だった。おそらく台湾アイデンティティも、台湾内部の独自の論理に加えて、『民主評論』などで展開された文化論戦などから刺激をうけながら、徐々に高まっていったのであろう。そして、このような香港と台湾におけるアイデンティティ論が大陸中国で警戒されるようになったのである。

§ 史料解題

1. *China Weekly／Monthly Review*（『密勒氏評論報』）

　米国人のミラー (T. F. Millard) が1917年に上海で創刊した英字新聞で、当初は*Millard's Review*と名づけられた。その後、その息子 (John Bill Powell) と孫 (John William Powell) に引き継がれ、太平洋戦争期の中断期を挟んで1953年に停刊するまで、英語名を幾度となく変更しながら、『密勒氏評論報』として愛読された。同紙は、日中戦争の勃発、国共内戦の再開、人民共和国の成立、朝鮮戦争の勃発など、幾多の歴史事件を目撃し、欧米の読者層のみならず、英語を理解する少数の中国人エリートらにも、独自の視点と東アジア情報を提供した。1936年には、毛沢東を取材したスノー (Edgar Snow) のレポートを掲載した。

　この新聞は、米国政府および米国経済界の利益を追求する傾向にあり——Editorial Paragraphなどの論評や時事ニュースに具体的に示されている——、極東での勢力伸張を図る米国政府と米国経済界の支持をうけていたか

らこそ、英国の*North China Daily News*（『字林西報』）が優勢を占める上海市場において一定の影響力を確保できた。孫のパウエルの時代にリベラル色を強めていった同紙は、人民共和国成立後も1953年まで発行を続け、大陸中国を最後に撤退した西側の新聞となった。ただし、『密勒氏評論報』は朝鮮戦争時に中国の捕虜となった米兵の「反米教育」に利用され、米国に戻ったパウエルはマッカーシズムが吹き荒れるなか「反米扇動罪」で起訴された[4]。

2. 『中華人民共和国出版史料』

　新聞出版署（現、新聞出版総署）の許可を得て、1992年から編纂が開始された。出版計画によれば、1991年までの出版史にかかわる史料のうち、重要な政策文書や法令と法規、下級機関からの建議と報告、上級機関からの指示、および事業計画、業務計画、調査報告などを収録する、となっている。別の表現を借りれば、中央宣伝部を中心とする共産党中央、全国人民代表大会、中央人民政府政務院（1949～1954）ならびに国務院（1954～現在）、中央人民政府文化部（1949～1954）、政務院文化教育委員会（1949～1954）、中央宣伝部出版委員会を前身組織とする中央人民政府出版総署（1949～1954）、文化部（1954～現在）、国家出版局（1985～1987）および新聞出版署（1987～2001）、国家版権局（1985～現在）の関連史料を網羅する、ということである。加えて、党と政府の講話や指示なども含まれ、『人民日報』『光明日報』『紅旗』（のちの『求是』）に掲載された関連論文や論評、社論も収められている。

【注】

(1)　『文匯報』上海版は、民国期の代表的な左派系紙であり、1947年に停刊に追い込まれた後、香港版を1948年に創刊した。しかし、上海版と香港版には直接の関係はない。

(2)　華東政法学院は、聖約翰大学・復旦大学・東呉大学・厦門大学・滬江大学・安徽大学ほか9つの大学の法学・政治学・社会学系が合併した学術機関である。現在は華東政法大学。

(3) 中村元哉「時評：雨傘運動の歴史的射程」(『歴史学研究』第930号、2015年)、羅永生 (丸川哲史ほか訳)『誰も知らない香港現代思想史』(共和国、2015年)。

(4) 卓南生氏の紹介文
(http://www.bunsei.co.jp/ja/hanbaidairi/books/1108-millards-review.html) を参照 (アクセス日：2016年3月31日)。

第2章　中国共産党史

田中仁

§研究状況

　人民共和国成立後、毛沢東文献をふくむ共産党史史料の収集と編纂は、毛沢東選集出版委員会と党史資料室のもとで始まった。1951〜1953年と1960年に『毛沢東選集』4巻までが公刊され、また『党史資料』24期が刊行されたが、1950年代末以降の中国政治の急進化と文化大革命によって、停止・頓挫を余儀なくされた。

　共産党中央の機構で党史研究にかかわるのは、中共中央文献研究室と中共中央党史研究室である。中央文献研究室の前身は1977年に華国鋒によって組織された毛主席著作編輯委員会で、1980年にその辦公室が中央文献研究室と改名した（主任・胡喬木）。該室は、（1）『周恩来選集』（1980）のあと劉少奇、朱徳、鄧小平らの選集・年譜・伝記、（2）『三中全会以来』など中共中央の重要文献集、（3）『建国以来重要文献選編』『建国以来毛沢東文稿』などの共和国成立以来の重要文献を刊行した。同時に歴史決議の起草工作にかかわるとともに関連史料の編輯に携わり、後に『関於建国以来党的若干歴史問題的決議注釈本』を出版した。さらに1991年には、『毛沢東選集』第2版を出版、続いて『毛沢東文集』8巻を刊行した。

　1980年、中央党史委員会が成立、党史編審委員会のもとに党史研究室が設置された。その最も重要な任務はオフィシャルな党史編纂であり、1982年に研究室主任となった胡縄が中心的役割を担った。『中国共産党歴史』上巻や『中国共産党的70年』は、中央領導指導小組の批准を受けた該室の著作とし

て刊行された。

　1987年の「中華人民共和国檔案法」によって、共産党関連文書が公文書の一部であることが確認された。さらに1993年、公文書を所轄する国家檔案局と結党以来今日にいたる党・中央政府各機関の重要文書を保管する中央檔案館が合併し、共産党中央直属の下部機構となった。中国における共産党史関連史料の整理と公刊は、こうした環境のもとで展開し今日に至っている。

　郭徳宏は、今日の中国には、共産党の観点から研究・叙述するオフィシャルな共産党史、客観性を重視して学術性を追求する学者の共産党史と、個人的関心から自由に研究・叙述する民間の共産党史という三種類が存在するという[1]。1950年代共産党史の論争点について、韓鋼（2008）は、朝鮮戦争の問題、過渡期の総路線と社会主義改造の問題、「高崗・饒漱石事件」の問題、反右派闘争の問題、「大躍進」と人民公社化の問題、1959年の廬山会議の問題を掲げているが、これは中国における学術研究としての歴史学の課題のことである。1950年代共産党史に関わる学術研究として楊奎松（2009）、林蘊暉（2009、2008）、沈志華（2008）を、また民間の共産党史として、大躍進運動の実態を調査・討究したジャーナリスト楊継縄（2011、2012）を掲げる。

　共産党史研究に関する全般的な研究動向については、劉書楷ほか編（2006）、羅平漢ほか（2013）などで知ることができる。定期刊行物として中央文献研究室・中央檔案館の『党的文献』、中央党史研究室の『中共党史研究』、『百年潮』、当代中国研究所の『当代中国史研究』などがある。

　1991年のソ連邦崩壊に起因するソ連邦・ソ連共産党関連史料の公開は、1950年代共産党史研究に新たな条件と可能性をもたらした。沈志華（1998）は、これら新史料を用いた朝鮮戦争研究であり、ロシア人研究者パンゾフによる潘佐夫（2015）は毛沢東の評伝である。

　日本国際問題研究所中国部会編（1963〜1971）、同（1973〜1974）は、1950年代中共党史に関する基本文献を日本語訳した史料集である。同（1970〜1975）をふくめて、結党前夜から1950年代にいたる中共党史の基本史料が日本語訳

された。今堀誠二（1966）は『毛沢東選集』所収文書を初出形態にたち返って検討していたが、1917〜1949年の毛沢東の著作429篇の初出テキストを収録する『毛沢東集』全10巻（1970〜1972、1983第2版）は、『毛沢東選集』所収テキストとの異同を逐一注記する。

　マックファーカーほか編（徳田教之ほか訳）（1992〜1993）、宋永毅編（2002〜2014）と楊海英編（2009〜）はいずれも、もともと中国でさまざまなかたちで流通していた史料群をもとに、アメリカ、香港、日本で整理・公刊されたものである。したがって、それは、中国におけるオフィシャルなそれとは異なるもうひとつの史料の整理・公刊であり、歴史研究においては前者を補完しうる極めて重要な意義を有している。日本における1950年代共産党史関連の学術研究として、朱建栄（1991）、杜崎群傑（2015）を掲げる。また陳永発（2001）は、台湾の研究者による共産党史研究である。

§史料紹介

（1）毛沢東関連史料

　毛沢東は、読者に内容・叙述の両面で完璧なテキストを提供したいと考え、自らの著作に系統的な改訂を加えた。人民共和国成立後に編纂・出版された『毛沢東選集』（人民出版社、1952〜1960）に収録された文章に、彼自身の同意とリーダーシップのもとで系統的な補充と改訂が施されていたことはよく知られている。このことは、たとえば1945年の歴史決議を『毛沢東選集』の「付録」として収録する際にも事情は同じで、当時の情勢をふまえた事後的な加筆がなされたことが、その制定過程とともに80年代の研究で明らかにされた[2]。毛沢東なき後、「二つのすべて」（毛沢東が行ったすべての決断を断固堅持しすべての指示に一貫して従う）を掲げる華国鋒指導部による『毛沢東選集』第5巻（人民出版社、1977）は、1949〜1957年の重要著作70篇を収録して1977年4月に刊された。収録されたテキストなどについての疑義を収める有効なロジックを欠き、華は「真理の基準」論争に敗北する。このことは

第5巻のイデオロギー的正当性の喪失を意味していた。

　1991年、『毛沢東選集』の注釈部分を改定した第2版（全4巻、人民出版社）が刊行された。この後、毛沢東生誕100周年を記念して刊行を始めた『毛沢東文集』全7巻（人民出版社、1993～1997）は、1921～1976年の文稿を「改訂を行わず、誤字・脱字は注記を付す」かたちで収録する。また『建国以来毛沢東文稿』全13冊（中央文献出版社、1987～1998）は、（1）手書き文書（文章、指示、講話要綱、コメント、書簡、詩詞、文書への加筆）、（2）彼自身が認可した講話や談話記録、（3）彼自身が認可し彼自身の名前で出されたその他の文書を収録する。さらに『建国以来毛沢東軍事文稿』全3巻（軍事科学出版社ほか、2010）は、電報、指示、講話、談話、書簡、題辞など821篇を収録する（91篇が初出）。このほか『毛沢東軍事文集』全6巻（軍事科学出版社ほか、1993）、『毛沢東西蔵工作文選』（中国文献出版社ほか、2008）、『毛沢東新聞工作文選』（新華出版社、1983）、『毛沢東文芸論集』（中央文献出版社、2002）などがある。

　さらに『毛沢東年譜：1893～1949』全3巻（中央文献出版社、2002）、『毛沢東年譜：1949～1976』全6巻（中央文献出版社、2013）、『毛沢東伝：1893～1949』（中央文献出版社、2004）、『毛沢東伝：1949～1976』全2巻（中央文献出版社、2008）が刊行されている（いずれも中共中央文献研究室編）。これらは中央檔案館が所蔵する一次文献をふくむ多様な方途のもと精緻な考証による編纂がなされている。

（2）指導者の選集・文稿・年譜・伝記

　中央文献編輯委員会・中央文献研究室などによる毛沢東以外の指導者の選集・文稿・年譜・伝記のなかで、1950年代党史研究に関連する著作を掲げる。

　・選集：『周恩来選集』全2巻（人民出版社、1980）、『周恩来軍事文選』全4巻（人民出版社、1997）、『周恩来統一戦線文選』（人民出版社、1984）、『劉少奇選集』全2巻（人民出版社、1981、1985）、『朱徳選集』（人民出版社、1983）、『鄧小平文選』全3巻（人民出版社、1993）、『陳雲文選』全3巻（人民出版社、

1995）、『彭真文選：1941〜1990』（人民出版社、1991）、『葉剣英選集』（人民出版社、1996）、『万里文選』（人民出版社、1995）、『李先念文選：1935〜1988』（人民出版社、1989）、『薄一波文選：1937〜1992』（人民出版社、1992）。

・文稿：1949年6月〜1950年10月の文章、電報、書簡、コメント、題辞約1000編を収録した『建国以来周恩来文稿』全3冊（中央文献出版社、2008）、1949年7月〜1955年12月の文稿約4000篇を収録した『建国以来劉少奇文稿』全7冊（中央文献出版社、2005、2008）、1949年7月〜1992年2月の各種文稿約800篇を収録した『建国以来李先念文稿』全4冊（中央文献出版社、2011）。

・年譜：『周恩来年譜：1949〜1976』全3巻（中央文献出版社、1997）、『劉少奇年譜：1898〜1969』全2巻（中央文献出版社、1996）、『朱徳年譜：1886〜1976』新編本全3巻（中央文献出版社、2006）、『鄧小平年譜：1904〜1974』全3巻（中央文献出版社、2009）、『陳雲年譜：1905〜1995』全3巻（中央文献出版社、2000）。

・伝記：『周恩来伝：1898〜1976』全2巻（中央文献出版社、2008）、『劉少奇伝：1898〜1969』全2巻（中央文献出版社、2008）、『朱徳伝』修訂本（中央文献出版社、2006）、『陳雲伝』全2巻（中央文献出版社、2005）。

（3）『建国以来重要文献選編』と『中共中央文件選集』

『建国以来重要文献選編』全20冊（中央文献出版社、1992〜1998）と『中共中央文件選集：1949年10月〜1966年5月』全50冊および総目録（人民出版社、2013）は、1950年代共産党史を研究するための標準的な史料集である。前者は、人民共和国成立から文革前夜にいたる時期の共産党中央・全国人民代表大会・政務院と国務院・中央軍事委員会が出した基本文献、それらが各所轄部門に示達した重要文献、中央の指導者・部門責任者が発表した重要講話・文章、中央の意向を伝達する重要な社論、および歴史的に少なからず影響を与えたあるいは重要な理論的意義を有する非公式文献・講話記録を収録する。後者は、共産党中央政治局・中央書記処の文献、中央の重要会議の文献、共産党中央とその他の機構が連名で出した文献、および中央文献と密接

な関係を有する一部の文書・電報を収録する。

　なお、これらに対応する結党から人民共和国成立までの時期を対象とする史料集として、『建党以来重要文献選編』全26冊（中央文献出版社、2011）、『中共中央文件選集』全18冊（中共中央党校出版社、1989〜1992）がある。

（4）『中国共産党歴史』と中国共産党歴史資料叢書

　人民共和国成立以前を対象とする1巻と、成立以降1978年12月までを対象とする2巻からなる中央党史研究室『中国共産党歴史』全4冊（中共党史出版社、2002、2010）が、中国におけるオフィシャルな共産党史とされる。このほか、中央党史研究室の著作には、『中国共産党簡史』（中共党史出版社、2001）、『中国共産党的70年』（中共党史出版社、1991）、『中国共産党歴史大事記』（人民出版社、2011）、『中国共産党的90年』全3冊（中共党史出版社ほか、2016）などがある。また中央党史研究室が主管する中共党史人物研究会（1979年成立）は、全100巻を予定する『中共党史人物伝』全89巻（陝西人民出版社ほか、1980〜）、『中国人民解放軍高級将領伝』全40巻（解放軍出版社、2007〜2013）を刊行した。

　1980年各地区各単位の「党史資料徴集工作」の指導、党史資料の収集・整理を目的として中央党史資料徴集委員会がつくられた（1988年中央党史研究室と合併）。大量の文献史料・口述史料や実物史料が収集され、「中国共産党歴史資料叢書」、「中国人民解放軍歴史資料叢書」として多くの史料集が編纂・出版された。たとえば、「中国共産党歴史資料叢書」の『城市的接管与社会改造：瀋陽巻』（遼寧人民出版社、2000）、『"三反"、"五反"運動：江蘇巻』（中共党史出版社、2003）、『中国資本主義工商業的社会主義改造：広東巻』（中共党史出版社、1993）、『中国共産党与少数民族地区的民主改革和社会主義改造』（中共党史出版社、2001）、『"大躍進運動"：福建巻』（中共党史出版社、2001）、『撥乱反正：内蒙古巻』（中共党史出版社、2008）、「中国人民解放軍歴史資料叢書」の『中国人民解放軍組織沿革』（解放軍出版社、2002）、『解放戦争時期国民党軍起義投誠：川黔滇康蔵地区』（解放軍出版社、1996）、『剿匪闘争·

第2章　中国共産党史

中南地区』（解放軍出版社、2006）など。

（5）新聞と雑誌

　共産党中央委員会機関紙『人民日報』は、1948年華北局機関紙として創刊、翌年党中央委員会機関紙に昇格した。全中国の報道機関の頂点に立ち、報道内容は直接党・政府の政策・方針を反映し、中国を知るうえでも最も有力な新聞であるが、反面、党中央の権力を握る勢力や首脳の考え方に左右される傾向が強い。『光明日報』は、1949年に中国民主同盟機関紙として創刊、1957年から共産党の中央宣伝部と統一戦線工作部の指導下に入った。人民解放軍機関紙『解放軍報』は1956年創刊、解放軍総政治部の指導のもと解放軍報社が編集・発行する。

　『新華月報』は内政・外交にわたる重要な文献・史料を集めた月刊誌。1949年人民政府出版総署により北京で創刊。党と政府の重要文献はもちろん、指導者の講話と文章、中央の有力新聞・雑誌の社説、調査報告や経験の総括なども掲載されるため参考価値が高い。1958年創刊の共産党中央委員会発行の政治理論誌『紅旗』は党中央の路線や方針と厳格に一致することが強く求められ、『人民日報』とともに最も権威のある雑誌とされた（半月刊～月刊）。1988年に停刊、その役割は『求是』に引き継がれた。『新華社新聞稿』（1950～1956）は国営の通信社・新華通信社による配信原稿の摘録である。

　人民共和国成立後、大行政区はそれぞれ党機関紙を発行していた。省級の党機関紙は、『解放日報』（上海）、『南方日報』（広東）、『新華日報』（江蘇）、『大衆日報』（山東）を除いて省（自治区・市）名を冠する名称であった[3]（【解題1】）。また1950年代に発行されていた市級の党機関紙には、『石家荘日報』『瀋陽日報』『南京日報』『杭州日報』『合肥晩報』『南昌日報』『済南日報』『鄭州日報』などがある。

（6）組織史資料

　中共中央組織部ほか編『中国共産党組織史資料：1921～1997』全9巻およ

び附巻全4巻（中共党史出版社、2000）は、共産党結党から1997年の共産党第15回全国大会にいたる時期の共産党中央とその指導下にある政権・軍隊・統一戦線・大衆団体の組織に関する史料集である。各組織の沿革と名称の変化、および構成員の在職期間を記す。1950年代に関連するのは、5巻（過渡時期和社会主義建設時期）、9巻（文献選編・下）、附巻1（中華人民共和国政権組織）、附巻2（中国人民解放軍組織）、附巻3（中国人民政治協商会議組織）、附巻4（中華人民共和国群衆団体組織）である。1984年から中央党史資料徴集委員会を中心に編纂作業が進められたが、1988年の党史研究室改組の後、共産党の中央組織部が主導的役割を担うことになった。この史料集（中央巻）刊行から1999年までに、中央、省、地区、県4級3067部の組織史資料が出版された（【解題2】）。組織史資料の編纂作業は、現在も引き続き進行している。

(7) 共和国史編年

当代中国研究所は、人民共和国史に関する研究・編纂・出版と関連史資料の収集と整理を目的として1990年に設立された。『中華人民共和国史編年』（当代中国出版社、2004〜）は当代中国研究所による編年体歴史書で、各年1巻とし、これまでに「1949年巻」から「1962年巻」までの全14巻が刊行されている。(1) 月日と史事を明示する「綱文」、(2) 大事始末を叙述する「目文」、(3) 重要人物のプロフィールと諸説が存在する際の「注釈」、(4)「文献」、(5)「図」からなる。

(8) 回想録

人民共和国成立期の財経委副主任・財政部長であった薄一波『若干重大決策与事件的回顧』上下（中共中央党史出版社、1993）は、1980年代党中央に対する報告書をまとめた。人民共和国成立期の共産党統一戦線部長である李維漢『回憶与研究』全2冊（中共党史資料出版社、1986）は、病床での聞き取りを整理・編集された。李鋭『廬山会議実録』（春秋出版社、1989）は、毛沢東の秘書を兼務していた著者による廬山会議の記録である。師哲『在歴史巨人

身辺：師哲回憶録』（中央文献出版社、1991）は、人民共和国初期に毛沢東ら中共指導者のロシア語通訳を務めた著者の回想録である。胡喬木『回憶毛沢東』増訂本（人民出版社、2004）は、1940年代初めから毛沢東の秘書をつとめ、また1980年代には歴史決議の起草工作にも携った著者による談話・報告を収録する。

（9）海外における整理と公刊

沈志華編『俄羅斯解密檔案選編：中蘇関係』全12巻（東方出版中心、2015）は、ソ連崩壊後のロシアで公開された1945〜1991年の中ソ関係に関する文書2262件（と付属文献363件）を中国語に訳出する。2巻から9巻が1950年代を対象としている。

京都大学人文科学研究所『毛沢東著作年表』（京都大学人文科学研究所、1980〜1981）は、上巻（年表篇）と下巻（語彙索引篇）からなる。上巻は、人民共和国が成立した1949年から毛沢東が死去した1976年にいたる著作（論文・手紙・批示・詩文などの執筆著作と、講話・談話・口頭指示などの口述著作）について、年月日、動態、典拠を記す。下巻は、『毛沢東思想万歳』甲・乙・丙・丁本および『毛主席文選』の解題、収録著作・参考文献一覧、人名・事項索引からなる。

マックファーカーほか編『毛沢東の秘められた講話』（岩波書店、1992〜1993）は、百花斉放期と大躍進期における毛沢東の未公開発言の日本語訳である。原著（MacFarquar 1989）は、アメリカの研究機関が収集した共産党関連史料から1957年と1958年の毛沢東発言19篇を英訳して収録する。邦訳では、この英訳テキストを参照しながら典拠となった中国語の原典からの翻訳を行うともに、（1）毛沢東著作年表（1934〜1968）、（2）19篇に関わるテキストの異同を整理する。

「中国当代政治運動史資料庫：1949〜1976」は、宋永毅（カリフォルニア州立大学ロサンゼルス分校図書館）を中心に、アメリカ在住の中国系研究者が中台の学者とともに構築したデータベースで、（1）6,749篇をおさめる「中国

文化大革命資料庫：1966～1976」（香港中文大学中国研究中心、2002）、（2）10,102篇をおさめる「中国反右運動資料庫：1957～」（香港中文大学中国研究中心、2010）、（3）6,024篇をおさめる「中国大躍進─大飢荒資料庫：1958～1962」（香港中文大学中国研究中心、2013）、（4）9,089篇をおさめる「中国50年代初中期政治運動資料庫・従土地改革到公私合営：1949～1956」（美国哈仏大学費正清中国研究中心、2014）からなる。中央と地方の公文書、指示や公報、指導者の講話、報道機関の社論、さらにさまざまな言論を集積する。また宋永毅編『反右絶密文件』全12巻（国史出版社、2015）、同編『千名中国右派的処理結論和個人檔案』全6巻（国史出版社、2015）は、反右派運動についての史料集である。

　内モンゴル地域の文化大革命関連史料をリプリント版として収録する楊海英編『モンゴル人ジェノサイドに関する基礎資料』（風響社、2009～）から、1950年代内モンゴル地域の軌跡を照射することができる。

§史料解題

1. 省級党機関紙の特徴

　人民共和国成立期の省級党機関紙の特徴について、丁淦林・陳巧雲は次のように概括している。（1）大多数の機関紙は「解放」直後に創刊された（『黒龍江日報』『天津日報』など）、（2）少数の機関紙は共和国成立後に創刊された（『新疆日報』『雲南日報』など）、（3）いくつかの機関紙は共和国成立以前に創刊、成立後も継続して刊行された（『大衆日報』『陝西日報』など）、（4）漢語以外の版をもつものがあった（『内蒙古日報』モンゴル語版、『西蔵日報』チベット語版、『新疆日報』ウイグル語版・カザフ語版・モンゴル語版）（5）毛沢東が題字を書いた（『浙江日報』『安徽日報』は例外）。

2. 県級史料（組織史資料と県史）

　組織史資料は、「中央巻」とともにすべての省・地区・県で編纂・刊行さ

れた。県級の史料も「中央巻」と同様の構成・内容を有している。例として、『中国共産党山西省黎城県組織史資料：1937〜1987』（山西人民出版社、1993）の内容を紹介する。①中共組織史資料（a.抗日戦争時期、b.全国解放戦争時期、c.基本完成社会主義改造和開始全面建設社会主義時期、d."文化大革命"時期、e.社会主義現代化建設新時期）、②政権系統組織史資料、③軍事系統組織史資料、④統一戦線系統組織史資料、⑤群衆団体系統組織史資料、⑥県直各単位組織史資料、⑦各行政村組織史資料。これに対して1980年代末〜2000年代初めに編纂・刊行された県史には、県レベルにおける中共党史関連の具体的な情報を有していることは言うまでもない。例として、河北省の『淶源県志』（新華出版社、1998）の内容を掲げる。①地理、②人口、③経済、④政治、⑤軍事、⑥文化、⑦民情習俗、⑧人物。

　組織史資料と県史によって、1950年代中共党史に関わる県レベルの実態を知りうるとともに、各県の比較を行うことが可能となった。その際、楊継縄（2012）が『通渭県志』（甘粛省）を事例として、「大飢饉の時代に権力を握っていた幹部たちが、もし1980年代も継続して現地で政務を掌握していたり、中央で重要な職務についている場合、その地方の人口や歴史をめぐる記載は改竄されている可能性がある」と述べていることにも留意したい（415頁）。

【注】
（1）　郭徳宏「11届3中全会以来中共党史学理論和方法研究的新進展」（『党史研究与教学』2002年第2期）。
（2）　胡喬木回憶毛沢東編写組「胡喬木談党的歴史決議」（『中共党史研究』1994年第2期）、龔育之『党史札記』（浙江人民出版社、2002）205〜207頁。
（3）　丁淦林・陳巧雲「中国共産党党報史略」（『新聞記者』2001年第7期）。

第3章　政治制度史
—— 人民代表大会を中心に ——

杜崎群傑

§研究状況

　本章は主に政治制度史、その中でも特に人民共和国における立法・代議機関と考えられてきた人民代表会議・政治協商会議（以下、政協）・人民代表大会を中心にみていく。なぜならば、人民共和国においては立法・代議機関こそが最高権力機関と考えられていたからである。したがって、こうした機関を通して政治体制を分析することは、共産党政権の強靭性と脆弱性の解析を可能とし、ひいては現在の政権がなにゆえに天安門事件を経て数十年がたった今でも持続していられるのか、その政治体制上の理由の源流を垣間見ることを可能にするだろう。

　実はこうした視点は比較政治学においても共有されており、近年は民主化や体制変動の観点からの記述に対して、権威主義体制がなにゆえに持続していられるのかを、その体制下の議会の役割に着目して解明しようとしている。その背景には、名目的には民主主義統治と関わるはずの制度が、権威主義体制の持続を促すような効果を発揮していることが明らかになりつつある、ということがある。したがって中国の立法・代議機関を研究することは、こうした比較政治学の知見にも一定の示唆を与えることができる。

　かつて人民代表大会は「ラバースタンプ」、政協は「花瓶」（飾り物）と揶揄され、全体としてあまり研究は進んでいなかった。しかし、近年においては、例えば李国芳（2008）、黎見春（2011）、張済順（2015）によって、省・市レベルの人民代表会議・人民代表大会についての研究がなされるようになっ

た。これらの研究では檔案史料が用いられており、人民代表会議・人民代表大会に関する檔案が開かれつつあることを示している。しかし、その他の研究は、全体としてみると人民共和国で直接選挙が存在しないことを合理化・正当化することを前提としたものになっている。

　他方、日本や米国においては、加茂具樹（2006）、中岡まり（2011）、諏訪一幸（2015）、オブライエン（O'Brien, kevin J. 1990）の研究がある。これらは海外における数少ない人民代表大会に関する研究である。かつては権威主義体制の中であまり注目されてこなかった立法・代議機関ではあるが、諏訪一幸の研究のように、近年はむしろ比較権威主義体制の観点から、こうした機関がいかに権威主義体制に貢献しているのかという研究がなされ始めている。また、杜崎群傑（2015）は、1940年代末から1950年代初めにかけて共産党が人民代表会議から人民代表大会への発展を展望していたことを明らかにした。

§ 史料紹介

　人民代表大会・政協に関する体系的史料集は、他の分野と比べるとそれほど多くはない。したがって、そうした史料を参照するとともに、新聞、雑誌などの中から、施政方針・組織法・選挙法、その他採択された法令や条例、参加者と党派構成、選出された各行政レベルの首長、会議開催後の報告などの周辺の情報を丹念に抽出し、解析していく必要がある。

（1）中央政府レベル——政治協商会議・人民代表大会

　政協に関しては、中国人民政治協商会議全国委員会文史資料研究委員会編『五星紅旗従這里昇起：中国人民政治協商会議誕生記事暨資料選編』（文史資料出版社、1984）と中国人民政協辞典編輯委員会『中国人民政協辞典』（中共中央党校出版社、1990）が重要である。前者は1949年の第1期政協全体会議の内容のみであるが、政協開催までの年表と声明、電報、各代表の発言、条例

や共同綱領が収録されている。中央統戦部・中央檔案館編『中共中央解放戦争時期統一戦線文件選編』(檔案出版社、1988) や『中共中央文件選集』と組み合わせれば、政協開催までの過程や、共産党内における議論も知ることができる。『中国人民政協辞典』には政協に参加した代表の経歴が網羅されており、これに中共中央組織部・中共中央党史研究室・中央檔案館編『中国共産党組織史資料』附巻3：中国人民政治協商会議組織1949.10～1997.9 (中共党史出版社、2000) を組み合わせれば、政協準備会や常務委員会委員の党派別構成を知ることができる。立法・代議機関である以上、こうした人数比も重要な視点となろう。

その他、石光樹編『迎来曙光的盛会：新政治協商会議親歴記』(中国文史出版社、1987) は、第1期の政協全体会議に参加した委員による回想録であり、会議の雰囲気や裏話を知る上でも貴重な史料である。むろん、回想録である以上、それなりの留保が必要である。

1949年の第1期政協以降の史料が含まれるものとしては、政協全国委員会辦公庁・中共中央文献研究室編『人民政協重要文献選編』全3冊 (中国文史出版社・中央文献出版社、2009) がある。これは1948年から2007年までの政協に関連した重要講話などが含まれる。また、中国人民政治協商会議全国委員会研究室・中共中央文献研究室第四編研部編『老一代革命家論人民政協』(中央文献出版社、1997) は、いわゆる「革命第一世代」の政協に関する重要講話が盛り込まれている。この2冊は、長期にわたる時期を対象にしており、内容も散漫である。したがって、個別の会議については、例えば中国共産党中央華南分局宣伝部編『第1届政治協商会議第2次主要文件集』(華南新華書店、1950) や、中国人民政治協商会議全国委員会編『中国人民政治協商会議第1回全国委員会第2次会議主要文献集』(民主新聞社、1950) などの史料をみていくことになろう。詳細は巻末の一覧を参照されたい。

次に人民代表大会についてみていこう。国内でも手に入りやすいものとしては、全国人民代表大会常務委員会辦公庁・中共中央文献研究室編『人民代表大会制度重要文献選編』全4冊 (中国民主法制出版社、2015)、全国人民代表

大会常務委員会辦公庁研究室編『中華人民共和国人民代表大会文献資料彙編：1949～1990』（中国民主法制出版社、1991）、全国人民代表大会常務委員会辦公庁研究室編『人民代表大会文献選編』（中国民主法制出版社、1992）がある。これらの史料集には、共産党指導者の人民代表大会における講話や報告、憲法・選挙法・組織法などが収録されている。ただし、これらも個別の大会の詳細をつかむ上ではいささか心もとない。そこで、政協と同様に、上述の『中共中央文件選集』や、中共中央文献研究室編『建国以来重要文献選編』全6冊（中央文献出版社、1992）などを併用しながら、周辺の情報を抽出していく必要があろう。さらに対象が絞られているのであれば、例えば人民出版社編『中華人民共和国第1届全国人民代表大会第1次会議文件』（人民出版社、1955）などの、個別の大会に関する史料をみていくことになるであろう。なお、1950年代に限定して言えば、第1期全国人民代表大会第5次会義までの史料は国内に揃っているようである。巻末の文献一覧を参照されたい（むろん、これ以降のものもある）。

　その上でさらに詳細な情報を入手したい場合、中央政府レベルについては、中央檔案館が未公開であるため、代替手段として『人民日報』『新華月報』などの主要な新聞・雑誌の精読が求められる。ただし、『党的文献』『人民政協報』『中共党史研究』『党史研究資料』などの現代の共産党が発行している雑誌類には、まれに中央檔案館でしかみられないような史料が掲載されており、一通り各号の目次を手にとってみると思わぬ発見があることもある。

（2）地方政府レベル――人民代表会議・人民代表大会

　次に、地方政府レベルの人民代表会議と人民代表大会についてみていく。以下は特に河北、石家荘に限定してみていくことにしよう。なぜなら河北（1949年当時は「華北」）は、共産党指導者によって中央政府の「雛形」とみなされていたからである。また、石家荘市は、共産党が最初に「解放」した都市であり、ゆえにこの地域における経験が他の地域に活かされていったからである。つまり、両地の事例はその他の地方政府をみる上でも一定の参考と

なり得るのである。

　1949年前後の華北（河北）について利用価値の高い史料集は、中央檔案館編『共和国雛型：華北人民政府』（西苑出版社、2000）と中央檔案館・河北省社会科学院・中共河北省委員会党史研究室編『晋察冀解放区歴史文献選編：1945〜1949』（中国檔案出版社、1998）である。特に前者は中央人民政府の「雛形」となった、華北人民政府がどのように構築されていったのかという点を基準に編纂されており、共産党による議会を通した権力掌握の過程をみる上でも重要な史料集である。

　石家荘市については、史料集とは言えないものの、中共石家荘市委員会党史研究室編『中国共産党石家荘歴史大事期記述』（新華出版社、1997）は石家荘の歴史の全体像をつかむ上では有用である。また、中共石家荘市委員会党史研究室・石家荘市中共党史研究会編『黎明的石家荘』（河北人民出版社、1990）、中国人民政治協商会議河北省石家荘市委員会文史資料委員会編『人民城市的曙光：石家荘解放初政権建設紀実』（中国人民政治協商会議河北省石家荘市委員会文史資料委員会、1994）には回想のみならず、実際の活動報告や、人民政府の組織条例、人民代表会議の選挙方法、選挙結果なども収録されており、こうした史料を通しておぼろげながらも選挙の実態や、石家荘市の政治構造、共産党の政治方針がみえてくる。

　その上で、『華北（河北）日報』や『石家荘日報』、さらには檔案を丹念に読んでいけば、より効果的に実情がみえてくる。なお、人民代表会議・人民代表大会に関する檔案は、省・市委員会、省・市党委員会檔案に多くみられる。特に人民代表会議・人民代表大会の「彙刊」の類は、同時代に作成されたものであり、決議や報告内容など重要史料が多数含まれている。

　これに加えて、会議開催直後に他地域への参考のために作成された、華北人民政府民政部編『各級人民代表大会各界人民代表会議経験彙集』（華北人民政府民政部、1949）などの報告集を読めば、会議開催の過程で実際に生じた問題や、共産党の苦悩の様子がありありと読み取ることができる。

　次に、地方の人民代表大会についてである。管見の限り、河北の人民代表

大会に特化した史料集は存在しないため、ここでは差し当たり石家荘市人民代表大会常務委員会辦公室・石家荘市檔案館編『石家荘市人民代表大会第1〜5届会議文献彙編』（出版社不明、1986）を紹介しておきたい。その他の地域では、例えば北京市人民代表大会常務委員会辦公庁・北京市檔案館編『北京市人民代表大会文件資料彙編：1949〜1993』（北京出版社、1996）、内蒙古自治区人民代表大会常務委員会辦公庁編『内蒙古自治区人民代表大会資料選編：1954.7〜1988.1』（出版社不明、1988）もあるが、地方の人民代表大会と銘打った網羅的な史料集はそれほど多くない。そこで人民代表会議と同様に、年表類や当該地方檔案館編纂の史料集から関連史料を抽出しつつ、対象地域の新聞と檔案を利用することになろう。

　ただし、政協や人民代表大会に参加した委員・代表やその構成については、石家荘市政協編『石家荘市政協志』（中国文史出版社、2007）、河北省地方志編纂委員会編『河北省志』第60巻：政治協商会議志（河北人民出版社、1993）、河北省地方志編纂委員会編『河北省志』第61巻：人民代表大会志（河北人民出版社、1993）によって確認できる。この地方史には、他にも人民代表大会・政協の年表、各組織についての説明、主席・常務委員会・代表・委員の党派構成、各会議にて話し合われた内容などが収録されている。国内にて所蔵が確認された「人民代表大会志」「政治協商会議志」は多数あるが、紙幅の都合上ここで全てを紹介することはできないため、関心のある読者はぜひ検索をかけてもらいたい。さらに、組織史史料を活用すれば、情報が入りづらい地方末端の人材に関して、どのような役職についていたのかを確認できる（具体的な史料名については一部、巻末の文献一覧を参照のこと）。

　政協や人民代表大会に関わった人物についてさらに言えば、中央・地方政府のレベルを問わず、各代表・委員という、よりミクロな視点も場合によっては必要となろう。その際には、中心的に携わった当事者の回想録・文稿・選集・文集・年譜・伝記などの史料をみていくとよいであろう。こうした史料に当たることにより、個別の政策が決定に至った過程がわかることもある。例えば筆者も研究したことのある共同綱領の場合、関わった人物の史料

をみることにより、誰がどのような作成と修正に携わったのかを解明できた。全てをここで挙げることはできないが、例えば中央政府レベルでは、毛沢東、周恩来、劉少奇、謝覚哉、薄一波、李維漢、胡喬木など、河北、石家荘においては、劉少奇、董必武、黄克誠についての史料がそれに当たる。人民代表会議、人民代表大会に関与した人物は多数いると思われるが、特に地方政府レベルの場合は、当該地方における共産党指導者に関する史料に当たることも有効であろう。

(3) 国民党特務機関による史料

　最後に、台湾の政治大学国際研究中心所蔵の史料についても、少し言及しておきたい。実は同研究所には国民党の特務機関によって作成された史料が所蔵されており、中央・地方を問わず、詳細な分析がおこなわれている。本章との関連で言えば、例えば内政部調査局編『共匪怎様運用「政治協商会議」』（1955）や同『共匪的基層選挙』（1954）は、共産党政権がいかにして政協を指導し末端の地域社会における選挙を利用していたかを国民党の視点から分析している。むろん、そうであるからこそ国民党側の先入観も入り込んでおり、扱う際には注意を要するが、今後はこうした外部の視点の史料を用いて政協や人民代表大会を分析する可能性を探ることも必要だろう。

第4章　法制史
―― 憲法と司法を中心に ――

吉見崇

§研究状況

　人民共和国の成立にあたり、臨時憲法に相当する中国人民政治協商会議共同綱領が採択された。そこでは、国民党政権期の六法全書を廃棄するという共産党がすでに示していた指針が踏襲され、国民党政権期の法律、法令および司法制度を廃止することが規定された。さらに、朝鮮戦争への参戦を契機として社会主義化へ舵を切っていったなかで展開した司法改革運動（1952～1953）により、国民党政権の台湾撤退後も大陸に残った多くの司法官たちがパージされた。その上で1954年に、ソ連憲法（1936年、いわゆるスターリン憲法）をモデルとした中華人民共和国憲法が公布、施行された（54年憲法）。

　1950年代中国法制史研究の始まりは、こうした動きに対する同時代的考察であるが（福島正夫ほか1957；福島正夫1965、1966）、その研究視角は、民国期との断絶を所与の前提としながら、1950年代中国法制史を社会主義法（の比較）研究のなかでとらえていくという特徴が顕著であった。このような研究視角は、文化大革命が終結する1970年代末まで基本的に続いていったと言える（針生誠吉1970；浅井敦1973）。

　1980年代に入り、新たな研究視角が生まれてくる。それは、1956年の「百花斉放・百家争鳴」から1957年に始まった反「右派」闘争にかけて、法学界で巻き起こった憲法や司法をめぐる論争に着目したことである（西村幸次郎編訳・解説1983；土岐茂1985；西村幸次郎1989）。木間正道ほか（1998）は、この論争の意義について、次のように指摘した。

〔「百花斉放・百家争鳴」から反「右派」闘争にかけての〕法学界では、すでに形骸化しつつあった人民代表大会制や選挙制度の改革、法典化の実現と適法性の確立、「法の継承性」、「裁判の独立」などが激しい争点となった。ここでの「論争」は、現代中国法の主要論点の原形がほぼ出そろっているという意味でも重要な歴史的段階である。つまるところ、法学界における反右派闘争の最大の争点は党の国家に対する指導のあり方の問題に収斂される。

　その後、今日まで続く憲法や司法の論点が明示されたこの論争の意義は、広く共有されていった（田中信行1986；同1990；小口彦太2003；高見澤磨・鈴木賢2010）。ただし、ここで注意しなくてはならないことは、この論争において「右派」と批判された法学者たちが展開した主張や意見は、歴史的にどのように形づくられたものであったのか、換言すれば、民国期から人民共和国期へ何が連続していたのかについて問おうとする視角が、依然として希薄であったという点である。

　また、あわせて見逃してはならないことは、憲法や司法をめぐり、共産党においていかなる分岐や対立が存在したのかを明らかにしようとする視角が、必ずしも十分に認識されていなかったという点である。たしかに、1958年の共産党中央政治局拡大会議で毛沢東が述べた法治を軽視する言説に象徴されるような思考が、共産党において根強く存在したことは否定できない。しかしその一方で、1956年の共産党第8回全国大会で法律に従うことを強調した董必武（最高人民法院院長）の演説や、1958年以来の司法や警察のあり方を批判した1962年の劉少奇の意見に見られる潮流もまた存在した。したがって、「右派」とされた法学者たちの主張や意見を民国期から照射するという課題とともに、共産党内の憲法や司法をめぐる分岐や対立を解明することもまた重要な課題なのである。

　2000年代以降、以上のような課題について、研究が進んでいった。韓大元

第 4 章　法制史

（2014）は、清末から民国期にかけての中国近現代憲政史（憲法史）を前史と位置づけながら、54年憲法の制定過程を分析した。一方、李秀清（2013）は、54年憲法の制定において、司法の定義が曖昧にされてしまったため、その解釈に幅が生じるとともに、「政法」が司法に取って代わるという今日まで続く現象を生み出したと指摘する。これは裏を返せば、司法や「政法」の指す範囲、またその制度を決定するなかで、共産党内に分岐や対立を生じさせる火種が存在したことを示唆している。また、「右派」として批判された法学者たちの主張や意見についても、民国期からの連続性を視野に入れて考察した周永坤（2006）、董節英（2008）、中村元哉（2015）といった研究が現れてきている。

　同時に、こうした近年の1950年代中国法制史研究を、さらに進展させる可能性を持った政治史研究、共産党史研究が生まれてきていることにも触れておきたい。特に注目されるのは、政務院政治法律委員会副主任や共産党の中央政法小組組長を務め、1950年代中国法制史のキーパーソンのひとりである彭真についての研究である。彭真の伝記的研究であるポッター（Potter, Pitman B. 2003）は、彭真と司法・警察政策の関係性について、政治過程史としての分析と制度史（法制史または政治制度史）としての分析を結びつけて論じた。また、鍾延麟（2015）は、彭真が1980年代に進めた法制化で重用した人材は、文化大革命前の司法・警察幹部と共産党北京市委員会幹部（彭真は同第一書記や北京市市長も務めた）であったと指摘し、1950年代と1980年代との人的連続性を浮かび上がらせた。今後、1950年代中国法制史研究は、上述の残された課題について、政治史研究や共産党史研究とさらに対話しながら、新たな成果を発信していくと思われる。

§史料紹介

（1）年表、法令集

　1950年代中国法制史を研究するにあたってまず参照すべきは、兪建平ほか

『建国以来法制建設記事』（河北人民出版社、1986）、周振想・邵景春編『新中国法制建設40年要覧：1949～1988』（群衆出版社、1990）、銭輝・畢建林編『中華人民共和国法制大事記：1949～1990』（吉林人民出版社、1992）である。これらは憲法や司法をはじめとする法制史に関する年表である。そこに記された内容は、法令の公布や人事の任免だけでなく、法制史研究と関わる共産党の会議内容や指示、また新聞に発表された言論にも及んでいる。すなわち、こうした年表は、1950年代中国法制史研究の基礎情報を提供するとともに、法制史と関わる共産党内の動きについて、そのアウトラインを把握するのに役立つのである。

　また、主要な法令については、中央人民政府法制委員会編『中央人民政府法令彙編』全5冊（人民出版社／法律出版社、1952～1955）、国務院法制局・中華人民共和国法規彙編編輯委員会編『中華人民共和国法規彙編』全13冊（法律出版社、1956～1964〔編者に異同あり〕）で確認することができる。

（2）史料集、公報・機関誌

　目下のところ、北京市檔案館で公開されている北京市人民政府政治法律委員会檔案（1953～1955）などを除けば、1950年代中国法制史研究において文書史料を体系的に利用することは困難な状況である。また、会議記録や報告書、意見書といった未公刊の史料群についても、前掲の韓大元（2014）が用いている54年憲法制定時の意見集（『憲法草案初稿討論意見彙輯』全25冊、1954、筆者未見）などを除けば、利用できる範囲は極めて限定的と言わざるを得ない。

　こうした厳しい史料状況のなか、法制が共産党内でどのように決まり、また社会においていかに運用されたのかを考察するためには、未公開の文書史料も含んだ史料集を積極的に利用する必要がある。ただし、司法部の意見や指示を収めた中華人民共和国司法部編『中華人民共和国司法行政歴史文件彙編：1950～1985』（法律出版社、1987）、中華人民共和国司法部編『中華人民共和国司法行政規章彙編：1949～1985』（法律出版社、1988）などを除けば、法

制史に特化した史料集の多くは、新中国法制研究史料通鑑編写組編『新中国法制研究史料通鑑』全11冊（中国政法大学出版社、2003）のように、既存の史料の再録が大半を占めている。よって、法制史研究においても、中共中央文献研究室編『建国以来重要文献選編』全20冊（中央文献出版社、1992〜1998）や中共中央文献研究室・中央檔案館編『中共中央文件選集：1949年10月〜1966年5月』全50冊（人民出版社、2013）を精査する作業が欠かせない。また、北京市檔案館・中共北京市委員会党史研究室編『北京市重要文献選編』全17冊（中国檔案出版社、2001〜2007）のような地方レベルの史料集も、法制史研究にとって重要である。なぜなら、こうした地方レベルの史料集には、社会において法制がどのように運用されたのかを示す史料が収められているというだけでなく、中央・地方間のやり取りも多く含まれているため、中央レベルで法制が決められていった過程を照射する手掛かりになるからである。

　さらに、これらの史料集と突き合せながら利用したい史料が、『中央政法公報』（政務院政治法律委員会、1950〜1954）をはじめとした公報・機関誌である。公報・機関誌には、下級機関や地方機関への詳細な意見や指示、法院（裁判所）や検察院の業務報告、また後述する文集には載っていない要人の講話などが多く掲載されている。『中央政法公報』の他、すでに筆者が現物を確認したものだけでも、『司法工作通訊』（最高人民法院・司法部、1954〜1957）、『人民司法』（最高人民法院、1958〜1966、1978〜）、『検察工作通訊』（最高人民検察署／最高人民検察院、1953〜1956）、『人民検察』（最高人民検察院、1956〜1960、1963〜1966、1979〜）がある。これらの公報・機関誌を体系的に利用するためには、国内外の図書館や文書館へ足を運ぶ必要があるが、史料の重要性に鑑みれば、その労を惜しんではならない。

（3）新聞・雑誌、文集

　『人民日報』とともに、1950年代中国法制史研究にとって重要な新聞が、『光明日報』である。なぜなら、1957年1月から5月にかけて、『光明日報』の紙面の一角に、隔週で「政法」という学術欄があったからである。「政法」

は、掲載された時期からも分かるように、「百花斉放・百家争鳴」後の憲法や司法をめぐるアリーナのひとつであった。

「政法」を担当したのは、中国政治法律学会という学術団体であった。1953年に成立した中国政治法律学会は、会長を董必武が務め、学会の章程でソ連の法学理論を紹介することを掲げた組織であった。しかし、そのメンバーを見てみると、共産党外の法学者たちも多く参加しており、官製の学術団体という評価に必ずしも収斂させることができない組織でもあった。事実、国民党政権で司法行政部政務次長を務めた楊玉清は、中国政治法律学会の会誌『政法研究』（1954～1966、1979年から『法学研究』）の副編集長として、「百花斉放・百家争鳴」の呼び掛けに対し、いち早く反応している。また、中国政治法律学会は、法学者が「百花斉放・百家争鳴」に対してどのような姿勢で臨んでいくべきかを検討する座談会を開き、そこには国民党政権で司法行政部参事を務めた倪徴燠や、『観察』で活躍した法学者の李浩培が参加している。以上のことを踏まえれば、『政法研究』は、『光明日報』の「政法」とともに、民国期からの連続性を考察する上で重要な史料となる。

民国期からの連続性を考察する上でもうひとつ重要な雑誌が、1956年に創刊された『華東政法学報』である[1]。同誌の名を一躍有名にしたのは、楊兆龍「法律の階級性と継承性」（「法律的階級性和継承性」）という論文である[2]。復旦大学教授の楊兆龍は、プラグマティズム法学を体系化したことで知られるロスコー・パウンドに師事し、国民党政権で司法行政部刑事司司長も務めた、民国期を代表する法学者である。楊兆龍は、「法律の階級性と継承性」のなかで、法の継承性を認める姿勢を明らかにした。そして、この楊兆龍論文は、1956年から57年にかけて、法の継承性問題も含めた憲法や司法をめぐる諸課題について、全面的かつ具体的な問題提起がなされていく契機となった。ちなみに、楊兆龍が人民共和国期に発表した論著（「法律の階級性と継承性」も含む）とともに、楊が民国期に発表した論著も体系的に収めた艾永明・陸錦璧編『楊兆龍法学文集』（法律出版社、2005）は、当該期の楊の思考について、民国期を踏まえた上で分析しようとする時、大変便利である。

冒頭で述べた通り、「百花斉放・百家争鳴」から反「右派」闘争にかけて法学界で巻き起こった論争に注目することは、民国期から人民共和国期への連続性を考察するために重要である。その際、民国期から活躍してきた法学者たちの間でも主張や意見の隔たりが存在したことに注意しながら、丁寧に分析する必要がある。一例を挙げれば、楊兆龍が認めた法の継承性をめぐって、前出の李浩培は肯定する立場であったのに対して、民国期に李と同じく『観察』で、また『新路』においても活躍した法学者の芮沐は否定する立場を採った。論争のこうした側面に向き合うためには、『光明日報』の「政法」や『政法研究』『華東政法学報』（『法学』）とともに、その他の法制史に関わる新聞・雑誌を幅広く利用していくことに加え、出来得る限り多くの論者の言説を検討していくことが求められる。

中国政治法律学会資料室編『政法界右派分子謬論彙集』（法律出版社、1957）は、反「右派」闘争開始後に「右派」とされた法学者たちを批判するために編まれたものである。同書の特徴は、1957年に開かれた様々な座談会における楊玉清や楊兆龍の言説、また彼らと同じく「右派」として厳しく批判された復旦大学教授の王造時、北京政法学院院長の銭端升、同教授の楼邦彦らの言説が掲載されている点である。同書は「右派」とされた法学者たちの主張や意見を検討する上で貴重な史料である。

また、言説をそのまま載せていないという難点があるものの、中国人民大学法律系審判法教研室編『北京市司法界右派分子是怎様進行反党破壊活動的』（中国人民大学出版社、1958）も、「右派」と批判された人々の言説を集めた史料として興味深い。同書には、民国期に『観察』や『新路』で活躍した法学者であり、人民共和国期には北京市司法局副局長も務めた前出の楼邦彦の言説が収められている。そして同書のもうひとつの特徴が、共産党員で「右派」として批判された北京市高級人民法院院長の王斐然らの言説も収められている点である。すなわち、同書を分析すると、反「右派」闘争において共産党内でも「右派」として批判される司法関係者が続出し、やがては1959年の司法部廃止へとつながっていった動きの一端を垣間見ることができ

るのである。つまり、同書のような史料は、民国期からの連続性を考察する上で重要な史料というだけでなく、憲法や司法をめぐる共産党内の分岐や対立を考察する上でも重要な史料なのである。

　それでは、共産党内の中央レベルでの憲法や司法をめぐる言説を分析していくには、どのような史料が利用できるのか。そのひとつの手掛かりが文集である。共産党で憲法や司法をめぐって主導的な立場にあった彭真、董必武については、それぞれ、中共中央文献編輯委員会編『彭真文選：1941～1990』（人民出版社、1991）、論新中国的政法工作編輯組編『論新中国的政法工作』（中央文献出版社、1992）と、董必武文集編輯組編『董必武政治法律文集』（法律出版社、1986）がある。また、1949年から1959年まで公安部部長を務めるとともに、1958年からは共産党の中央政法小組副組長（1959年から同組長）の任にあった羅瑞卿については、公安部羅瑞卿論人民公安工作編輯組編『羅瑞卿論人民公安工作：1949～1959』（群衆出版社、1994）がある。その他、1959年から董必武に代わって最高人民法院院長に就いた謝覚哉については、王萍ほか編『謝覚哉論民主与法制』（法律出版社、1996）があり、政務院副秘書長や同院政治法律委員会副秘書長として人民共和国成立初期から法制化に従事した陶希晋については、陶希晋『新中国法制建設』（南開大学出版社、1988）がある。

　さらに、こうした文集に加え、文化大革命期の史料も活用できると思われる。中文出版物服務中心編『中共重要歴史文献資料彙編』（出版社不明、1995～）の第8輯「彭真及1966年4月前中共北京市領導集団問題専輯」や第18輯「"文革"初期有関中共軍事系統曁領導人的批判資料専輯」には、彭真や羅瑞卿の言説を記した1950年代中国法制史と関わる史料がリプリントで多く収められている。ただし、これらの文化大革命期の史料は個人を攻撃する目的でつくられたものであるとともに、『中共重要歴史文献資料彙編』にリプリントで収められた史料のなかには原本を確認できないものもあるため、その利用には慎重を要する。しかし、文集と組み合わせて利用していけば、共産党内の憲法や司法をめぐる思考の見取り図を描出するための糸口になるだろう。

（4）年譜・伝記、回想録

1950年代中国法制史研究で、共産党内の政策決定過程を解明するためには、文集類とともに、年譜や伝記を利用していく必要がある。なかでも、彭真伝編写組編『彭真年譜：1902〜1997』全5冊（中央文献出版社、2012）は重要な史料である。同書には、彭真が、政務院政治法律委員会や共産党中央書記処の会議に出席して何を発言し、また政策が決まっていく過程のやり取りのなかで、どのような意見や指示を出したのかについて、未公開の文書史料を用いながら、克明に記されている。あわせて、同じく未公開の文書史料を使ってまとめられた彭真の伝記である彭真伝編写組編『彭真伝』全4冊（中央文献出版社、2012）も重要である。情報量としては年譜より見劣りするものの、彭真の各分野の政策への関与がテーマごとに記述されており（例えば、第2巻の第30章「建立新中国司法制度的探索」）、1950年代中国法制史と彭真の関わりを知るためには必読の文献である。

以上の『彭真年譜：1902〜1997』全5冊と『彭真伝』全4冊は、今後の1950年代中国法制史研究にとって必須の史料である。ただし、彭真の立場に偏ることなく、これらの史料を活用するためには、全分野の研究において基本史料となる毛沢東、劉少奇、周恩来、鄧小平の年譜や伝記はもとより、董必武年譜編纂組編『董必武年譜』（中央文献出版社、2007）、董必武伝撰写組編『董必武伝：1886〜1975』上下（中央文献出版社、2006）、陶駟駒編『新中国第一任公安部長：羅瑞卿』（群衆出版社、1996）など、1950年代中国法制史に関わる他の人物たちの年譜や伝記と突き合せながら利用していく必要がある。そして、こうした年譜や伝記を使った分析の積み重ねこそ、共産党内での憲法や司法をめぐる分岐や対立を明らかにする突破口になると思われる。

最後に、文集類と年譜・伝記を補足する史料として、回想録を紹介しておきたい。まず、1950年代中国法制史に関わる共産党側の回想録としては、やはり彭真についてのものが中心となる。例えば、李海文・王燕玲編『世紀対話：憶新中国法制奠基人彭真』（群衆出版社、2002）や、彭真生平思想研究編輯組編『彭真生平思想研究』（中央文献出版社、2008）がある。これらには、

彭真とともに司法・警察政策に参与した人々の回想が収められている。文書史料を用いて編まれた年譜や伝記の記述には表れない様子も描写されており、利用していく価値はあるだろう。他方で、法学者たちの回想録もある。何勤華編『中国法学家訪談録』第1巻（北京大学出版社、2010）は、1935年までに生まれた法学者たちを訪問した記録である。同書は、壮年期に「百花斉放・百家争鳴」から反「右派」闘争を経験した世代の法学者たちの記録であり、1950年代中国法制史を立体的、重層的に描き出すためには、必ず参照すべきである。また、倪徴㠀『淡泊従容莅海牙』増補版（北京大学出版社、2015）は、前出の倪徴㠀がみずからの生涯を回顧した記録である。同書は、「百花斉放・百家争鳴」の様子についても言及しており、民国期を生きた法学者が人民共和国期をどう見たのか知る上で貴重な一冊である。その他、人民共和国初期に北京で司法機関を接収した経験や、裁判官として務めた経験を回顧した張思之口述・孫国棟整理『行者思之』（牛津大学出版社、2014）などがある。いずれにせよ、1950年代中国法制史に関わる回想録は相対的に少ない。そのため、官側の様々な雑誌や『百年潮』『炎黄春秋』などに掲載されている回想記も、バランスよく利用していくことが必要であろう。

【注】
（1）　1957年から『法学』と改称し、1958年に停刊した後に、1980年に復刊し、現在に至る。
（2）　『華東政法学報』1956年第3期（1956年12月5日）に掲載された。

第5章　軍事史

山口信治

§研究状況

　本章では1950年代の中国軍事及び安全保障政策にかかわる研究状況と史料状況を整理する。軍事にかかわる史料は、いかなる国家においても機微な情報を含むためにその公開は限定的となりがちである。特に人民共和国はそうした制限が厳しく、また公式史観を補完するものしか公刊しない傾向にある。しかし、他方で2000年代以降の史料公開を十分に利用した研究成果も少ないため、今後研究を進める余地が大いにある分野といえよう。

　第一に、中国人民解放軍の組織と政治に関する研究について述べると、党軍関係における専門家と政治的コントロールの緊張関係に着目したヨッフェ（Joffe, Ellis 1965）と全般的に概観したギッティングス（Gittings, John 1967）が先駆的業績として挙げられる。日本語では平松茂雄が1980年代から2000年代にかけて執筆した一連の研究がまず挙げられる。平松茂雄（1986）は1950年代における近代化路線が毛沢東軍事路線にとって代わられる過程を分析している。平松茂雄（2002）は7名の軍事指導者に焦点をあて、1950年代の軍内政治と権力闘争を描いている。また川島弘三（1988）は政治委員、軍内党委員会、中央軍事委員会などの党軍関係に着目した重要な研究である。

　中国語の組織と政治に関する研究として、まず公式史として毛沢東時代の人民解放軍を総合的に描いた中国人民解放軍軍史編写組編（2010〜2011）がある。張明金・劉立勤（2010）は軍区の変遷をまとめており有用である。そのほか蕭裕声編（2011）は軍における政治工作の歴史をまとめたものである。

第二に、1950年代軍事史に関する研究の中で最も充実しているのは、具体的な軍事行動に対する分析である。とりわけ注目されてきたのが、中国の朝鮮戦争参戦過程に関する分析である。その嚆矢となったのがホワイティング（Whiting, Allen 1960）であった。冷戦が終結し、旧ソ連や中国において史料公開が進展する中で、冷戦史研究の一環として朝鮮戦争に関する研究も大きく発展した。その中で出版された研究がゴンチャロフ、ルイス、薛理泰（Goncharov, Sergei, Lewis, John Wilson and Xue, Litai 1993）、陳兼（Chen, Jian 1994）、張曙光（Zhang, Shuguang 1995）などである。日本語でも中国の参戦過程を丁寧に検証した朱建栄（1991）がある。そのほかより具体的な軍事作戦や軍種の活躍についての研究も見られた。そうした研究として平松茂雄（1988）や服部隆行（2007）があげられる。また張小明（Zhang, Xiaoming 2003）は朝鮮戦争期における空軍の発展に着目した研究である。
　中国語の研究においても朝鮮戦争の研究は1980年代後半から盛んとなった。公式性の高い研究として国防大学戦史簡編編写組編（1986）、軍事科学院軍事歴史研究部編（1990）、軍事科学院軍事歴史研究部編（2000、第2版2011、第3版2014）がある。それ以外にも如姚旭（1985）、沈宗洪・孟照輝（1988）、徐焔（1990、2003）、逢先知・李捷（2000）、沈志華（2003）などの研究がある。
　第一次および第二次台湾海峡危機については日本語の代表的研究として福田円（2013）が挙げられる。また平松（1991）は一江山島の戦いを軍事作戦の観点から分析している。中国語では徐焔（1992）が代表的研究である。戴超武（2003）は米中対立の文脈から同時期を研究している。沈志華・唐啓華編（2010）は内戦と冷戦という視点から幅広い研究を集めた論文集である。そのほか張曙光（Zhang, Shuguang 1992）は戦略文化と抑止という視点より朝鮮戦争から第二次台湾海峡危機にいたる米中対立を分析している。またより広い国際関係的視点から見た研究としてクリステンセン（Christensen, Thomas 1996）もある。
　第三に、中国の核開発に関する研究も積極的に取り組まれてきた。ルイ

ス、薛理泰（Lewis, John Wilson and Xue, Litai 1988）と平松（1996）は核開発の過程についての実証研究である。そのほかシエ（Hsieh, Alice 1962）は毛沢東の核兵器に関する思想についての研究である。

　それと関連して、ソ連との関係は1950年代の軍事を語るうえで欠かすことができない。沈志華の一連の研究はソ連との協力関係と対立への道を詳細に分析しており、その中で軍事援助についても検討されている。沈志華（2003b、2013d）、沈志華編（2007）や沈志華・李丹慧（Shen, Zhihua and Li, Danhui 2011）、沈志華・夏立平（Shen, Zhihua and Xia, Liping 2015）がある。そのほか楊奎松（1999、2009）、リューティ（Lüthi, Lorenz 2008）も重要な研究である。バーンスタイン、李華鈺編（Bernstein, Thomas and Li, Huayu eds. 2010）はソ連モデル導入に関する論文集である。そのほか軍事工業建設に関する分析として大久保泰（1968）がある。

§史料紹介

（1）新聞・雑誌

　1956年に発刊された人民解放軍の機関紙『解放軍報』は、1950年代後半の中国軍事を研究する上で今もって主要史料となる。当然ながら中国において機関紙はプロパガンダの道具であり、そこに書かれていることを客観的・中立的であるとみなすことはできない。しかし逆にこれを丹念に分析することで、軍事における論点や争点を抽出することができる。そのほかに解放軍の雑誌として『八一雑誌』（軍内発行）がある。

（2）ソ連史料

　1990年代以降、旧ソ連のアーカイブスが公開される中で、冷戦期の中ソ関係に関する史料が数多く公開され、それらは英語や中国語に翻訳・出版されている。第一にWoodrow Wilson CenterのCold War International History Projectは会報やワーキングペーパーに収録する形でこうした史料を公開し

てきた。現在ではウェブページ上でも公開されている。第二に、華東師範大学の沈志華らが中心となって関連史料の中国語訳を出版している。沈志華編『俄羅斯解密檔案選編：中蘇関係』全12巻（東方出版中心、2014）、沈志華編『朝鮮戦争：俄国檔案的解密文件』（中央研究院近代史研究所、2003）は中国軍事の研究の上でも重要な史料である。

（3）政治指導者の文集・年譜

　1950年代において、毛沢東をはじめとする政治指導者の軍における役割は極めて大きかった。政治指導者と軍事指導者の区別はそれほどはっきりしておらず、一体化していた。多くの共産党政治指導者は内戦期まで軍において政治委員などの役割を担っており、また軍事面で活躍した指導者が、人民共和国期に党・政府のポストに就くことも珍しくなかった。このため政治指導者の文集や年譜には軍事にかかわる記述が多い。

　最も重要な指導者は言うまでもなく毛沢東である。毛沢東については『毛沢東文集』や『建国以来毛沢東文稿』などの一般的な史料以外に、軍事関連の講話やメモなどを集めた中共中央文献研究室・軍事科学院編『毛沢東軍事文集』全6巻（中央文献出版社・軍事科学出版社、1993）および中共中央文献研究室・軍事科学院編『建国以来毛沢東軍事文稿』全3巻（軍事科学出版社・中央文献出版社、2010）があり、これを基本史料とすべきである。そのほか軍事関連の年譜として中国軍事博物館編『毛沢東軍事活動紀事：1893〜1976』（解放軍出版社、1994）が出ているが、これは内容に乏しく、『毛沢東年譜：1949〜1976』全6巻に劣る。

　次に、周恩来は1950年代前半の人民解放軍の活動全般に関与していた。周恩来の軍事関連の文集として中共中央文献研究室編『周恩来軍事文選』全4巻（人民出版社、1997）、軍事関連の年譜として周恩来軍事活動紀事編写組編『周恩来軍事活動紀事：1918〜1975』上下（中央文献出版社、2000）が出版されている。後者は印刷数がそれほど多くないため若干入手が困難であるものの、有用な史料である。

第三に鄧小平である。鄧小平は1954年に中共中央秘書長、中央軍事委員会副主席、1956年に中共中央書記処総書記となるなど、1950年代中期より党中央において重要な役割を果たすようになっており、軍事においても重要な役割を果たした。中共中央文献研究室・軍事科学院編『鄧小平軍事文集』全3巻（軍事科学出版社・中央文献出版社、2004）は鄧小平の軍事関連の講話や文章を収録している。また中共中央文献研究室編『鄧小平文集』全3巻（人民出版社、2014）には『鄧小平軍事文集』に収録されていない軍事関連の文章が収録されている。

（4）軍事指導者の文選・年譜・回想録
　1950年代の人民共和国における最も重要な軍事指導者は彭徳懐である。彭徳懐は朝鮮戦争に参戦した中国人民志願軍の司令官であり、また1955年以降中央軍事委員会副主席として同委員会の日常的運営を取り仕切った。彭徳懐の講話などをまとめた彭徳懐伝編写組編『彭徳懐軍事文選』（中央文献出版社：1988）や、年譜の王焔編『彭徳懐年譜』（人民出版社、1998）、回想録として彭徳懐『彭徳懐自述』（人民出版社、1981）が出版されている。ただし彭徳懐の果たした役割の重要性に比して史料の公開状況は十分とは言えず、今後のさらなる史料公開が待ち望まれる。また朱徳は人民共和国成立以降、次第に第一線から退いていったものの、1950年代初期には比較的まとまった講話や指示を残している。中共中央文献研究室・軍事科学院編『朱徳軍事文選』（解放軍出版社、1997）や中共中央文献研究室編『朱徳年譜：1886〜1976』新編本上下（中央文献出版社、2006）が出版されている。
　軍事戦略の形成や軍事作戦など総参謀部の活動に関しては、総参謀長を務めた粟裕（1954〜1958）や黄克誠（1958〜1959）、羅瑞卿（1959〜1965）、および軍事行政や装備を担当する副総参謀長であった張愛萍（1954〜1967）にかかわる史料が重要である。『粟裕文選』全3巻（軍事科学出版社、2004）、中共江蘇省委員会党史工作辦公室編『粟裕年譜』（当代中国出版社、2006、第2版2014）、〔黄克誠〕『黄克誠軍事文選』（解放軍出版社、2002）、黄克誠『黄克誠

自述』（人民出版社、1994、第2版2004)、および『張愛萍軍事文選』（長征出版社、1994)、羅瑞卿『羅瑞卿軍事文選』（当代中国出版社、2006) が出版されている。徐向前は1949年から1954年まで総参謀長であったものの病もあり1951年のソ連訪問以外それほど目立った活動をしていない。徐については徐向前『徐向前軍事文選』（解放軍出版社、1993)、徐向前『歴史的回顧』（解放軍出版社、1984、『徐向前回憶録』として2007年再版) が出版されている。

その他に総参謀部作戦部長（1952～1953) であった張震の『張震軍事文選』上下（解放軍出版社、2005) および『張震回憶録』（解放軍出版社、2003) や総参謀部作戦部の雷英夫の回想録『在最高統帥部担当参謀：雷英夫将軍回憶録』（百花洲文芸出版社、1998) が出版されている。

軍事訓練に関しては、ソ連の軍事理論に通じ、ソ連モデルの導入に努めた劉伯承訓練総監部長（1955～1957) の軍事科学院劉伯承軍事文選編写組編『劉伯承軍事文選』全3巻（軍事科学出版社、2012)、軍事科学院劉伯承軍事文選編写組編『劉伯承年譜』上下（軍事科学出版社、2012) が重要である。また武装力量監察部長（1955～1958) や訓練総監部長代理を務めた葉剣英の中共中央文献研究室・軍事科学院編『葉剣英軍事文選』（解放軍出版社、1997)、劉継賢編『葉剣英年譜』上下（中央文献出版社、2007) も出版されている。訓練総監部や軍事科学院は1950年代後半の「教条主義批判」によって多くの幹部が批判にさらされたが、特に批判の矢面に立たされた蕭克の『蕭克回憶録』（解放軍出版社、1997) や李達の李達軍事文選編写組編『李達軍事文選』（解放軍出版社、1993) が参考となろう。また彼らと対立し、批判の急先鋒となった張宗遜の『張宗遜回憶録』（解放軍出版社、1990、第2版2008) も出版されている。

軍内政治工作については、総政治部主任（1950～1956) や総幹部部長（1950～1956) を務めた羅栄桓の『羅栄桓軍事文選』（解放軍出版社、1997) および黄瑤編『羅栄桓年譜』（人民出版社、2002) が出版されている。その他に引き続いて総政治部主任（1956～1961) を務めた譚政の軍事科学院譚政軍事文選編輯組『譚政軍事文選』（解放軍出版社、2006) もある。

第 5 章　軍事史

　軍事工業・技術開発に関しては、総参謀長代理（1950～1954）や国家科学委員会主任（1958～1970）などを務めた聶栄臻に関するものが重要である。聶栄臻は核開発などを主導し、1958年には国防科学委員会主任にもなっている。聶栄臻『聶栄臻軍事文選』（解放軍出版社、1992）、周均倫編『聶栄臻年譜』上下（人民出版社、1999）、聶栄臻『聶栄臻回憶録』（解放軍出版社、1983、第4版2007）が出版されている。また総幹部部副部長を経たのち第三機械工業部（後の第二機械工業部）部長（1956～1960）として原子力産業を担当した宋任窮の『宋任窮回憶録続集』（解放軍出版社、1996〔『宋任窮回憶録』として2007年再版〕）は、中国の核開発の過程を明らかにするうえで重要である。国防科学委員会副主任や軍事工程学院長（1952～1961）を務めた陳賡の陳賡軍事文選編写組編『陳賡軍事文選』（解放軍出版社、2007）も出版されている。さらに彭徳懐の秘書を務めた王亜志の回想録『彭徳懐軍事参謀的回憶：1950年代中蘇軍事関係見証』（復旦大学出版社、2009）は、ソ連からの兵器輸入、技術移転、専門家などについて詳細に述べており、この分野の必読史料といえる。そのほか総軍械部部長（1955～1957）などを務めた王樹声の軍事科学院歴史研究部編『王樹声軍事文選』（軍事科学出版社、2000）が実態の明らかでない総軍械部に関する貴重な史料である。

　ロジスティクスについては、歴代の総後勤部長を務めた楊立三（1949～1952）、黄克誠（1952～1956）、洪学智（1956～1959）の関連史料が出版されている。楊立三は総財務部部長も務めており、楊立三文集編輯組編『楊立三文集』上下（金盾出版社、2004）、蔣勝祥編『楊立三年譜：1900～1954』（金盾出版社、2004）が出版されている。洪学智については洪学智『洪学智回憶録』（解放軍出版社、2002、第2版2007）がある。黄克誠については前述のとおりである。さらに総財務部については楊立三を継いで部長（1954～1957）を務めた余秋里の『余秋里回憶録』上下（人民出版社、2011）も出版されている。

　各軍種や兵種の建設に携わった幹部の関連史料も出版されている。海軍建設を主導した蕭勁光海軍司令員（1950～1980）の〔蕭勁光〕『蕭勁光軍事文選』（解放軍出版社、2003）および蕭勁光『蕭勁光回憶録続集』（解放軍出版社、

1989〔『蕭勁光回憶録』として当代中国出版社より2013年に再版〕）や、一貫して空軍建設を推進した劉亜楼空軍司令員（1949〜1965）の空軍劉亜楼軍事文集編輯組編『劉亜楼軍事文集』（藍天出版社、2010）が出版されている。そのほか海軍では副司令員を務めた方強の回想録『為国防而戦』（海潮出版社、1991）、空軍では呂黎平の『呂黎平回憶録』（中国農業科学技術出版社、2002）などがある。また1955年から1957年まで軍種として存在した防空軍の司令員や北京軍区司令員を担当した楊成武の『楊成武軍事文選続集』（解放軍出版社、1999）、〔楊成武〕『楊成武文集』全3巻（解放軍出版社、2014）、楊成武年譜編写組編『楊成武年譜：1914〜2004』（解放軍出版社、2014）、『楊成武回憶録』（解放軍出版社、1987、第3版2007）も出版されている。兵種建設について見ると、火砲を扱う炮兵部隊の建設を担当し、のちにはミサイル開発にもかかわる陳錫聯の『陳錫聯回憶録』（解放軍出版社、2004、第2版2007）や、戦車など装甲兵建設を指導した許光達の『許光達論装甲兵建設』（解放軍出版社、1985）および『許光達軍事文選』（解放軍出版社、2008）がある。

　地方での活動が目立った幹部としては、西北軍区司令員などを務めた賀龍の総参謀部賀龍伝編写組編『賀龍軍事文選』（解放軍出版社、1989）、李列編『賀龍年譜』（人民出版社、1996）や、華東軍区司令員を務めた陳毅の『陳毅軍事文選』（解放軍出版社、1996）、劉樹発編『陳毅年譜』上下（人民出版社、1995）がある。その他、南京軍区司令員（1955〜1973）を務めた許世友の軍事科学院許世友軍事文選編輯組『許世友軍事文選』（軍事科学出版社、2013）、許世友『許世友上将回憶録』（解放軍出版社、2005）や福建省で省委書記や福建軍区司令員（1956〜1957）などを担当した葉飛の『葉飛回憶録』（解放軍出版社、2007）などがある。

　研究・教育については、1958年に成立した軍事科学院に長くかかわった宋時輪の軍事科学院軍隊建設研究部宋時輪軍事文選課題組編『宋時輪軍事文選：1958〜1989』（軍事科学出版社、2007）や南京軍事学院で研究・教育を進めた陶漢章の回想録『回憶与思考』（国防大学出版社、2003）がある。

　朝鮮戦争に参加した幹部の回想録は数多く出ている。例えば洪学智『抗美

援朝回憶』（解放軍文芸出版社、1991）、趙南起『我們見証真相：抗美援朝戦争親歴者如是説』（解放軍出版社、2009）、柴成文・趙勇田『抗美援朝紀実』（中共党史出版社、1987）である。それ以外にもこれまで挙げてきた軍事指導者の回想録には朝鮮戦争参加時のものが含まれていることがある。また大陳島や一江山島の戦いにかかわった前線将校たちの回想を集めた『三軍揮矛戦東海』（解放軍出版社、1985）も出版されている。

　最後に香港で出版された史料について触れたい。香港では政治的に失脚し、いまだに名誉回復されていない幹部の回想録や文集が数多く出版されてる。林彪は1950年代には健康状態のために活動が活発ではなかったが、林豆豆・劉樹発編『林彪軍事文選』（中国文革歴史出版社、2012）には1959年の彭徳懐事件前後の文章も収録されている。その他、林彪事件で失脚した李作鵬、呉法憲、邱会作の関連史料も出版されている。訓練総監部および海軍に関わった李作鵬『李作鵬回憶録』上下（北星出版社、2011）、空軍建設にかかわった呉法憲『歳月艱難：呉法憲回憶録』上下（北星出版社、2006）、総後勤部に所属した邱会作『邱会作回憶録』上下（新世紀出版社、2011）である。

（5）伝記

　人民解放軍幹部に関する伝記は数多く出版されている。これらはあくまで公式史として読む必要があるものの、参照できる場合もあるだろう。中国人民解放軍高級将領伝編審委員会・中共党史人物研究会編『中国人民解放軍高級将領伝』全40巻（解放軍出版社、2007～2013）は373名の将校の伝記である。

　また『当代中国叢書』の一環として『当代中国人物伝記叢書』が出版されている。以下特に記していない場合著者はそれぞれの編写組、出版社はすべて当代中国出版社。『彭徳懐伝』（当代中国出版社、1993、第3版2015）、『劉伯承伝』（1992、第3版2015）、『賀龍伝』（1993、第3版2015）、『陳毅伝』（1991、第3版2015）、『羅栄桓伝』（1991、第4版2015）、『徐向前伝』（1991、第3版2015）、『聶栄臻伝』（1994、第3版2015）、『葉剣英伝』（1995、第3版2015）、『粟裕伝』（2000、第3版2012）、『黄克誠伝』（2012）、『陳賡伝』（2003）、『蕭勁光伝』

(2011)、『張雲逸伝』(2012)、黄瑤・張明哲『羅瑞卿伝』(1996、第2版2007)、『王樹声伝』(2004、第2版2007) が出版されている。

その他、中共中央文献研究室編『朱徳伝』(中央文献出版社、1993)、金冲及編『朱徳伝 (修訂本)』(中央文献出版社、2006)、彭徳懐伝記組『彭徳懐全伝』全4巻 (中国大百科全書出版社、2009)、劉秉栄『賀龍全伝』全4巻 (人民出版社、2006)、蕭華伝記組編『蕭華伝』(解放軍出版社、2015)、林強『葉飛伝』上下 (中央文献出版社、2007)、曲愛国・曾凡祥『趙南起伝』(人民出版社、2003)、蕭迎憲・彭宏偉『蕭向栄伝』(中央文献出版社2010年) などがある。

(6) その他

「工具書」と呼ばれる研究上役立つ辞書・事典として、宋時輪編『中国大百科全書：軍事』全2巻 (中国大百科全書出版社、1989、第2版2009)、中国軍事百科全書編委会『中国軍事百科全書』全20巻 (軍事科学出版社、1997、第2版2014)、李占峰編『中国軍事百科全書』全8巻 (天津教育出版社、2009)、鄭文翰編『軍事大辞典』(上海辞書出版社、1993) がある。

また星火燎原編輯部編『中国人民解放軍将帥名録』全3巻 (解放軍出版社、2006) は1955年から1965年までに将官となった1614名を網羅した人名録である。

各省史や県史・市史には軍事史がたてられていることが多い。こうした史料は地方における軍事を研究する上で欠かせない史料であろう。ただし県史の軍事史は内部発行となっている場合も多い。また廠史として軍事工業にかかわる工場の史料も出版されていることがある。

当代中国研究所による『当代中国叢書』として当代中国叢書編輯委員会編『当代中国的軍事工作』(社会科学出版社、1989、以下編者・出版社同じ)、『当代中国軍隊的政治工作』(1994)、『当代中国的後勤工作』(1990)、『当代中国的兵器工業』(1993)、『当代中国的国防科技事業』(1992)、『当代中国海軍』(1987年)、『当代中国空軍』(1989)、『当代中国軍隊群衆工作』(1988)、『当代中国民兵』(1988)、『当代中国的抗美援朝戦争』(1990) が出版されている。

付記:本稿は著者の個人的見解を表したものであり、防衛省・防衛研究所の見解を代表するものではありません。

第6章　外交史・日中関係史研究

王雪萍

§研究状況

　人民共和国は、1949年10月に成立した直後から、「別に竈を築く」との方針の下、国民党政権期の外交官の多くを退任させ、共産党独自の外交理念と外交官育成システムを構築してきた。その後、1950年代の「向ソ一辺倒」の外交政策、1960年代以降の中ソ対立にともなう西側諸国およびアジア、アフリカ諸国との関係改善、そして改革開放後の米国（アメリカ）主導の世界経済秩序との融和をめざす路線の採用という具合に、外交を展開してきた。しかし、中国外交の基本理念とその手法は1950年代に確立されたため、我われが人民共和国期の外交全般を理解するためには、この時期の外交分析を欠かすことはできない。

　ところが、日本における中国外交史・日中関係史研究は、まさに、中国側の外交史料の公開状況に大きく左右されてきた。1950年代の外交史研究についていえば、2004年と2013年を境にして大きく変化した。なぜなら、中華人民共和国外交部檔案館の檔案（以下、外交部檔案）が2004年に一般公開され、2013年末には「一時的」に公開中止となったからである。

　戦後の日本においては、長らく、『人民日報』などの共産党機関紙、あるいは毛沢東、周恩来といった指導者の『文選』『文集』『選集』『年譜』、ないしは中国政府が主導して出版した史料集や文献集に依拠して、中国の対外政策や対日政策を分析してきた。その代表的な研究成果が、岡部達味（1971、1976、1983、2002）である。日中関係に絞っていえば、田中明彦（1991）、添

谷芳秀（1995）、陳肇斌（2000）がある。これらは、日本側の外交史料のみならず、中国、アメリカの史料、回想録、インタビュー記録も活用した貴重な研究成果である。

　2000年代に入ると、中国国内の政治的な雰囲気が幾分和らいだため、当時を知る外交官や日中関係の当事者へのインタビューが可能となり、彼らの一部が積極的に回想録を出版するようになった。こうした状況下で、一部の研究者が、日本の外交文書や中国側の公刊史料集、インタビュー記録、回想録を駆使しながら、歴史学的なアプローチによって1950年代の外交史、日中関係史を論じるようになった（王偉彬 2004；李恩民 2005；青山瑠妙 2007など）。

　さらに、先に述べたように、2004年になると、1950年代の外交史研究は劇的な変化を遂げた。それまで、外交政策の決定過程は、外から観察することが不可能なブラックボックス状態であった。公開された史料集が、指導者の発言や文章を中心に整理されていたこともあって、外交政策は「上意下達」ですべて決定されると考えられてきた。しかし、外交部檔案が公開されたことにより、それまで明らかにされてこなかった外交官の役割や政策立案過程などが、少しずつ明らかになった。この外交部檔案の公開にいち早く注目したのが、沈志華（2012、2013a、2013b）や張歴歴（2011、2016）らであった。彼らは、国際関係や中国の内政について豊富な知識をもち、国内外の檔案についても精通していたが、新たに公開された外交部檔案を活用したことで、外交史研究の学術水準を一気に押し上げた。

　日本国内に目を転じると、外交部檔案が紹介され始めた（川島真 2005）前後から、多くの研究者が外交部檔案館を利用するようになり、次々と研究成果を発表した。その代表的な成果が、福田円（2013）、大澤武司（2007、2008、2011、2014）、杉浦康之（2008、2009、2011、2013）、山影統（2011）、廉舒（2013）、程蘊（2015）、王雪萍（2010、2013b）である。さらに、これらの個別研究を基盤にして、中国、日本、台湾の研究者による共同研究もすすんだ（王雪萍編 2013a）。

　他方で、日本の外交文書や台湾の外交部檔案を活用した外交史研究や日中

関係史研究にも進展がみられた。とりわけ注目されたのが、井上正也（2010）であった。井上は、日本、中国、台湾の外交文書に加えてアメリカの一次史料もバランスよく使い、日中関係を多面的に分析することで、多くの知見を読者に提供した。

ところが、1949年から1965年の外交部檔案（後述）が約8万件公開されてきたにもかかわらず、2013年12月からシステム更新を理由にして、外交部檔案は現在まで閲覧不可となり、再度公開される目途すらたっていない（2016年9月）。そのため、外交史研究および日中関係史研究は、新たな展開を一部にみせ始めている。たとえば、一部の研究者は、台湾の国史館、中央研究院近代史研究所檔案館で公開されている一次史料を使って、日本、中国、台湾の外交関係を三方向から多角的に描き出そうとしている。そのうち、横山宏章（2009）の研究に啓発されて長崎国旗事件について研究した祁建民（2014）は大変に興味深い。なぜなら、台湾の外交行動が中国の対日外交にマイナスの影響を与えたことを指摘しているからである。

以上のように研究状況は推移している。当面は、外交部檔案が非公開となっているため、日本や台湾、アメリカなどで公開されている檔案や中国の地方檔案館で利用できる一次史料が重視されていくことになるだろう。そして、公刊史料集やインタビュー記録、当事者の回想録なども、一時的であれ、その重要性を増していくことになるだろう。

§史料紹介

（1）正史としての外交史研究

1950年代の外交史研究は、人民共和国成立後の公開史料に依拠することが多かった。とくに政府の公式史料として最も信憑性が高く、それ故に頻繁に利用されてきたのが、1957年から1963年まで世界知識出版社によって編集、出版された『中華人民共和国対外関係文件集』全10冊であった。同史料集は、1949年から1963年までの外交関連文書が網羅されている。世界知識出版

社は外交部所属の出版社であり、出版に際して外交部の審査を経ていることから、同出版社の史料集は外交部の当該時期の立場を知る上で有益である。

同時期の日中関係史については、やはり世界知識出版社が1955年から1963年にかけて編集、出版した『日本問題文件彙編』全4冊が詳しい。共産党の対日政策文書に加えて、日本問題をめぐって中米、中ソ、米ソ間のやりとりを示した史料も含まれている。ただし、同史料集の問題点は、中国側の観点が強すぎることである。例えば、日華平和条約に対する非難声明は掲載されているが、条約そのものは掲載されていない。日華平和条約の内容に熟知した外交官が中国側にいなかったことの表れでもあった。

とはいえ、基本的には、文化大革命（以下、文革）以前に出版された中国側の史料集は、外交部檔案などと対照させながら入念に編集されていたことから、高い史料的価値を有している。そして、文革が収束すると、学術レベルに耐え得る関連史料集が再び出版され始めた。

1980年末から今日までに公刊された史料集で、多くの研究者が基本史料集として認めているものは、中華人民共和国外交部・中共中央文献研究室編『毛沢東外交文選』（中央文献出版社・世界知識出版社、1994）、中華人民共和国外交部・中共中央文献研究室編『周恩来外交文選』（中央文献出版社、1990）、中共中央文献研究室・中央檔案館編『建国以来周恩来文稿：1949年6月～1950年12月』全3冊（中央文献出版社、2008）、中共中央文献研究室編『毛沢東年譜：1949～1976』全6冊（中央文献出版社、2013）、中共中央文献研究室編『周恩来年譜：1949～1976』全3冊（中央文献出版社、1997）、中華人民共和国外交部外交研究室編『周恩来外交活動大事記：1949～1975』（世界知識出版社、1993）、中共中央文献研究室・中央檔案館編『建国以来劉少奇文稿：1949年7月～1955年12月』全7冊（中央文献出版社、2005）といった指導者の『文選』や『大事記』である。その他には、王稼祥（共産党中央対外聯絡部部長、共産党中央国際活動指導委員会主任委員、外交部副部長などを歴任）や対日外交を実質的に統括していた廖承志などの実務家の関連史料集――徐則浩編『王稼祥年譜：1906～1974』（中央文献出版社、2001）、王稼祥選集編輯組『王稼祥選

集』(人民出版社、1989)、廖承志文集編輯辦公室『廖承志文集』全2冊(三聯書店、1990)など――も、史料価値の高い文献である。

　このように基本史料集が出版されていくなか、外交研究に利用しやすい大事記や年表も公刊されていった。とりわけ、外交部檔案館の館長や職員らが非公開の檔案を利用しながら編集した『中華人民共和国外交大事記』全4巻(世界知識出版社、1997~2003)は、利用価値が高い。この『大事記』は、人民共和国が成立した1949年から文革収束後の1978年までの外交政策を詳細にまとめてあり、外交の全体像を構築する上で欠かせないものである。外交部檔案が公開される以前に編集、出版されていたことから、この『大事記』はもしかしたら外交部檔案の公開に向けた準備作業の一環だったのかもしれない。なお、再度強調しておきたいが、外交部檔案は1965年分までしか公開されなかったため、外交部檔案が公開された後も、そして現在のように非公開になっている状況下では、この『大事記』は間違いなく、文革後の外交史研究を進展させ得る史料集である。

　2004年に外交部檔案館が一般公開されると、同館は『中華人民共和国外交大事記』とは形式を異にする、テーマ別の史料集を編集するようになった。その代表的な成果が、外交部檔案館・人民画報社編『解密外交文献：中華人民共和国建交檔案1949~1955』(中国画報出版社、2006)、中華人民共和国外交部檔案館編『中華人民共和国外交檔案選編』第1集：1954年日内瓦会議(世界知識出版社、2007)、中華人民共和国外交部檔案館編『中華人民共和国外交檔案選編』第2集：中国代表団出席1955年亜非会議(世界知識出版社、2007))である。これらの史料集は外交部檔案館で編集されたことから、原史料の写真を一部掲載しているが、それでもやはり、史料の取捨選択には偏りがある。したがって、これらの史料集はあくまでも参考史料の一つとして活用するように心がけなければならない――比較的に早い時期に公刊された史料集は、採録した史料数も多く、編集の精度も高かった、という特徴をもっている――。

　最後に、日中関係史に特化すれば、田桓編『戦後中日関係史年表：1945~

1993』（中国社会科学出版社、1994）および『戦後中日関係文献集：1945～1970』（中国社会科学出版社、1996）は、手堅くまとめている。この2冊は、研究者にとって利便性の高い史料集である。

（2）当事者、研究者による整理と分析

現役の外交官や政府系研究機関の研究者たちは、その時々の海外情勢を分析し、それを反映させた外交政策を立案している。それらは、正史としての史料集には掲載されないが、学術誌、専門誌に掲載されることがある。そのため、これらの雑誌も外交史を研究する上で貴重な史料となる。

外交と安全保障に関する全般的分析として、外交部所管の『世界知識』（1934～、世界知識出版社）と『国際問題研究』（1959～、中国国際問題研究所）、『外交学院学報』を前身とする『外交評論：外交学院学報』（1984～、外交学院）、国家安全部が所管し『国際関係学院学報』を前身とする『国際安全研究』（1983～、国際関係学院）、および『国際展望：和平月刊』（1955～、中国人民保衛世界和平委員会）、『政党与当代世界』を前身とする『当代世界』（1981～、中共中央対外聯絡部）、中華人民共和国外交部外交史編輯室編『中国外交概覧』（1987～1995、世界知識出版社）、中華人民共和国外交部政策研究室編『中国外交』（1996～、世界知識出版社）、『国際展望』（1981～、上海市国際問題研究院）は、当事者の回想等も掲載しているため、二次史料としての利用価値が極めて高い。

さらに、1980年代以降、多くの大学や研究機関で学術誌が発行されるようになり、専門史料としての利用価値も高まってきた。とりわけ、『政治研究：世界政治資料』を前身とする『国際政治研究』（1980～、北京大学）、『国際観察』（1980～、上海外国語大学）、『現代国際関係』（1981～、中国現代国際関係研究院）、『復旦国際関係評論』を前身とする『復旦国際研究評論』（2001～、復旦大学国際関係与公共事務学院）、『国際論壇』（1999～、北京外国語大学国際関係学院）、『世界経済与政治』（1987～、中国社会科学院世界経済与政治研究所）、『国際人材交流』（1989～、国家外国専家局・中国国際人材交流与開発研究会）

などが重要である。また、外交部をはじめとする外交関連機関では通訳や秘書が昇進しやすい環境にあり、彼らが外交専門家に転じることも多い。『秘書工作』（1985〜、中共中央辦公庁秘書局）は、秘書たちの経験談や秘書業務に関する様々な規則を掲載しており、人事制度研究をおこなう上で有益である。

日中関係に関していえば、『日本情況』と『外国問題研究』を前身とする『日本学論壇』（1964〜、東北師範大学）、『日本問題研究』（1964〜、河北大学）、『日本問題』を前身とする『日本学刊』（1985〜、中国社会科学院日本研究所・中華日本学会）、『東北亜論壇』（1992〜、吉林大学）、『日本研究』（1985〜、遼寧大学日本研究所）、『抗日戦争研究』（1991〜、中国社会科学院近代史研究所・中国抗日戦争史学会）、『当代亜太』（1992〜、中国社会科学院亜洲太平洋研究所、中国亜洲太平洋学会）が参考に値しよう。

（3）外交部檔案の公開情況に左右される外交史研究

外交部檔案館は、2004年から2013年までに3回に分けて、1949年から1965年までの約8万件の檔案を一般公開してきた。2004年以降の外交部檔案の公開情況と利用方法およびその後の変化については、大澤武司（2013）「中華人民共和国外交部檔案公開の現段階：「規定」の変更・運用厳格化と閲覧制限について」（『海外事情研究』第41巻第1号）が詳しく紹介している。ただし、1950年代に国交のなかった日本やアメリカなどとの関係を研究する上で、外交部檔案がどの程度利用できるのかについては補足説明をしておきたい。

筆者が2012年におこなった外交部日本処元処長丁民氏に対するインタビューによれば、1958年から外交全般を管轄した国務院外事辦公室の史料は文革期にほぼ外交部檔案館に移管され、それらが2004年より徐々に公開され始めた、とのことであった。したがって、日本をはじめとする1950年代に国交のなかった諸国との関係を調査する上でも、外交部檔案は無視できない史料群となっている。事実、公開された外交部檔案には外交部が作成した史料に加えて、他の関連機関や関連部門から外交部に送付された文書も含まれてお

り、経済、貿易、文化、教育など、いわゆる「民間外交」と呼ばれた分野についても、外交部檔案の利用価値は高まっている。

　ところが、2013年末になると、それまで何とか筆写を許されていた外交部檔案は、システム更新を理由にして、閲覧さえできなくなった。領土問題に対する中国外交の姿勢が海外から厳しく批判にさらされ始めたことが、外交部檔案館の方針転換に影響を与えたと推測されている。本章執筆時点（2016年5月）においても閲覧ができない状況が続いており、閲覧再開については悲観的な見方が強まっている。

　それでは、このような史料公開状況に対して、研究者が講じられる策はあるのだろうか。その有効な方法の一つとして、地方檔案館に所蔵されている関連檔案、台湾の国史館や中央研究院近代史研究所に保存されている中華民国外交部檔案、さらには日本の外交史料館やアメリカのナショナルアーカイブスに公開している史料を利用することが挙げられる。

　地方檔案館の公開状況は、近年かなりすすんでいる。外交分野に限定したとしても、地方の政策文献に加えて、中央レベルの最終決定を記した檔案や外交政策に関する通知などが公開されている。それらの中には、外交部をはじめとする中央レベルの檔案館では閲覧できないものが含まれている。また、外交政策は、外交部や国務院外事辨公室といった中央レベルの機関で策定されるが、執行段階において地方の市や県レベルの政府に協力してもらうことも少なくない――地方政府には、外事辨公室が設置されている――ため、外交史に関する貴重な檔案は意外と地方の檔案館で公開されている。とくに1950年代から1960年代の中国政府は、国際的な孤立状態を打開するために、外国の訪問団を積極的に地方へと招聘して社会主義建設の成果をアピールした。これらの接待は地方の市や県の外事辨公室が担当しており、その報告書は地方檔案館に保管されている。例えば、日本で「赤い」貴族と呼ばれた西園寺公一は、1964年5月、9月、12月に上海を訪れた。その時の行動について、中国人民保衛世界和平委員会上海市分会辨公室は24頁にもわたる報告書を作成し、上海市外事辨公室、中国人民保衛世界平和委員会総会、共産

党上海市委員会宣伝部および聯絡部に送付している。この報告書には、西園寺公一のみならず、西園寺夫妻の会話や息子の西園寺一晃が購入した書籍名、家族が鑑賞した映画情報とその感想などが克明に記されている（「中国人民保衛世界和平委員会上海市分会関于接待日本和平人士、西園寺公一過境安拝、活動日程、情況彙報」上海市檔案館、C36-2-184、1964年9月）。

　台湾の国史館や中央研究院近代史研究所に保管されている中華民国外交部檔案も、人民共和国期の外交史研究を相対化させる上で貴重な史料群である。中国（人民共和国）が外交で攻勢に転じると、台湾（民国）は必ずといってもいいほど妨害活動を繰り返した。例えば、長崎国旗事件は、日中の接近を警戒した台湾側による妨害活動であった。つまり、台湾側の妨害活動を分析することで、中国の外交活動の一端が解明できるのである。さらに、台湾は中国の外交動向を詳細に分析しており、これらの分析が中国側の政策意図を客観的にくみ取ったものではないとはいえ、利用しない手はないだろう。

　以上に紹介してきた史料群以外にもアメリカ、ロシア、日本、欧州各国、および国連で公開されている外交文書や交渉記録も重要である。もちろん、これらの史料群も、中国と同じように、公開に際して一定程度選別されている可能性があり、情報が偏ってしまう危険性がある。さらには、中国内部からの視点を強化できないという欠点もある。だからこそ、裏返していえば、中国が外交史料を制限すればするほど、中国にとって不利な外交史研究が世界に蔓延し、かえって自らを不利な状況に追い込んでいるのではないか、との懸念も広がるのである（沈志華（2013c）「代序　冷戦国際史研究：世界与中国」牛軍『冷戦的再転型：中蘇同盟的内在分岐及其結局』九州出版社、2013）。

（4）関係者の回想録

　改革開放以降、とりわけ2000年代に入ると、史料公開状況とインタビュー調査をめぐる環境が改善され、1950年代の外交史に携わった当事者による回想録やインタビュー記録が相次いで出版されるようになった。もちろん、中国での出版は検閲を経た上でしか認められず、重要情報の一部が削除される

可能性もあるため、当事者たちは香港や海外での出版を選択することもある。

　現在の外交史研究では、回想録が数多く出版されていることから、それが多用されがちである。しかも、回想録の内容やインタビューの調査記録が全面的に信用され、その情報をもとに結論が下される場合もある。しかし、回想録は史料批判を何度も重ねなければならない。ここでは、とくに日中関係史に限定して、回想録を利用する際の注意点を整理してみた。便宜的に、一般回想型、調査補完型、文集型、内部史料補完型、日記および日記補完型の5種類に分類して整理しておく。

　一般回想型は、著者による事実確認がおこなわれているものの、すべての事実が正しいとは限らないため、信憑性が低く、補完史料を使って事実を検証することが不可欠である。このタイプの回想録として、孫平化『中日友好随想録』（世界知識出版社、1986〔安藤彦太郎訳『日本との30年：中日友好随想録』講談社、1987〕）、同『我的履歴書』（世界知識出版社、1998〔『私の履歴書：中国と日本に橋を架けた男』日本経済新聞社、1998〕）、森住和弘『50年の変遷：孫平化氏に聞く』（今日中国出版社、1995）、蕭向前『為中日世代友好努力奮闘』（江蘇人民出版社、1994〔竹内実訳『中日国交回復の記録：永遠の隣国として』サイマル出版会、1997〕）、王泰平『外交官特配員の回想・あのころの日本と中国』（日本僑報社、2004）、楊振亜『出使東瀛』（上海辞書出版社・漢語大詞典出版社、2007）、唐家璇（加藤千洋監訳）『勁雨煦風：唐家璇外交回顧録』（岩波書店、2011）、何方『何方自述』（明報出版社、2011〔内部出版〕）、郭承敏『ある台湾人の数奇な生涯』（明文書房、2014）がある。

　調査補完型は、外交官としての経験をもつ回想者が退職後の勤務経験——新聞記者や研究職など——も含めて書かれたものが多いため、当時の自らの記憶と事後の自己調査によって判明した内容との間に混同が生じやすく、事実の誤認がしばしば見受けられる。そのため、当時の新聞報道や他の関係者へのインタビュー、あるいは別の関係者の回想録などと対照させながら、事実を確認しなければならない。このタイプの回想録には、劉徳有『在日本15年』（生活・読書・新知三聯書店、1981〔（田島淳訳）『日本探索15年』サイマル出版

会、1982〕)、呉学文『風雨陰晴：我所経歴的中日関係』(世界知識出版社、2002)、王泰平『風月同天：話説中日関係』(世界知識出版社、2010)、周斌『我為中国領導人当翻訳：見証中日外交秘辛』(大山文化出版社、2013)、江培柱『江培柱文存：対日外交台前幕年后的思考』(社会科学文献出版社、2013) などがある。

　文集型は、回想者が長年書きためたてきた時評などの文章を一冊に集約したものである。文集型の注意点は、文章がいつ執筆されたのかわからない点である。記憶が鮮明なうちに書かれた文章であれば信憑性が高いであろうが、そうでなければ、一般回想型と同じ様に、慎重に事実を確認しなければならない。文集型のタイプには、張香山『中日関係管窺与見証』(当代世界出版社、1998)、『回首東瀛』(中共党史出版社、2000〔鈴木英司訳『日中関係の管見と見証』三和書籍、2002〕)、江培柱(2013)などがある。

　内部史料補完型は、現役あるいは退職直後の外交官が書いた回想録に多い。このタイプの回想録は檔案などの一次史料を利用して書かれている場合が多く——回想者が外交部内において要職を務め、内部史料を確認できる立場にあるためである——、信憑性は非常に高い。例えば、王泰平「田中総理訪中前の周総理の対日アプローチ」(石井明・朱建栄・添谷芳秀・林暁光編『記録と考証　日中国交正常化・日中平和友好条約締結交渉』岩波書店、2010)の以下の引用箇所（270頁）はその最たる例である。

　　八月十六日、中国上海バレエ団の日本訪問が滞りなく終了した。当時日中間には定期航空路がなく、バレエ団は通常の往来ルートで香港を経由して日本へ来た。だから帰国時も香港を回るはずであった。ただバレエ団が日本に着いて間もなく、藤山愛一郎は孫平化と蕭向前に、日本航空の旅客機で全団員を直接上海に送り返す考えがあることを示していた。古くからの日本の友人岡崎嘉平太もこれを知って後、全日空機で送り届けたいとの希望を両氏に伝えた。

　　孫平化はこれを本国へ国際電話で報告し、自分の考えも加えた。「バ

レエ団帰国の交通手段はとっくに準備されている。それに直行便で帰ってはことを大げさにする。私個人としてはこの必要はないと思われる」。

日を置かずして、図らずも、自分の意見とは反対の指示を受け取った。

「藤山氏の好意を受け、日航機で東京から上海に直行せよ。もし二機必要なら、日航と全日空を一機ずつに。上海国際空港は一時的に日本の旅客機に開放される」。

それはこういういきさつだった。バレエ団の日本での活動状況から目を離さなかった周恩来は、孫平化からの電話記録を読み、「必要はないと思われる」の字の脇に「違う、大いに必要あり。これは日本への積極的な合図。政治なのだ」と書き込んだ。こうして孫平化は上記のような具体的指示を受け取ったのである。

このような檔案による事実確認はいつもすべてが正しいとは限らないが、大使経験者の王泰平のみならず、筆者が2012年に北京でインタビュー調査をおこなった江培中も檔案による事実確認をおこなっていた、とのことである。外交部檔案館で檔案の分類作業に携わった江は、退職後も檔案を利用しながら事実を確認してきた、と明言した。このタイプには、王泰平（2010a、2010b、2012）、江培柱（2013）、黄華『親歴与見聞：黄華回憶録』（世界知識出版社、2007）、劉徳有『時光之旅：我経歴的中日関係』（商務印書館、1999〔王雅丹訳『時は流れて：日中関係秘史50年』上下、藤原書店、2002〕）、丁民「中日平和友好条約締結交渉のいきさつ」（石井明・朱建栄・添谷芳秀・林暁光編『記録と考証　日中国交正常化・日中平和友好条約締結交渉』岩波書店、2010）などがある。

日記および日記補完型は、著者が書いた日記をそのまま公刊、あるいは日記を元に回想録として書き直したものである。とくに、1950年代から1960年代までに海外に駐在していた外交官、もしくは国交がないために記者の身分で海外に駐在していた外交関係者が業務日誌という形で書き残すことが多かった。これらの業務日誌ないしは業務日誌に基づいて公表された回想録

は、外交部との様々なやりとり——電報記録や上司からの指示など——とつなぎ合わせれば、中国政府がどのように海外情報を入手し、分析したのかをうかがいしることができる。このタイプには、王泰平『王泰平文存：中日建交前後在東京』（社会科学文献出版社、2012〔福岡愛子訳『「日中国交回復」日記：外交部の「特派員」が見た日本』勉誠出版、2012〕）、孫平化『中日友好随想録』（遼寧人民出版社、2009〔武吉次郎訳『中日友好随想録：孫平化が記録する中日関係』上下、日本経済新聞出版社、2012〕）、韓慶愈『留日70年』（学苑出版社、2013）がある。

§史料解題

1.『中華人民共和国対外関係文件集』 全10巻（世界知識出版社、1957〜1965年）

　本史料集には編集者が明記されておらず、編集と出版の目的についても書かれていない。とはいえ、同史料集は外交部が所管する世界知識出版社によって公刊されていることから、外交関係者の手が入っていることは明らかである。

　この史料集は、1949年10月から1963年12月までの外交に関する政府広報、条約、声明、書簡、電文、談話などを網羅しており、第1巻を除く各巻の巻末には「大事記」が掲載されている。また、各巻は、第2巻を除いて、特別テーマないしは専門テーマを配置し、第1巻（1949〜1950）は「国交樹立と大使交換」「毛沢東・周恩来のソ連訪問」、第3巻（1954〜1955）は「ジュネーブ会議」「アジア・アフリカ会議（バンドン会議）」、第4巻（1956〜1957）は「周恩来のアジア・ヨーロッパ11か国歴訪」「10月革命40周年記念」、第5巻（1958）は「英米帝国主義による中東地域侵略に対する反対」「米国が台湾海峡でおこなう軍事的脅威と戦争挑発への反対」、第6巻（1959）は「中印国境問題」「人民共和国成立10周年祝賀関連」、第7巻（1960）は「周恩来のミャンマー、印度、ネパール、カンボジア、ベトナム民主共和国とモンゴル訪

問」、第8巻（1961）は「ラオス問題」、第9巻（1962）は「中印国境及びその他の中印問題」、そして第10巻（1963）は「中印国境およびその他の中印問題」「劉少奇のインドネシア、ミャンマー、カンボジア、ベトナム民主共和国訪問」「劉少奇の朝鮮民主主義人民共和国訪問」「周恩来のアラブ連合共和国（現エジプト）、アルジェリア、モロッコ訪問」となっている。

　なお、本史料集の「大事記」は同時代の国際情勢との関連性が読み取りにくく、この点が最大の欠点である。利用に際しては、中国中心思考に陥らないように注意しなければならない。

2.『世界知識』（世界知識出版社、1934年〜）
　外交部が所管する世界知識出版社は、もう一つ重要な雑誌を発行している。それが、『世界知識』である。情報が氾濫している今日においても、中国の外交方針および中国政府の対外認識を確認する上で、必読の史料である。まして、情報の乏しかった時代においては、同誌が今日以上に重要な意味をもっていたことは明らかである。

　1934年に創刊された『世界知識』は、人民共和国成立後に外交部の所管となり、外交官や国民に外国に関する知識を紹介することを目的とした。『世界知識』には、著名な外国人の文章の中国訳や編集者による諸外国の紹介文などが多く掲載され、中国の対外政策や帰国した外交官の滞在記なども含まれている。また、全般的な記事内容からすると、同誌は海外の読者も意識して編集されており、共産党の対外宣伝にも利用されていたと推測される。

　こうした史料のうち貴重なものを紹介すると、呉半農の「日本瑣記」がある。呉は、民国期に日本との賠償交渉を担当した責任者の一人であり、1956年に日本から中国へと帰国すると、「日本瑣記」を1957年1月から12号連続で執筆した。宗教、家族関係、祭祀、人間関係、青少年犯罪、食文化など、多方面から当時の日本社会を描写している。

第7章　民族政策史
——チベットを事例として——

大川謙作・小林亮介

§研究状況

　1950年代中国の民族政策史研究が盛んになるのは、1990年代以降のことであった。これは文革終了後、1980年代より中国国内において民族政策史研究の基本文献となる史料集が相次いで出版されたため、民族政策の展開を詳細にフォローすることが可能になってきたことによる。ただし、それらの研究は、共産党上層部での民族政策や民族論の展開を理解することに主眼がおかれており、個別の少数民族地域における歴史の実情を明らかにするものではなかった。そもそも「中国少数民族」という枠組みそのものが極めて政治的かつ歴史的に構築されたものであって、このような枠組みで統一的な議論を行おうとすると、体制側の民族政策に関する言明すなわちイデオロギー的な発言を追うだけの研究になってしまうという問題も存在する。本章ではこうした特殊事情に留意しつつ、チベット[1]史を具体的な事例として、1950年代の中国の民族政策史研究について概観してみたい。

　まず、政治学的アプローチから中国の民族政策一般を広く論じた重要な貢献として見落としてならないのは、毛里和子（1998）である。同書は民国期から1990年代までの各時代の中国の民族政策の展開を細やかにフォローし、かつモンゴル・ウイグル・チベットにおける人民共和国成立前後の展開についても個別のケーススタディを行った優れた研究である。また、松本ますみ（1999）は史的なアプローチで清末から1945年までの民族政策を考察することによって、「民族」という概念の中国における萌芽期のありかたを明らか

にした。さらに、加々美光行（1992）は共産党における民族論の展開など、より個別の問題に焦点をあてた研究であり、同書の一部は後に加々美光行（2008）に再録された。他方、中国国内の状況を見ると、共産党の民族政策に関する史料集の類いは多いものの、敏感なトピックであるためか、それを客観的に評価・分析する研究は乏しく、寧騒（1995）などの例外があるのみである。英語圏の研究としては、まずは広く中国の民族政策一般について考察した先駆的な研究として、ドレイヤー（Dreyer, June T. 1976）があり、その後文革終了後の状況や中ソ関係などの分析も含めたヘーベラー（Heberer, Thomas 1990）が続く。さらに近年ではレイボールド（Leibold, James 2007）が、清末から人民共和国初期に至るまでの民族政策史を包括的に論じている。

　チベットに特に焦点を当てた研究としては、政治学的なアプローチのものとして落合淳隆（1994）や松本高明（1996）があるが、これらは上述の研究同様、チベットの事例を国際政治や中国政治の変動に対する従属変数として扱うアプローチを採用しており、いっけん広い視野を確保しているようでいて、実際にはチベットに独自の状況についての目配りが乏しいという傾向が存在する。共産党は1950年代において、チベットの地域的特殊事情に配慮し、「チベット版一国家二制度」とでもいえるような高度な自治を認めており、もとより他地域との比較が容易ではない。このような個別具体の民族地域の実情に配慮した戦略的な政策は1950年代共産党の政策の一つの特徴でもあり、換言すれば、1950年代において「民族政策」一般は存在せず、ただ個別のチベット政策やモンゴル政策史などがあるのみであるともいえる。上述の政治学的アプローチの多くが、それぞれに優れた研究でありつつも、1950年代の個別民族地域の歴史を明らかにするという点においてさほどの貢献をなすことができなかった所以であろう。1950年代の民族政策の実態を知るためには、上述の政治学的研究のような中国民族政策史一般という視野だけではなく、民族語史料やオーラル・ヒストリーもふくめた学際的かつ多言語によるアプローチが必要となり、その意味では中国近現代史研究の枠を超えていく心構えが必要となる。本章においてとりわけチベットの事例を紹介する

のは、こうした学際的アプローチのデモンストレーションとしての意義を持ち、他の民族地域の研究にとっても益するところがあると考えてのことである。なお、こうした民族政策研究一般と個別民族地域研究との乖離をある程度まで独力で埋めようとしている意欲作として岡本雅享（2008）が挙げられる。同書は全体としては漢語文献のみに基づいた少数民族の言語政策に特化した研究ではあるが、チベット・ウイグル・モンゴルのみならずその他多くの民族地域についても精査を重ねた労作である。

次に中国国内の研究を見ると、チベット史の「正史」とされている解放西蔵史編委会（2008）や王貴ほか（2003）といった著作があり、これらは内部史料も用いており情報量として豊富ではあるが、政権側の主張を裏付けるための政治的研究としての側面が濃厚である。研究の現状を鑑みると、欧米のより学際的なアプローチによる成果の中に優れたものがあるといえるだろう。もっとも重要なものは人類学出身のゴールドスタイン（Goldstein, Melvyn C.）によるチベット現代史シリーズである。現在3巻まで出ており（Goldstein 1989, 2007, 2014）、4巻で完結予定である。これは現在我々が入手できるもっとも詳細な1950年代チベット史であり、様々な史料に加え、数百を越える関係者から収集した膨大なオーラル・データに基づいており、その深みと情報量において際立っている。チベット人研究者ツェリン・シャキャ（Shakya, Tsering）による著作（Shakya 1949）もまた同様にチベット史という観点から書かれた重要な現代史である。近年では1950年代チベットにおいて頻発していた反中国ゲリラ戦についても詳細に研究されるようになり、自らCIAのオフィサーとしてゲリラ戦に関与したクナウス（Knaus, John K.）の研究（Knaus 1999）や、人類学者マクグラナハン（McGranahan, Carole）の研究（McGranahan 2010）、さらにはチベット亡命政府の官僚ダワ・ツェリンの著作（跋熱 2012）や、在米中国人研究者である李江琳の業績（李江琳 2012）などがある。李江琳にはダライ・ラマ亡命をめぐる注目すべき研究（李江琳 2010）もある。またやや異色の研究だが、「満洲」国において日本式教練を受けたモンゴル人騎兵たちがチベットでの反乱鎮圧に動員されていたという

歴史を明らかにした楊海英（2014）は、チベットやモンゴルが日本とは無縁の遠い世界ではないことを教えてくれる。これらは文献とオーラル・データを融合した研究であり、史料状況の厳しいチベット現代史の研究においてオーラル・ヒストリーの手法がきわめて重要であることを示しているだろう。

このように厳しい研究状況にある1950年代チベット史だが、近年では徐々に問題意識に導かれた個別研究も出てきている。カーン（Sulmaan Wasif Khan 2015）は近年公開されつつある外交文書を用いてチベットにおける国民党特務やムスリムの活動など、従来見落とされがちであったテーマについて考察した論考である。また、チベット解放をめぐる実証的なプロセスと1950年代を通じた共産党のイデオロギーの変遷については平野聡（2001）や大川謙作（2015）が、チベットを含む西南地域の「解放」をめぐる共産党の動きについては吉開将人（2015）が詳細に分析している。

また、モンゴルやウイグルなどその他の民族の人民共和国成立前後の動きについての代表的な研究について触れておくと、モンゴルについてはまず人民共和国成立直前までの国民党および共産党のモンゴル政策を分析したボルジギン・フスレ（2011）、さらに1950年代の民族政策を扱ったボヤント（2015）やリンチン（2015）が挙げられる。ウイグルについては、1940年代における東トルキスタン共和国の興亡について一次史料に基づいて分析した王柯（1995）が新疆における人民共和国成立の前史として重要である。

§ 史料紹介

（1）調査史料

1950年代は少数民族地域において激動の時代であった。「1949年に人民共和国が成立した」というのはあくまで歴史叙述上の方便であって、辺境の民族地域においては1950年代初期の時点でもいまだ国民党勢力が残存している地域も多く、また1951年まで実質的独立を保ち、また1959年までその伝統的政体を存続させたダライ・ラマ政権も存在したなど、共産党の統治が全面的

かつ画一的に「中華人民共和国」の版図に及んでいたわけではない。1950年代は、その意味で少数民族地域が徐々に人民共和国の版図に組み込まれていく過渡の時代である。それゆえこの時代は、民族政策という観点からすると、それまでの理念先行型の「民族論」の時代から、実際の民族地域の実情を把握しつつ、共産党の統治を受け入れさせていくという現実的・実務的な政策への過渡期としての性格を持つ。人民共和国成立直後、共産党は少数民族地域で大規模な民族調査を行ったが、それらはそもそもどのような「民族」が辺境に存在するのかを調査し認定するという、民族識別作業としての意味も持っていた。

　そのような1950年代の民族研究の大きな成果が、1980年代に出版された「国家民委民族問題五種叢書」シリーズである。これは『中国少数民族』『中国少数民族簡史叢書』『中国少数民族語言簡志叢書』『中国少数民族社会歴史調査資料叢刊』『中国少数民族自治地方概況叢書』の五種の叢書を指す。これらの報告書はきわめて記述的かつ教条的ではあるが、調査の行われた1950年代およびその直前の各民族の社会状況についての情報を豊富に含む、貴重な文献である。とりわけ『中国少数民族社会歴史調査資料叢刊』が基づく社会歴史調査は1000人以上の研究者を動員した世界的にも類を見ない大規模調査である。チベットを例にとれば、今日のチベット自治区に相当する中央チベットの状況については六巻本の『蔵族社会歴史調査』全6冊（西蔵人民出版社、1987〜1988【解題1】）が存在し、また青海や四川などのチベット人地域についても『青海省蔵族蒙古族社会歴史調査』（青海人民出版社、1985）、『四川省阿壩蔵族社会歴史調査』（四川省社会科学出版社、1985）、『四川省甘孜蔵族社会歴史調査』（四川省社会科学出版社、1985）などがある。この『社会歴史調査』の報告書は、チベットのみならず各民族あわせて150冊以上が存在するという網羅的なものであり、一定の政治的バイアスがかかっているとはいえ、上述の政治学的研究によっては見えてこない各民族社会を詳細に知ることができる貴重な成果である。なお2009年に大量に復刊されたことによって現在では入手も比較的容易である。

また1950年代の民族調査は、中国における民族研究史においても重要であり、王建民（1998）や宋蜀華・満都爾図（2004）では、こうした中国民族学の発展史の中に上記の調査が位置づけられている。さらに郝時遠（1999）には1950年代の民族調査に従事した研究者たちの回想が多数収録されており、当時の中国における民族研究の実情を内部の視点から知る上で役に立つ。また松岡正子（2011, 2013）は四川における1950年代および1960年代における民族調査の実態を詳細に検討したものである。

（2）政府系編纂史料集

　共産党の民族政策を知るための基礎史料となるのが、中国政府によって出版されている種々の史料集である。それらは編纂史料であるため、収録される文書は意図的な選択を経ており、また文言の手直しなどもされている可能性があるとはいえ、史料状況が厳しい中、少数民族史や民族政策研究を行うためには重要かつ不可欠な史料である。まず中共中央統戦部編『民族問題文献彙編：1921.7〜1949.9』（中共中央党校出版社、1991）は人民共和国の成立までの民族問題に関する共産党内の議論の展開を理解するために重要であり、1950年代の民族政策の前史を理解するために必要な文献である。また金炳鎬編『民族綱領政策文献選編：1921年7月〜2005年5月』全2冊（中央民族大学出版社、2006）は、近年の編集ではあるが、共産党内の民族政策に関する種々の文書や指導者達の講話などをバランスよく収録しており、民族政策史についての基礎文献として位置づけることができる。また黄光学編『当代中国的民族工作』全2冊（当代中国出版社、1993年）は民族工作の歴史を把握するにあたって便利な基本書籍である。

　チベット史については、まず参照するべきは西蔵自治区党史資料徴集委員会編『中共西蔵党史大事記：1949〜1994』（西蔵人民出版社、1995）と中共西蔵自治区委員会党史研究室編『中国共産党西蔵歴史大事記：1949〜2004』全2冊（中共党史出版社、2005）である。これらは大事記であるが、他の史料には掲載されていない細かな党内の動きなどが垣間見えることもある。また後

者は前者のアップデート版のように見えるが、前者で言及されていた胡耀邦
による共産党のチベット政策への自己批判などが断りなく削除されているな
ど、両者を読み比べることで共産党のチベット関係史料に対する規制状況の
変化等を知ることも出来る。こうした作業を通じて共産党の編纂史料に対す
る感覚を養うことは、チベット研究者にとって必須のトレーニングである。
こうした事例は他の民族地域の史料においても同様であると思われる。また
秦和平『四川民族地区民主改革資料集』（民族出版社、2008）は、共産党の民
族政策一般に関する史料と四川チベット人地域における民主改革関係史料と
を収録しており、中央の政策と個別の民族地域の動きの双方に目配りをした
史料集といえる。また中共中央文献研究室・中共西蔵自治区委員会編『西蔵
工作文献選編』（中央文献出版社、2005）は、共産党のチベット政策に関する
重要な講話等が収録されており、遺漏もあるが利用に便利である。さらに興
味深いのは『毛沢東西蔵工作』（中央文献出版社・中国蔵学出版社、2008）およ
び『周恩来与西蔵』（中国蔵学出版社、1998）の二著である。両者はそれぞれ
毛沢東および周恩来のチベットに関する発言や指示、講話を収録したもので
あり、その多くが1950年代に集中している。1950年代のチベット政策は毛沢
東の専管事項とされており、北京にあってチベットに関する基礎知識も乏し
かった毛沢東が、きわめて些細な事項にいたるまで報告を受けて決定を行っ
ていた。それゆえ、毛沢東のチベットに対する発言を追うことは1950年代チ
ベット史を研究する上できわめて重要である。また両書に収められたものの
多くは、すでに出版されている毛沢東史料集などからの再録ではあるが、一
部には中央檔案館に所蔵されている未公開の文件も含み、また注の中にもそ
うした未公開史料からの引用が見られるなど、注意深く用いることで既存の
史料にない情報を得ることができる。

（3）文史資料とオーラル・ヒストリー

　中国共産党の民族政策は、基本的に統一戦線活動（宗教・民族工作などを担
う）の中に位置づけられる。この活動を支える代表的かつ最も広範な組織が

政治協商会議であり、文史資料とは、省から県に至るまで各行政単位に設置された政治協商組織が出版する資料である。民族政策に関与した党・政府関係者や、少数民族出身の重要人物の口述や回想などを収録する。1959年に資料の収集・整理が始まり、その後文革による中断をはさみ、1980年代以降に事業が本格化した。これら文史資料は、官製の出版物がもつバイアスに留意が必要であるとはいえ、共産党の「正史」とは異なる個人の多彩な経験が記述されることも多く、「少数民族史」の研究にとって重要な史料となってきた。1980年代後半まで、その多くは党・政府の関係機関の参考となる「内部資料」として刊行され、入手・閲覧が困難な場合が多かったが、近年は一般向けに再刊が進みつつある。

　チベット自治区では、西蔵自治区政協文史資料研究委員会が、1981年から漢語（中国語）版（『西蔵文史資料選輯』）、翌年よりチベット語版（*Bod kyi lo rgyus rig gnas dpyad gzhi'i rgyu cha bdams bsgrigs*）[2]の刊行を開始した。漢族幹部の他、1959年以後も亡命することなくチベット本土にとどまった旧チベット政府関係者・貴族・高僧ら（その一部は党・政府の要職に就く）による記録などが含まれている。1987年までは漢語版とチベット語版の内容には、様々な異同は含みつつも一定の対応関係が見られた。しかし、1988年以降のチベット語版は、漢語版とは基本的に異なる内容を含む新シリーズとなっている（刊行後、漢語版にて翻訳・再出版される論文も多い）。漢語版は、これまでに１〜29巻（20巻を除く）が合冊版として再刊されている（西蔵自治区政協文史資料編輯部編『西蔵文史資料選輯』全4冊、民族出版社、2007〜2014）。チベット語版の目録は、ニューヨークのチベット学図書館The Latse Libraryのデータベース"Bya ra"より検索可能（https://www.trace.org/latse-library/byara）。

　自治区以外の青海・四川・雲南各省では、1960年代から漢語にて『青海文史資料選輯』『四川文史資料選輯』『雲南文史資料選輯』の出版が始まった他、甘粛でも『甘粛文史資料選輯』が1981年より刊行されており、各省におけるチベット社会の地域史を知る上で重要な情報を提供している。このうち『四川文史資料選輯』は、四川省政協文史資料委員会編『四川文史資料集粋』

第 7 章　民族政策史

全6冊（四川人民出版社、1996）として再刊に至っている。また、自治区・省の下位レベルの行政区分においても多くの文史資料が出版されているが（1982年より刊行が始まった、中国人民政治協商会議四川省甘孜蔵族自治州委員会編『四川省甘孜蔵族自治州文史資料選輯』など）、いずれも日本国内の図書館・研究機関での体系的調査は難しく、人民共和国内部での調査等が必要になる。
　一方で、インド・ダラムサラにあるチベット文献図書館（Library of Tibetan Works and Archives）もまた、海外に亡命した旧チベット政府関係者・貴族・高僧らによる口述を収集し、1996年から*Ngag rgyun lo rgyus deb phreng*（Oral History Series）として刊行している。さらに、1980年代よりゴールドスタインが中心となって収集した口述データが、米国議会図書館のウェブサイトにてTibetan Oral History Archive Projectとして2015年より順次公開されはじめた（https://www.loc.gov/collections/tibetan-oral-history-project/about-this-collection/）。中国における文史資料刊行を含め、チベット内外でのオーラル・データの収集・出版の活発化が興味深い。

（4）回想録・伝記

　漢語・チベット語を問わず一次史料の調査が容易ではない当該分野の研究において、1950年代の政治史に深く関わった人物達の回想録・伝記は、その叙述の主観性には十分に留意する必要があるものの、現在入可能な公文書には必ずしも含まれていない重要な情報を提供してくれる。
　ダライ・ラマ14世が亡命直後に記した自伝、The Fourteenth Dalai Lama, *My Land and My People,* New York: Potala Corp., 1962、及び二つ目の自伝、The Fourteenth Dalai Lama, *Freedom in Exile: The Autobiography of the Dalai Lama of Tibet,* London: Hodder and Stouthton, 1990が基本文献として挙げられる。前者がダライ・ラマの口述の英訳をもとにしているのに対し、後者はダライ・ラマが自ら英語で書き下ろしたものであり、彼の一層率直なメッセージが含まれているとも言える。
　さらに、ダライ・ラマの親族による自伝・回想録が参考になる。青海クン

ブム寺（塔爾寺）の高僧であり、親族の中で最も早くに亡命した長兄トゥプテン・ジグメ・ノルブ（タクツェル・リンポチェ）が、自身の渡米後まもなく自伝Thubten Jigme Norbu, *Tibet Is My Country: The Autobiography of Thubten Jigme Norbu, Brother of the Dalai Lama, as told to Heinrich Harrer*, E. P. Dutton & Co., Inc. 1961を刊行している。また、ダライ・ラマの姉婿タクラ・プンツォク・タシのチベット語による自伝、Stag lha phun tshogs bkra shis, *Mi tshe'i byung ba brjod pa*, Dharamsala: Library of Tibetan Works and Archives, 1995は、「17箇条協議」[3]締結時（1951年）のチベット代表団のメンバーであった彼の回想を伝えるものとして重要。近年公刊されたダライ・ラマの兄ギャロ・トゥンドゥプの自伝Gyalo Thondup and Thurston, Anne F., *The Noodle Maker of Kalimpong*, New York: PublicAffairs, 2015も興味深い。長兄に次いで早期にインドに亡命し、ともに米中央情報局（CIA）の協力を得つつ中国共産党に対するチベット人抵抗活動を組織した経歴をもつ彼の回想は、チベット問題と冷戦の関わりを考える上で注目に値する。彼の指示のもとで抵抗組織を指揮したラモ・ツェリンが、チベット語による詳細な活動記録Tsong kha lha mo tshe ring, *Btsan rgol rgyal skyob (Resistance)*, 6 vols., Dhalamsala: Amnye Machen Institute, 1992-2008を残している。さらに、抵抗組織の司令官の一人ラトゥク・ガワンのチベット語回想録計4巻がMda' zur li thang dgra phrug ngag dbang, *Li thang lo rgyus yig tshang phyogs sgrigs (Lithang Historical Records)*, 4 vols., Dhalamsala: Amnye Machen Institute, 2006-2008として出版されている。

　この他、20世紀前半以降、英領インドとの接触機会が多かったチベットの旧貴族出身者の中には、後に英語による伝記・回想録を出版した人々もいる。チベット軍の司令官などチベット政府の要職を歴任しチベットの近代化に努めたツァロン・ダサン・ダドゥルの伝記が、彼の息子の手により、Tsarong Dundul Namgyal, *In the Service for his Country*, Ithaca: Snow Lion Publications: 2000として出版されている。さらに近年、息子の妻が、ツァロンの日記等を参照したチベット語による増補版Tsha rong dbyangs can sgrol dkar, *Bod kyi dmag spyi che ba tsha rong zla bzang zla 'dul,* Dehradun: Tsarong House, 2014を刊行している。この他、ツァロンの妻でもあったタリン・リンチェン・ドルマの自伝Rinchen Dolma Taring, *Daughter of Tibet,* London: Murray, 1970や、名門貴族スルカン家から、同じく名門のユトク家に嫁いだドルジェ・ユドゥンの自伝Dorje Yudon Yuthok, *House of the Turquoise Roof,* Ithaca: Snow Lion Publications, 1990などが挙げられる。さらに、1950年代にチベット政府代表団の一員として中国や国連との交渉に関わったサンドゥツァン・リンチェンの自伝、Rinchen Sadutshang, *A Life Unforeseen: A Memoir of Service to Tibet,* Somerville: Wisdom Publication, 2016も重要である。東チベットの有力商家出身にして、英領インド留学により近代教育を受けた著者の半生は、伝統的ラサ貴族とは異なる新たなタイプのチベット人エリートの足跡として注目に値する。

総じて、以上の文献は、中国共産党による支配が始動する前後におけるチベットの政治・社会の変容を、後に共産党から「農奴主階級」として糾弾を受けた人々の立場から考える上で重要となるだろう。また、チベット政府の要請を受け無線通信士としてチャムド（昌都）に駐在していたフォード (Ford, Robert W.) の回想録*Captured in Tibet,* London: G. Harrap & Co, 1957は、1950年に「英国人スパイ」として人民解放軍に捕縛・投獄された彼の体験を語った記録として重要である。

こうした海外チベット人社会や欧米からの発信がある一方で、中国共産党の側に立ちチベット「解放」に深く関与した人々の回想録も刊行されている。西蔵工作委員会副書記などを務めた范明による『西蔵内部之争』（明鏡出版社、2009）は、1950年代の中国共産党のチベット政策を自身の回想を交えつつ叙述したもの。特にダライ・ラマとパンチェン・ラマの地位・権限などの処遇をめぐる共産党内部の路線対立を説明しているが、范明の政策的立場の妥当性主張に力点が置かれており、研究の根本史料として用いるには注意が必要となる。また、チベット共産党の創始者であるプンツォク・ワンギェルの回想録として、Goldstein, Melvyn C. Dawei Sherap and Siebenschuh,

William R., *A Tibetan Revolutionary: The Political Life and Times of Bapa Phüntso Wangye*, Berkeley: University of California Press, 2004（【解題2】）がある。編者のゴールドスタインらは、このほか、チベット本土の初等教育の改善・拡充に尽力したタシ・ツェリンの自伝Tashi Tsering, Goldstein, Melvyn C. and Siebenschuh, William R., *The Struggle for Modern Tibet: The Autobiography of Tashi Tsering*, New York: M.E. Sharpe, 1997の出版も手がけている。

（5）文書史料（漢語・チベット語）

　従来、新疆・モンゴル・チベットなどの近現代史に関する文書史料の多くは、特に人民共和国内部において、必ずしも公開・利用が十分に進んでいなかった。しかしながら、近年、1949年以前の「檔案」（公文書等）が人民共和国と台湾の双方にて次々と出版されており、近現代中国の民族政策を検討する上で不可欠なものとなりつつある（Lin, Hsiao-ting 2006, 2010; ジェームズ・レイボールド 2007）。

　ここで1949年以前の史料を特筆して紹介することは、本書の基本方針からはいささかずれるものかもしれない。しかし、チベットではダライ・ラマを頂点とする政治体制が、清末・民国期・人民共和国期という、中国における政権交代に即した時代区分を貫き存立していたことを忘れてはならない。こうした旧チベットの政治・社会の連続性を意識しつつ中国・チベット関係を研究するためには、人民共和国成立以前の史料をも視野に入れる必要がある。まず注目すべきは、影印版にて出版された、蒙蔵委員会編訳室『蒙蔵委員会駐蔵辦事処檔案選編』全14冊（蒙蔵委員会、2005～2007）である。国民党政権が1934年にラサに設置した代表部（1941年に、それまでの「専使行署」から「駐蔵辦事処」に改名）と、党・政府をはじめとする諸機関との往復文書などが、案件毎に分類・収録されている。漢語史料が主体であるが、チベット語による貴重な文書史料も多数含んでおり、今後の研究が待たれる。また、第1巻は1913年から1916年の「駐蔵辦事長官」（インド・カルカッタ駐在）関係文

書を中心に構成されており、民国初期の研究にも有用である。他方で人民共和国においても、中国第二歴史檔案館・中国蔵学研究中心編『中国第二歴史檔案館所存西蔵和蔵事檔案彙編』（中国蔵学出版社、2009～）が順次刊行されている（約80冊が刊行予定である）。チベット語文書が収録されていないなど史料選択の形跡は見られるものの、本史料集の出版により、これまで閲覧が困難であった第二歴史檔案館所蔵のチベット関係漢語檔案の多くが、影印本にて利用できるようになった点は重要である。

　また、チベット語文書史料の利用は、チベット史研究において近年特に関心を集める分野である。中でもボン大学のプロジェクトは注目に値するものであり、チベット内外から2,700件以上の文書史料を収集・整理し、デジタル化をすすめ、オンラインにて公開している（http://www.dtab.uni-bonn.de/tibdoc/index1.htm）。チベット自治区（ラサのクンデリン寺関係文書）と、人民共和国外部（ドイツ、及びインド・ダラムサラのLibrary of Tibetan Works and Archives）にて収集された史料の二種類から構成されており、1950年代の政治・軍事・社会経済に関わる史料も含まれている。

（6）新聞・雑誌

　1949年以前に出版された民族関係・辺疆問題に関する新聞・雑誌は、民国期の民族政策・民族史を知る上で重要なものである。徐麗華等編『中国少数民族旧期刊集成』全100冊（中華書局、2006）が、非漢語によるものも含め主要な定期刊行物を収録している。

　人民共和国成立と民族諸地域の併合にともない、各地で漢語・非漢語にて新聞が段階的に創刊されていった。1950年代の新聞の多くは、支配下に編入したばかりの各民族に共産党の政策を宣伝することを重要な目的としており、イデオロギー色が極めて強いが、それゆえに政策研究にとって有用な史料ともなりうる。

　チベットの各地では、青海省でいち早く新聞の刊行が始まり、省級の新聞である1949年創刊の『青海日報』（東洋文庫所蔵）に続き、1951年には人民共

和国誕生後の初めてのチベット語新聞として、『青海蔵文報』（Mtsho sngon bod yig gsar 'gyur）が刊行された。ラサでは、人民解放軍第18軍の進駐にともない様々な新聞が刊行されたが、総合情報を扱う新聞として、『新聞簡訊』とそのチベット語訳版Gsar 'gyur mdor bsdusが1952年より順次創刊された。現在ではともに稀覯本となっている。これを1956年に継承した『西蔵日報』が、漢語版（東洋文庫所蔵）とチベット語版Bod ljongs nyin re'i tshags parにて刊行された。甘粛・四川・雲南では、省級の漢語新聞として、それぞれ『甘粛日報』（1949年創刊）、『雲南日報』（1950年創刊）、『四川日報』（1952年創刊）があり、省内のチベット地域に関する記事が含まれている（いずれも東洋文庫所蔵）。さらに、これら各省のチベット族自治州では、『甘孜報』（1954年に創刊、前身は1952年創刊の『康定報』）、『甘南報』（1953年創刊、前身は1952年創刊の『夏河報』）、『岷江報』（1953年創刊）などが、いずれも漢語・チベット語のバイリンガルにて出版されており、それぞれ漢語版の一部を東洋文庫が所蔵している。

　また、近年、チベット近現代史研究において注目を集めている史料として、チベット民族主義者ドルジェ・タルチン（1890〜1976）が1925〜1963年にかけてインド・カリンポンにて刊行した、Yul phyogs so so'i gsar 'gyur me long（Tibet Mirror）が挙げられる。中国・チベット本土の外で出版されたチベット語新聞であり、チベットの貴族・知識人・貿易商人らに向けて、チベット・中国・インド事情などを中心とする世界情勢を伝える役割を果たした。本新聞の報道内容と、中国共産党による新聞報道の比較を通じて、1950年代のチベット情勢を複眼的に検証する事が可能になるだろう。コロンビア大学図書館のウェブサイト（http://www.columbia.edu/cu/lweb/digital/collections/cul/texts/ldpd_6981643_000/index.html）から、デジタル・イメージが入手可能である（欠号あり）。

§ 史料解題

1. 西蔵社会歴史調査資料叢刊編『蔵族社会歴史調査』全6冊（西蔵人民出版社、1987～1988）

　成立間もない人民共和国は1956年より1964年まで大規模な少数民族社会歴史調査を実施した。その調査の範囲はチベット、モンゴル、新疆、寧夏、広西、青海、四川、雲南、甘粛、貴州、湖南、広東、復建、遼寧、吉林、黒龍江の16省に及び、その記録は150冊にものぼる『中国少数民族社会歴史調査資料叢刊』として出版されている。『蔵族社会歴史調査』はこの調査の成果の一部であり、今日のチベット自治区とされている領域における1950年代以前の社会経済状況についての記録である。この調査報告は、当時としてみれば失われた過去についての記録ではなく、調査者の眼前で実在していた社会についての同時代記録という性質を持つ。それゆえ旧社会の現実を目前にして書かれているだけに、事実レベルとしてはそれなりに現状について詳細かつ率直に書かれており、記載された情報は今日の中国チベット学のそれと比べて客観的ともいえる。この報告書の中には30を超える荘園や村落、さらに遊牧民が生活していた草地などについて細かな記述がなされており、将来チベット語の行政文書がより全面的に利用できるようになってもその価値を保ちつづける情報を多く含んでいる。同報告書は教条的な政府系の調査報告ということで従来あまり使用されてこなかったが、注意深く読解することによって、いまだ研究の進んでいないチベット社会史の貴重な史料となりうるものであろう。同史料を活用してチベット社会史の再構成を試みた大川謙作の研究に大川（2007）やOkawa（2013）などがある。

2. Goldstein, Melvyn C. Dawei Sherap and Siebenschuh, William R., *A Tibetan Revolutionary: The Political Life and Times of Bapa Phüntso Wangye,* Berkeley: University of California Press, 2004.

　1950年代、漢人を中核とする中国共産党が、中国周縁部の非漢人地域に対

する支配を確立する上で不可欠だった存在、それは、「少数民族」出身の共産主義者など、中国共産党に対する支持勢力であった。このプンツォク・ワンギェル（1922～2014）の回想録は、従来あまり検討されてこなかった、チベット人共産主義者の思想と行動を知るための重要な記録である。本書はゴールドスタイン（Goldstein, Melvyn C.）が北京にて収録した本人のチベット語口述データを英訳・編集したものであり、編者の一人である"Dawei Sherap"はプンツォク・ワンギェル自身とも言われている。

　1950年代、西蔵工作委員会のメンバーとして中国共産党のチベット「解放」に協力したプンツォク・ワンギェルは、特に海外チベット人社会において否定的な評価を与えられてきた。これに対して本書は、彼が若くして追求した民族自決・民族平等という理想が、チベットの実情を無視した中国共産党の政策により裏切られていく過程と、さらにその政策に対する批判を展開したことによる、彼の18年間に及ぶ投獄生活の実態を克明に伝えている。本書の刊行は、彼のチベット民族主義者としての側面に注目が集まるきっかけとなるとともに、近代チベット知識人や共産党の民族政策に関する研究の可能性をも広げた（阿部治平2006; 小林亮介2014; 川田進2015; 吉開将人2015）。チベット語・漢語による翻訳の他、民族政策に関する彼の論集として平措汪傑（2014）も刊行されている。

【注】
(1)　本章でいうチベットは人民共和国の行政区分では、チベット自治区、青海省、甘粛省、四川省西部，雲南省北部などにまたがっている。
(2)　チベット語版タイトルは，第1巻（1982年）から第9巻（1986年）まで*Bod kyi rig gnas lo rgyus dpyad gzhi'i rgyu cha bdams bsgrigs*であったが，10巻（1988年）以降は本文中で示したタイトルに変更されている。
(3)　正式な呼称は「中央人民政府とチベット地方政府のチベット平和解放の方法に関する協議」であり、1951年5月23日、チベット政府代表団と人民共和国政府の間で、北京において締結された。チベットが人民共和国の主権下の領

土に編入されること、ダライ・ラマを頂点とする伝統的政体の維持や、チベットの宗教信仰・風俗習慣の尊重などが明記された。

第8章 経済史

久保亨

§研究状況

　人民共和国成立期の経済政策は、当初、社会主義経済ではなく、資本主義経済の枠の中で民衆生活の向上と経済の発展を図る新民主主義経済をめざすものとされ、1952年までは大きな政策転換は行われず、市場経済の活性化を基本とする中華民国期の経済政策が継承されていた。この新民主主義と呼ばれた時期の経済政策については、同時代の日本人研究者による専著として渡辺長雄（1950）があり、中国語による本格的な研究書としては董志凱編（1996）が詳しい。

　しかし、周知のように1953年以降、社会主義計画経済をめざす政策転換が行われ、企業経営の集団化、国営化と農業の集団化が加速された。1956年には社会主義経済の成立が宣言され、計画経済の時代が本格的に始まっていく。この時期の中国経済については、同時代の現状分析である石川滋編（1960〜1962）が全体像を示すことを試みており、共産党政権による経済政策の展開過程を全般的に整理したエクスタイン（1980）も手がかりになる。個別的な研究としては、農業部門から工業部門への資金移動を解明した石川滋（1960）が著されており、農工関係については、その後、中兼和津次（1992）が独自の見解を提起した。また労働問題に着目した上原一慶（1978）、中国経済が存外に計画性の乏しい経済であったことを具体的に明らかにしたエルマン（1982）、計画経済が行きづまり政策転換が模索される状況を的確に認識した嶋倉民生・丸山伸郎（1983）、国家戦略という観点から経済政策の変

遷を論じた小杉修二（1988）、急速に市場経済が浸透していく過程を考察した加藤弘之（1997）、清末民国期を含め20世紀から21世紀にかけ統制と開放の間を揺れ動いてきた過程を総括した久保亨（2009）なども、1950年代の中国経済を広い視野の中で考える手がかりを提供している。50年代の意味を考えるためには、久保亨・加島潤・木越義則（2016）のような歴史的視点が不可欠となろう。なお、こうした外国人研究者の見方に対し、人民共和国側の代表的な概説として武力編（2010）を挙げておく。

　20世紀前半の工業化が20世紀後半の工業化とどのように関わったか、あるいは関わらなかったかという問題は、民国時期と人民共和国時期の経済発展の連続性を考える上でも検討に値する重要な問題である。その意味からも1950年代は焦点に位置している。田島俊雄編（2005）、田島俊雄編（2008）、田島俊雄・朱蔭貴・加島潤編（2010）は、化学工業、電力産業、セメント産業に着目して論じた。満洲の製鉄業における連続性の問題については松本俊郎（2000）が考察しており、同じく化学工業に関しては峰毅（2009）の専論がある。さらに近年にいたり、1950年代の財政や食糧統制をめぐって、加島潤（2012a）のような一次史料に基づく個別研究が少しずつ進められるようになった。

　より長期的な経済史的連続性を考える上では、中国固有の市場構造に関心を寄せていた人民共和国成立前夜の研究にも注意を向ける必要がある。たとえば柏祐賢（1948）は、前近代の中国では土地や建物の売買貸借、商取引などに際し、文書による無数の契約関係が張りめぐらされ、その契約の内容には請負を意味する「包」的な関係が規定される場合が多かったことに着目する。柏は中国の経済秩序を貫くのは「包」的倫理であるとし、その要因として、中国経済の不確実性にともなう危険性を分散し、他に転嫁する志向が存在したことを指摘した。請負を重ね一つの経済的行為をいくつかの段階に区分し、それぞれの段階ごとの責任者を請負契約によって決めておけば、危険が生じた場合、誰も全体の責任を負う必要はなくなるからである。現代中国経済にも同様の傾向が見られないかどうか、興味を引く指摘である。

一方、やはり中国固有の社会経済構造の解明という問題意識を持った村松祐次（1949）は、宮廷財政を維持することのみに汲々としていた政府の下、個別主義的な社会が生まれ、それが貨殖主義と貧困と自由放任を助長し、再び個別主義的社会に帰結するという構図によって中国経済の展開を描き出そうとした。

このような先行研究を踏まえつつ、古田和子（2004）は、中国における市場の発展を支えた諸要素を考察しており、古田和子編（2013）にはさらに多面的に中国の市場構造の特質を検討した諸論稿が掲載されている。加藤弘之・久保亨（2009）が指摘するように、こうした中国市場の歴史的特質に対する理解は、近現代の中国経済を考察するに際しても不可欠である。

なお人民共和国期の経済史研究をめぐっては、加島潤（2012b）が全般的な検討を行っているので参照されたい。

§史料紹介

その重要性にもかかわらず、1950年代の中国経済に関する本格的な経済史研究は存外に乏しかった。史料の不足が大きな制約条件になっていたことは明らかである。1980年代以降、ようやくそうした状況が徐々に改善されつつあるように思われる。

まず経済の実体をつかむための基本的な統計類が刊行されるようになった。とくに人民共和国の成立50年を機にまとめられた各種の長期経済統計には有用なものが多い（【解題1】）。また各産業別の歴史的な発展過程を知る重要な手がかりを提供しているのが1980年代半ばから1990年代にかけ次々に刊行された『当代中国』シリーズである（【解題2】）。経済関係を中心に110冊以上が刊行された。

さらに経済政策の基本的な文書集として中国社会科学院経済研究所・中央檔案館編『中華人民共和国経済檔案資料』（【解題3】）が3期に分けて刊行された。これは経済史の研究者と文書館の専門家が協力して編集した大部の文

書集であり、1949～1952年、1953～1957年、1958～1965年の3つの時期ごとに、総合巻、工業巻、農業巻など10冊程度の分冊になっている。工業に関しては、中華人民共和国国家経済貿易委員会編『中国工業50年』全20冊（中国経済出版社、2000【解題4】）という膨大な史料集も編まれた。1950年代の各地の経済状況に関しては、比較的早い時期に公刊された『資本主義工商業的社会主義改造』と題された史料集も有益である（【解題5】）。

なお1950年代に、同時代の統計資料集が2冊編纂刊行されている（【解題6】）。すでに挙げた膨大かつ詳細な統計資料が刊行された今となっては、価値を失った部分が多いことは否めない。とはいえ、同時代の経済政策に携わった当局者がどのような実態認識を踏まえて政策を展開したのかを考える上では、それなりの意味を持つ存在である。

経済の発展とそれに関わる経済政策をめぐる諸問題は、人民共和国にとって非常に大きな意味を持っていた。したがって、すでに紹介されている人民共和国期に編纂された各地の地方志、産業志、文史史料類には多くの関連する情報が盛り込まれており、個別の研究課題に即して調査することが必要である。同様な理由から、毛沢東、周恩来、劉少奇、薄一波、陳雲ら人民共和国政府幹部の年譜類、回想録類も意味を持つ。ただし経済政策について考察する場合も、あくまで経済の実体を踏まえながら検討することに留意しなければならない。

§ 史料解題

1. 中華全国供銷合作総社棉麻局・中華棉麻流通統計研究会共編『中国棉花統計資料彙編：1949～2000』全4冊（中国統計出版社、2005）など

たとえば上に例示した『中国棉花統計資料彙編：1949～2000』には、全国の県レベルの棉花植え付け、価格、流通状況の年次推移など、膨大な量の統計数字が掲載されている。その他、国家統計局農村社会経済調査総隊編

(2000)『新中国50年農業統計資料』(中国統計出版社)、中国鋼鉄工業50年数字彙編編輯委員会編 (2003)『中国鋼鉄工業50年数字彙編』(冶金工業出版社) など、さまざまな分野の歴史統計が編纂された。その後、国家統計局国民経済核算司編 (2007)『中国国内生産総値核算歴史資料：1952～2004』(中国統計出版社) のような、包括的な歴史統計も提供されている。

2. 当代中国叢書編輯部編『当代中国』シリーズ (中国社会科学出版社、1984～1990；当代中国出版社、1991～1996)

　以下、100冊を越える当代中国シリーズのうち、経済関係情報が多く含まれている約60冊を挙げておく。このうち、たとえば『当代中国的紡織工業』は元紡織工業部副部長の銭之光が編集責任者を務め、『当代中国的核工業』は元第二機械工業部 (現・核工業部) 辦公庁主任の李鷹翔が編集責任者を務める、というぐあいに、それぞれの領域で人民共和国政府行政部門の責任者だった人々が編纂を指揮していた。したがって実態が詳細に明らかにされている反面、必ずしも経済史研究の方法に基づいて総括されているわけではなく、実務を担当した人々の思い入れや政治的な評価が反映されているという面があることは否定できない。なお当代中国シリーズとして、この他にも、経済地理的な情報が詰まっている『当代中国的江蘇』や『当代中国的山東』、経済にも大きく関わる『当代中国的衛生事業』や『当代中国的郷村建設』などが刊行されており、参照に値する。

＊1984-1990年刊行分 (当代中国叢書編輯部編、中国社会科学出版社刊)

　『当代中国的経済体制改革』1984、『当代中国的紡織工業』1984、『当代中国的林業』1985、『当代中国的海洋事業』1985、『当代中国的経済管理』1985、『当代中国的軽工業 (上)』1985、『当代中国的軽工業 (下)』1986、『当代中国的航天事業』1986、『当代中国的標準化』1986、『当代中国的農墾事業』1986、『当代中国的化学工業』1986、『当代中国的核工業』1987、『当代中国的電子工業』1987、『当代中国経済』1987、『当代中国商業』1987、『当代中国的石油化学工業』1987、『当代中国的航空工業』1988、『当代中国財

政』1988、『当代中国的建築業』1988、『当代中国的医薬事業』1988、『当代中国的人口』1988、『当代中国的石油工業』1988、『当代中国的農作物業』1988、『当代中国的煤炭工業』1988、『当代中国的糧食工作』1988、『当代中国的農業機械工業』1988、『当代中国的基本建設』1989、『当代中国的物価』1989、『当代中国的計量事業』1989、『当代中国的民航事業』1989、『当代中国的水運事業』1989、『当代中国的固定資産投資管理』1989、『当代中国的金融事業』1989、『当代中国的統計事業』1989、『当代中国的対外経済合作』1989、『当代中国的鉄道事業』1990、『当代中国的城市建設』1990、『当代中国的有色金属工業』1990、『当代中国的機械工業』1990、『当代中国的労働力管理』1990、『当代中国的建築材料工業』1990、『当代中国的供銷合作事業』1990、『当代中国的地質事業』1990。

＊1991〜1996年刊行分（当代中国叢書編輯部編、当代中国出版社刊）

　『当代中国的集体工業』1991、『当代中国的水産業』1991、『当代中国的畜牧業』1991、『当代中国的公路交通』1991、『当代中国的工商行政管理』1991、『当代中国的郷鎮企業』1991、『当代中国対外貿易』1992、『当代中国的船舶工業』1992、『当代中国的労働保護』1992、『当代中国的農業』1992、『当代中国的郵電事業』1993、『当代中国的兵器工業』1993、『当代中国物資流通』1993、『当代中国的工商税収』1994、『当代中国的電力工業』1994、『当代中国的黄金工業』1996。

3. 中国社会科学院経済研究所・中央檔案館編『中華人民共和国経済檔案資料』シリーズ（中国城市経済出版社など、1989〜2011）

　中国社会科学院経済研究所・中央檔案館編『中華人民共和国経済檔案資料』は1989年から2011年にかけ、共通する書名と一貫した構想の下、出版元を変えながら継続的に出版されていった資料集である。経済史の研究者と文書館の専門家が協力して編集した大部の文書集であり、1949〜1952年、1953〜1957年、1958〜1965年の三つの時期ごとにまとめて刊行され、それぞれ総合巻、工業巻、農業巻など10冊程度の分冊になっている。ここには人民共和

国政府の文書館である中央檔案館が所蔵する文書が多数収録された。2016年の時点でも中央檔案館は非公開の機関とされ、中国の国民に対しても、内外の研究者に対しても、利用を拒絶している存在である。そのため、この文書集によって初めて知ることのできる情報も少なくない。

　中国社会科学院経済研究所・中央檔案館編『1949〜1952中華人民共和国経済檔案資料』中国城市経済出版社、中国物資出版社、社会科学文献出版社、もしくは中国社会科学出版社、1989〜1996年

　中国社会科学院経済研究所・中央檔案館編『1953〜1957中華人民共和国経済檔案資料』中国物価出版社、1998〜2000年

　中国社会科学院経済研究所・中央檔案館編『1958〜1965中華人民共和国経済檔案資料』中国財政経済出版社、2011年

4. 中華人民共和国国家経済貿易委員会編『中国工業50年』全20冊（中国経済出版社、2000）

『中国工業50年』の巻別構成は下記のとおりである。

第一部　国民経済恢復時期的工業：新民主主義社会的工業（1949.10〜1952）全2冊

第二部　社会主義工業化初歩基礎確立時期的工業：従新民主主義社会到社会主義社会過渡時期的工業（1953〜1957）全2冊

第三部　"大躍進"時期的工業：計画経済体制時期的工業（1）（1958〜1960）全2冊

第四部　国民経済調整時期的工業：計画経済体制時期的工業（2）（1961〜1965）全2冊

第五部　"文化大革命"時期的工業：計画経済体制時期的工業（3）（1966〜1976.10）全2冊

第六部　実行"調整、改革、整頓、提高"時期的工業：社会主義建設新時期的工業（1）（1976.11〜1984）全3冊

第七部　建立社会主義有計画商品経済時期的工業：社会主義建設新時期的

　　　　工業（2）（1985〜1992）全3冊
　第八部　建立社会主義市場経済時期的工業：社会主義建設新時期的工業
　　　　（3）（1993〜1999）全3冊
　第九部　管理機構、主要行業、重点企業和工業精英（1949〜1999）全1冊
　個別産業レベルの政策文書、統計、調査報告類などが収録されており、経済関係官庁の官僚、ないし官僚OBが編集に参画している。1冊平均800頁として16000頁という大部の史料集であり、他の文書集には掲載されていない史料も多く、貴重である。ただし江沢民時代の産物という面を持っており、意図するにせよ、しないにせよ、そこに至る過程を合理化しようとする傾向があることには注意すべきである。

5. 李青・陳文斌・林祉成編『中国資本主義工商業的社会主義改造』
　　シリーズ（中共党史出版社、1991〜1992）
　このシリーズは、当初、1991年に全国24の省と自治区（遼寧、寧夏、陝西、甘粛、江蘇、四川、浙江、河北、広東、雲南、吉林、青海、湖北、新疆、湖南、山西、广西、福建、江西、貴州、安徽、河南、黒龍江、内蒙古）及び9つの大都市（上海、北京、武漢、広州、南京、成都、重慶、瀋陽、西安）の商工業に関し、それぞれに1冊もしくは上下2冊を使って1940年代末から1950年代にかけての動向を整理した史料集として公刊された。ついで1992年には、そうした各地の動向を主導する形で進んだ中央政府と共産党の政策展開について『中国資本主義工商業的社会主義改造』中央巻が刊行されている。全体の主題は「社会主義改造」になっているとはいえ、実際に頁を繰ってみると、「改造」以前の状況に関する実態調査などが多数掲載され、国民党政権時代の末期から共産党政権の成立期にかけての各地の経済事情も知ることでき興味深い。1980年代から1990年代にかけ「改革開放」政策が展開され、「社会主義市場経済」という言葉が使われ出したという歴史的状況とこのシリーズの刊行とは、緊密に関係していたように思われる。

6. 中華人民共和国国家統計局工業統計司編『我国鋼鉄、電力、煤炭、機械、紡織、造紙工業的今昔』（統計出版社、1958）、国家統計局編『偉大的10年：中華人民共和国経済和文化建設成就的統計』（人民出版社、1959）

　両者とも主に1950年代を対象とした統計と分析である。しかし、1956年の共産党第8回全国代表大会を踏まえてまとめられた前者のきめ細かさに比べ、後者の粗さには対照的なものがあり、いかにも大躍進期の産物らしい書物である。

第9章　農村政策・農村社会史研究

河野正

§研究状況

　中国農村にとって1950年代という時期は、土地改革に引き続き、互助組、農業生産合作社から人民公社に至る農業集団化が進められた時期に当たる。その中で、社会の組織化が進み、また統購統銷（統一買い付け・統一販売）や供銷合作社の組織化による、経済面に対する上級からの管理が進んだ時期でもある。

　農村社会を巡っては、特に華北などを中心に、民国時期から社会調査が行われ、それを利用した研究が行われてきた。代表的なものとしては中国農村慣行調査刊行会編『中国農村慣行調査』全6巻（岩波書店、1952～1958）を利用したマイヤース（Myers, Ramon H. 1970）や旗田巍（1973）などがある。ここでは華北村落の「共同体」的性格を巡って議論が行われており、戦前より続いていた華北村落の共同体論争がマイヤースや旗田によって、共同体的性格が薄いとして一応の決着を見た。

　『中国農村慣行調査』を利用しながらも、1950年代までを視野に入れて、これに対し反駁を試みたのが内山雅生（2003）である。内山は華北村落を「自生的な伝統的自治組織」と捉え、旧来の互助慣行が人民共和国時期の共産党による農業集団化政策の「受け皿」になったと説明する。

　内山のこのような視点に対しては奥村哲（2003）や三品英憲（2003）などによる批判がある他、張思（2005）では『中国農村慣行調査』を自らの聞き取り調査で補足し、内山が農業集団化の受け皿と指摘する旧来の互助慣行の

性格について、批判を試みた。このように華北村落の性格を巡っては、依然として議論の余地があり、人民共和国時期を視野に入れた更なる農村社会研究がまたれていると言える。

『中国農村慣行調査』を利用した代表的研究としてはこの他、ホアン（Huang, Philip C.C. 1985）、ドゥアラ（Duara, Prasenjit. 1988）が挙げられる。前者は近代華北農村の経済的状況を明らかにし、後者は近代以降、そして日本との戦争を経て村落レベルの有力者が力を失う過程と、上級の政権が新たな秩序作りを目指していく過程を明らかにしている。

この他にも華北では李懐印（Li, Huaiyin 2005）や任吉東（2007）など、清末から民国時期の村落自治について分析したものもある。これらは第一歴史檔案館・河北省檔案館所蔵の史料を利用しており、上述『中国農村慣行調査』対象地域以外の社会状況を明らかにするものでもある。

江南については、戦前に集められた日本所在の土地関係文書を利用して、社会経済史の視点から近代地主制度について明らかにした夏井春喜（2001）や同（2014）の他、聞き取りなどを利用して、14世紀から20世紀までの長江デルタ農村の変遷について明らかにしたホアン（Huang, Philip C.C. 1990）などがある。このように華北が中心ながら、1930～1940年代の農村社会については多くの研究蓄積がある。

それでは1950年代についてはどうだろうか。まず人民共和国時期の農村政策を扱った代表的なものとして小林弘二（1997）が挙げられる。これは主に政策史の視点から、国共内戦時期の互助合作から人民公社解体までの過程を検討している。またオイ（Oi, Jean C. 1989）は統購統銷による上級と基層（末端の地域）社会との関係を考察し、シュー（Shu, Vivienne 1980）は土地改革から農業集団化時期における、階級闘争などを通じた村レベルの社会変容について明らかにしている。

一方、本章に関連する基層社会の実態に力点を置いた近年の研究には、基層史料を含む檔案類の利用と、農村における聞き取り調査の利用という二つの傾向が見られる。前者の代表的なものとしては檔案館所蔵の史料を利用し

て山東省の農村について研究した王友明（2006）などの「郷村与革命」シリーズや、江西省の農村について研究した鄭浩瀾（2009）、村レベルの史料を利用したものとして張思ほか（2010）、江蘇省の村レベルの史料を利用した李懐印（Li, Huaiyin 2009）などが挙げられる。これらはどれも個別の県や村を対象に、土地改革から農業集団化の過程や、それに伴う諸問題を明らかにしている。また省レベルの檔案を利用して共産党の農村政策について考察したものとしては、内戦時期が対象ながら陳耀煌（2012）があり、陳は減租減息を通じて共産党が大衆を取り込んでいく過程を示している。

主に聞き取りによっている研究としては河北省の村落で継続的に調査をしているフリードマンほか（Friedman, Edward, et al. 1991）及び同（2011）があり、これらは人民共和国時期の模範農村の変遷を長いスパンで明らかにしている。日本における研究としては、河北省における聞き取り調査の記録である三谷孝編『農民が語る中国現代史』（内山書店、1993）・同編『中国農村変革と家族・村落・国家：華北農村調査の記録』1～2（汲古書院、1999年）を利用した祁建民（2006）がある。祁は『中国農村慣行調査』との比較を行い、人民共和国時期の村落社会の変容について考察を行っている。この他、山西省における聞き取りを利用した共同研究として三谷孝編（2011）などがある。

§史料紹介

(1) 民国期～人民共和国時期の農村調査

当時の農村社会について考える際、民国時期から人民共和国時期、そして20世紀末に中国各地で行われた農村調査の利用は欠かせない。これらの調査主体は日本・中国など多様である。日本側によるものとして代表的なものは、満鉄による華北村落の調査である前掲『中国農村慣行調査』がある他、前掲『農民が語る中国現代史』及び前掲『中国農村変革と家族・村落・国家』がある。三谷孝らによるこれらの調査は、中国側でも魏宏運・三谷孝編『20世紀華北農村調査記録』1～3（社会科学文献出版社、2012）として出版さ

れている(【解題1】)。この他、日本側の調査については本庄比佐子編『戦前期華北実態調査の目録と解題』(東洋文庫、2009)が詳しいが、日本占領下の北京大学農学院によるものや、華北綜合調査研究所によるものもある。これらの史料は日本国内では農林水産省農林水産政策研究所などで所蔵されている他、中国農業大学などにも所蔵されている。

次に中国側による調査について考えたい。李文海編『民国時期社会調査叢編：郷村社会巻』(福建教育出版社、2005)は民国時期の雑誌などに掲載された各地の村落調査をまとめたものである。これは多くが大学の人類学・社会学教室による調査ということもあり、対象地域は北京や上海、南京など大都市郊外の村落が中心である。人類学・社会学者による調査はこの他にも様々なものがあるが、ここでは費孝通による調査・研究を挙げたい。例えば江蘇省呉江県開弦弓村における調査は、1930年代に行われたものに加えて、費自身による1950年代の再調査も存在し、比較・検討が可能である。本調査は費孝通著・小島晋治ほか訳『中国農村の細密画：ある村の記録1936～82』(研文出版、1985)で邦訳されている。

中国側の調査としては人民共和国成立前後に、共産党によって行われた各種調査も忘れてはならない。これらは主に土地改革などの政策のために行われた実務的な調査である。例えば地方レベルのものとして中央人民政府農業部編『華北典型村調査：1949年度』(中央人民政府農業部、1950)や華東軍政委員会土地改革委員会編『福建省農村調査』(出版者不明、1952)、同編『安徽省農村調査』(出版者不明、1952)などがある。土地改革が基本的に完了した1952年には、全国規模の調査として中華人民共和国中央農業部計画司編『両年来的中国農村経済調査彙編』(中華書局、1952)も出版されている。土地改革前の各地の調査と比較検討を行うことで、土地改革による変容を知ることもできるだろう。

(2) 地方史

1980～1990年代に中国各地で発行された地方史のうち、県史など比較的狭

第 9 章　農村政策・農村社会史研究

い地域を扱ったものは、単に『○○県志』とまとめられる傾向があるが、省史などは『糧食志』『公安志』など、内容ごとに分冊で出版される場合が多い。河北省を例に、関係する分冊の内容を見てみよう。まず『糧食志』が挙げられる。ここでは農業税や農作物の買い付け量などについての1950年代からの統計が見られる。

『土地志』には各地の耕地・牧草地・森林の割合など、土地の利用状況が掲載されている。『農業志』には各時期の農村人口・労働人口の変遷が掲載されている他、それぞれの作物の耕作面積や収穫量の変遷を知ることができる。また『物価志』にはそれらの農作物の買い付け価格の変遷も掲載されている。加えて『公安志』からは個別の事件の詳細は不明ながら、鎮圧された反革命の数や立場などを知ることができ、基層における反革命鎮圧などの全体像を得ることもできる。

(3) 史料集・法令集

当該時期の農村政策・農村社会に関する史料集・法令集には、同時代的に実用書として出版された法令集や参考資料集の他、1980～1990年代に史料集として出版されたものがある。この時期に史料集の出版が続いた背景には、幾つかの理由がある。一つは土地改革や農業集団化が過去のものとなったこの頃に、共産党の農村政策を総括する機運が生まれたことである。例えば黄道霞ほか編『建国以来農業合作化史料彙編』（中共党史出版社、1992）の前言には、共産党が農民を社会主義の道へ導いたという「偉大な実践の経験と教訓」を研究・総括するために出版する旨が記されている。

もう一つの理由はそれまで内部発行扱いで編集されてきたものが、当時の社会状況により公開可能になったためである。河北省檔案館編『河北土地改革檔案史料選編』（河北人民出版社、1990）の「編輯説明」によると、本書は本来1964年から編集が開始され、当初は内部向け参考資料として発行されていたが、その後修正を経て1990年に改めて出版されている。このような傾向は、1989年には一旦ブレーキがかかったことは推測される。しかし土地改革

や農業集団化時期が過去のものとなるにつれて、史料公開が可能な環境が作られたのだろう。なお、これは（5）で見る統計史料なども同様である。

　ここで紹介する史料集・法令集のうち、まず土地改革に関するものとしては、人民出版社編輯部編『土地改革重要文献彙集』（人民出版社、1951）がある。これは各軍政委員会や中央の法令・条例を集めたものである。この他、前掲『河北土地改革檔案史料選編』や中南軍政委員会土地改革委員会編『土地改革重要文献与経験彙編』（中南軍政委員会土地改革委員会、1951）、中国共産党甘粛省委員会農村工作部編『甘粛省土地改革文集』（党内文件、1954）など地方レベルのものもある。中でも『河北土地改革檔案史料選編』は省檔案所蔵の土地改革関係檔案をまとめたものであり、貴重である。

　農業集団化に関するものは、同時代的なものとして中国科学院経済研究所編『国民経済恢復時期農業生産合作社資料彙編：1949～1952年』上下（科学出版社、1957）、史敬棠・張凛・周清和・畢中傑編『中国農業合作化運動史料』上下（生活・読書・新知三聯書店、1957～1959）がある。

　後に史料集として出版されたものとしては前掲『建国以来農業合作化史料彙編』が多くの研究で利用されているが、似た性格の史料集として中華人民共和国国家農業委員会辦公庁編『農業集体化重要文献彙編』上下（中共中央党校出版社、1981）もある。これは内部出版のため、前者ほど入手・閲覧は容易ではないが『建国以来農業合作化史料彙編』と同様に重要である。両者共通して収録されている史料も多いが、出版時期の関係で時期の下限が異なっている（『建国以来農業合作化史料彙編』は1987年、『農業集体化重要文献彙編』は1981年）他、どちらか一方にしか収録されていないものもある。そのため当該時期の農村について考えるならば、双方を参照するのが望ましい。

　同時期には経済面でも統購統銷（統一買い付け・統一販売）が進められていた。国家統計局貿易物資統計司・全国供銷合作総社理事会辦公室編『中国供銷合作社統計資料：1949～1988』（中国統計出版社、1989）は全国の供銷合作社からの定期報告に基づいた統計集であり、中国供銷合作社史料叢書編輯室編『中国供銷合作社史料選編』（中国財政経済出版社、1990）は全国の供銷合作

社に関する史料集である。

　農業税に関する史料集としては財政部農業財務司編「新中国農業税史料叢編」シリーズがあり、4（中国財政経済出版社、1987）以降が人民共和国時期のものである。個別の政策に関する史料集の他、当該時期の農村政策に関する史料を網羅的に集めた史料集もある。北京政法学院民法教研室編『中華人民共和国土地法参考資料彙編』（法律出版社、1957）は、森林や都市の土地、商業用地などの農業用地以外も網羅した「土地」に関する法令・文書や新聞の社論などを集めている。中華人民共和国農業部農業機械管理局『中国農業機械化問題』（河北人民出版社、1958）は全国の農業機械化に関する報告である。また個別の地域に関するものとしては貴州農業合作史料編写委員会編『貴州農村合作経済史料』（貴州人民出版社、1987〜1988）などがある。

(4) 文集・回想・伝記類

　人民共和国初期の農村を巡っては、上級幹部から基層幹部・一般大衆に至るまでの様々な文集・回想や伝記なども利用可能である。また、以下に見るような『口述実録』や『親歴記』といった史料は近年多く出版される傾向にある。引き続き注視する必要があると言えるだろう。他方で基層レベルの回想の多くは、模範的な事例を称える方針の下に出版されており、注意が必要である。

　当時の農村政策を担った人物によるものとしては、まず党中央農村工作部長などを歴任した鄧子恢に関する鄧子恢『鄧子恢文集』（人民出版社、1996）・鄧子恢『鄧子恢自述』（人民出版社、2007）及び蔣伯英『鄧子恢伝』（上海人民出版社、1986）がある。党中央農村工作部秘書長などを歴任した杜潤生については、杜潤生『杜潤生自述：中国農村体制変革重大決策紀実（人民出版社、2005〔白石和良他訳『中国農村改革の父杜潤生自述：集団農業から家族経営による発展へ』農山漁村文化協会、2011〕）などがある。

　鄧子恢の『自述』の前半部分は鄧子恢自身による回想だが、その内容は主に人民共和国成立前の部分である。しかし後半部分は様々な会議での報告や

文書などが掲載されており、『文集』とは重ならないものも多い。例えば1955年5月に行われた全国第3次農村工作会議における総括報告を見てみると、『文集』では第6部分に当たる「現在の合作化運動の状況の分析と今後の方針と政策」しか掲載されていないが、『自述』では第5部分である「農業合作化運動について」から掲載されている。

　また直接農村工作を指揮した人物ではないが、大躍進時期に毛沢東の秘書を務めた李鋭による回想、『「大躍進」親歴記』（上海遼東出版社、1996）からは大躍進時期の上級の動向や、全国規模の状況などを把握することができる。この他、農村に下放されていた知識人の回想もある。例えば中国科学院経済研究所の顧准は1958～1961年に河北省や河南省、北京郊外の農村などに下放され、1965～69年にも北京市の周口店、大韓継村などに下放され、1969～1972年には河南省へ下放されている。顧准の日記は『顧准日記』（経済日報出版社、1997）、『顧准日記』（中国青年出版社、2002）と、これまで2度出版されているが、中国青年出版社版の方が収録時期は広く、経済日報出版社版に収録されていない時期の日記も収録している。両者間には手書きの日記を活字に起こす際の読み間違いなどに起因すると思われる差異も発生していることも付け加えておきたい。

　基層レベルの回想として著名なものは、福地いま『私は中国の地主だった』（岩波書店、1954）が挙げられよう。これは中国人留学生と結婚し、戦後四川省の農村へ渡り、夫の死後、自らが地主として土地改革で批判対象とされた日本人による回想である。農業集団化時期のものとしては馬社香『農村合作化運動始末：百名親歴者口述実録』（当代中国出版社、2012）がある。これは農民や幹部などから農業集団化時期についての聞き取りを行ったものである。しかし、聞き取り記録をそのままとめたものではなく、聞き取りを軸にして全体的な描写を図ったものであり、利用には注意が必要である。大躍進時期の回想としては王夢初編『"大躍進"親歴記』（人民出版社、2008）がある。これは全て雑誌などからの転載であり、本書が初出のものはないが、その対象は下放青年や俳優、農民や労働者、幹部など広きにわたっている。

第9章　農村政策・農村社会史研究

(5) 統計類

　1950年代の農村及び農業に関する諸統計のうち、同時代的に出版されたものの多くは内部刊行物であるため、入手・利用は容易ではない。しかし例えば中南軍政委員会土地改革委員会編『中南区一百個郷調査統計表』(内部資料、1953) などは日本国内の研究機関などにも所蔵があり、利用可能である。

　この他、20世紀末以降に出版された統計類のうち、1950年代の農村に関わるものも多い。全国規模で網羅的なものとしては中華人民共和国農業部計画司編『中国農村経済統計大全：1949～1986』(農業出版社、1989) や国家統計局農村社会経済調査総隊編『新中国50年農業統計資料』(中国統計出版社、2000)、国家統計局農村社会経済調査司『中国農業統計資料彙編：1949～2004』(中国統計出版社、2006) があり、農村経済に関する各種統計を掲載している。それら統計のうち、特定の作物に特化したものとして、綿花を扱った中華全国供銷合作社棉麻局・中国棉麻流通経済研究会編『中国棉花統計資料彙編：1949～2000』全4冊 (中国統計出版社、2005) を挙げたい。また定期刊行物である『統計工作通訊』及びその後継誌である『統計工作』は農業生産合作社などに関わる統計を掲載している。

　比較的特殊なテーマを扱った統計としては、各地各時期の農業の必要経費と収益についての統計をまとめた国家発展改革委価格司編『建国以来全国主要農産品成本収益資料彙編：1953～1997』上下 (中国物価出版社、2003) がある。また農民の収入・消費について、河北省や山西省、湖南省、湖北省など省・自治区・直轄市合わせて12か所の統計をまとめた国家統計局農村抽様調査総隊編『各省、自治区、直轄市農民収入、消費調査研究資料彙編』(中国統計出版社、1985) もある。

　農業税に関する統計は、同時代的に出版されたものとして東北行政委員会財政局農業税処編『東北区農業税徴収統計資料：1952～1953』(東北行政委員会財政局農業税処、1954) や遼寧省地方税務局『遼寧省農業税収統計資料彙編：1950～1983年』(遼寧省地方税務局、2005) などが散見される。『遼寧省農業税収統計資料彙編：1950～1983年』は前半部分は1957年以降の耕地面積、

105

農業税の徴収額や生産量などの統計表を収録するものであるが、後半部分では1950年代の省・市レベルの農業税や土地関連の通知・法令などが収録されており、史料集的な性格も強い。同様の地方レベルの統計としては、広西壮族自治区財政庁農税処編『広西壮族自治区農業税収統計資料：1950～1985』（広西壮族自治区財政庁農税処、出版年不明）などが確認できる。

（6）定期刊行物

　定期刊行物としては、当然『人民日報』や『内部参考』のような中央レベルの刊行物からも、各地の農村についての情報や中央の農村政策についての情報を得ることはできる。また農業部の機関誌である『中国農報』（月刊誌、1950年創刊）や『農村工作通訊』（半月刊、1956年創刊）などは農村・農業に特化した記事を見ることができる。両誌は似通っているように見えるが、これらの出版の目的を見ると、二つのうち後者において、「各地の農業生産合作社の経験を交流すること」が目的と示されている。そのため内容を見ると、前者はどちらかと言えば上級や中央からの指示や法令などが多く、後者は広く一般の大衆や幹部の経験を紙面に反映させるという意向も見られるが、基本的には大きな差はない。また林業に関するものとして、林墾部の機関紙である『中国林業』も挙げたい。ここでは上級の指示や報告の他、林業を巡る各地の状況なども報告されている。

　基層社会の状況を知るには、地方レベルの刊行物の利用も不可欠である。河北省を例にすると、共産党省委員会の機関紙として『河北日報』がある他、市や地区レベルでも多くの機関紙が発行されている。例えば市レベルとしては共産党秦皇島市委員会機関紙である『秦皇島日報』、地区レベルとしては唐山地区委員会機関紙である『唐山労動日報』などがある。新聞のみならず、地方レベルで発行される雑誌も多い。例えば『河北農村』は河北人民出版社による雑誌であり、後に『農村宣伝員』と改称するが、タイトルの示す通り、農村における政策の宣伝という目的に特化した雑誌である。これはあくまで宣伝のための雑誌であり、内容も宣伝性が強い。加えて、農村で宣

伝の任に当たる人が農民に説明しやすい内容になっているため、「教科書」的な内容が中心である。とは言え、各地の状況を反映した史料として利用する意味はあるだろう。

ここで紹介した地方レベルの刊行物は、各地・各級で出版されている。そのため網羅して所蔵している機関が少なく、全貌の把握には困難がある。その中では中国・国家図書館などは比較的広く所蔵している。特に地方新聞はマイクロフィルムで所蔵されているものも多く、利便性が高い。国家図書館に所蔵がないものは各地の図書館や檔案館などにも所蔵されている場合も多い。

（7）同時代的出版物・パンフレット類

ここで紹介する史料は1950年代に同時代的に出版されたものである。注意すべきこととして、これらは他の史料以上に宣伝性が強いことである。特にパンフレット類は出版の目的が諸政策の推進や宣伝であるため、基本的には「良い事例」の紹介が中心である。また地主の「封建的」性格や土地改革の意義が強調されるなどの傾向もある。しかし、以下の幾つかの理由から、これらの史料も参照に値すると考え、ここで紹介するものである。

理由の一つは、良い事例を紹介する中でも、「反面教師」としての役割や、乗り越えて解決された困難の例として、工作における諸問題も多く紹介されているためである。即ち、内容の中心が宣伝にありながらも、如何なる問題が起きていたのかを知ることも可能である。

もう一つの理由は、パンフレット類の読者対象である。これらの出版物は一般に、村レベルで実際に工作を行う基層幹部や基層大衆が読者の一部として想定されていた。そのため、これらのパンフレット類は、土地改革や農業集団化などの工作に実際に携わる人々の実態認識に関わるものであり、如何なる認識の下で政策を執行していたのかを知る上で重要である。これは逆に言えば、研究者の側が実態把握のために利用するには、注意が必要だということでもある。加えて、パンフレット類からは、共産党側が基層幹部や大衆

に如何なることを宣伝・教育したいと考えていたのかという点や、基層幹部・大衆の側が如何なることを疑問視していたのかといった点を理解することもできる。

　更に、パンフレット類の多くは地方で出版されたものである。現地の様々な事例を含んでいることを考えると、利用する意義はあるだろう。ちなみに、これらの史料のうち日本で見られるものは、大部分が中南軍区・中南区周辺のものである。これは日本の機関に所蔵される史料のうち、香港経由で入手したものが多くを占めているためと思われる。

　この類の史料は非常に多数であり、内容も瑣末なものが多いため、ここでは特徴的なもののみ取り上げたい。まず土地改革に関するものを見てみよう。この類の史料も他と同様に、全国的なものと地域的なものがある。前者としては呉芝圃・李培南編『中国土地問題』（北京時代出版社、出版年不明）や韋央『土地改革問題講話』（労働出版社、1951）などがある。これらは土地改革に対して同時代的分析を行ったものである。また土地改革を行う上で参考資料として出版されたものとしては中国人民政治協商会議全国委員会秘書処編『土地改革参考資料選輯』（五十年代出版社、1951）などもある。李広田ほか『我們参観土地改革以後』（五十年代出版社、1951）は、新聞・雑誌からの転載が中心であるが、大学教授など知識分子による土地改革の参観記を集めたものである。同様の土地改革参加記としては潘光旦・全慰天『蘇南土地改革訪問記』（生活・読書・新知三聯書店、1952）や光明日報社編『土地改革与思想改造』（光明日報社、1951）などがある。

　地方レベルの出版物も多い。例えば中共珠江地委宣伝部編『土改参考資料』（出版者不明、出版年不明）は『長江日報』や『南方日報』など地方新聞からの転載や現地の事例の紹介などが掲載されている。また新華書店山東総分店編輯部編『土地改革手冊』（新華書店山東総分店、1950）の内容は法令や指示が中心ながら、共産党中央山東分局や山東省人民政府による法令や指示まで網羅している。

　このように雑誌や新聞からの転載も多く見られるが、地方レベルの新聞・

第 9 章　農村政策・農村社会史研究

雑誌を系統的に収集することが難しい状況下においては、利用価値は高いと言えるだろう。転載によらない地方レベルの出版物としては中南軍政委員会土地改革委員会宣伝処編『土地改革試点資料』（中南人民出版社、1951）が挙げられる。これは華中・華南の土地改革に関する各地からの報告を集めたものである。

次に農業生産合作社に関する史料を見てみよう。著名なものとしては中共中央辦公庁『中国農村的社会主義高潮』全3冊（人民出版社、1956）がある。本書は毛沢東によって序言が書かれ、そもそも農業集団化を促進するために出版されたものであり、各地の模範的合作社の事例を紹介するものである。そのため利用には注意が必要だが、合作化の過程を理解するにあたり、各地の工作経験を把握するには意味があるだろう。同様の性格の史料としては李仁柳『農業合作社的発展路向』（中華書局、1953）などがある。合作社に関する同時代的な分析としては、分配方法について分析した于光遠ほか『論半社会主義的農業生産合作社的産品分配』（財政経済出版社、1955）や、各種土地について分析をした中華人民共和国農業部土地利用総局編『農業生産合作社土地規画概要』（財政経済出版社、1956）などがある。

人民公社に関する史料のうち、中央の指示や決議などを中心に収録したものは農業出版社編『人民公社万歳』（農業出版社、1959）が、人民日報から関係記事を集めたものとしては人民日報出版社編『人民公社的強大生命力』（人民日報出版社、1959）がある。人民公社時期にも、各地で様々な文献が出版されている。例えば福建省では福建人民出版社編『河南地区辦人民公社的経験』（福建人民出版社、1958）や同編『怎様辦人民公社』（福建人民出版社、1958）などの「辦人民公社参考資料」シリーズが出版され、省内各地の人民公社の経験を紹介している。同様の史料は中国共産党貴州省委員会辦公庁編『人民公社万歳：貴州省人民公社調査』（貴州人民出版社、1960）がある。

特徴的な史料としては番愚人民公社出版社編『番愚人民公社試行簡章』（番愚人民公社出版社、1958）が挙げられる。これは人民公社自身が出版した書籍である。内容は簡章や社内の各種規定などが中心であり、そのため社内の

109

社会状況や問題をうかがい知ることは難しい。とは言え人民公社自身による出版物という点では貴重であり、また個別の社の簡章や規定をまとまって見ることができる点でも意義がある史料である。

　中共広東省委農業辦公室編『辦好公共食堂』（広東人民出版社、1958）では人民公社の公共食堂設置の過程における問題など、細かな経験が紹介されている。広東人民出版社編『人民公社問題解答』（広東人民出版社、1958）は宣伝用の問答集であるが、人民公社に対する理解が深まっていない現状を打破することを目的に、「人民公社とは何か」や「高級農業生産合作社があるのに何故人民公社が必要なのか」などの質問と回答が掲載されている。人民公社時期の基層社会の側で如何なることが疑問視されていたのかを理解するとともに、それに対する共産党の認識を理解することができる。

　この他、農村金融に関する史料として中国人民銀行陝西省分行編『渭南和朝邑両県農村金融工作経験彙編』（金融出版社、1958）を挙げておきたい。これは1958年4月に中国人民銀行陝西省分行が渭南県・朝邑県で行った農村金融工作の視察の記録である。同様の調査・視察は他地域でも行われた可能性はあるが、このように出版された記録は他には確認できない。

（8）基層史料・檔案類

　近年基層レベルの史料の「発掘」が盛んである。収集方法は大学関係者が村へ直接出向いて村から移管を受けるものから、古書市場に流出した史料を購入したものまで多岐にわたる。まず公刊されているものを紹介したい。

　まず華東師範大学による「中国当代民間史料集刊」シリーズがある。これは華東師範大学が収集した各地の基層史料を出版したものであるが、本章に関係するものとしては華東師範大学中国当代史研究中心編『河北冀県門荘公社門荘大隊檔案』（東方出版中心、2009）及び同編『花嶺大隊表格』（東方出版中心、2011）などがある[1]。これらは古書市場で購入されたという経緯のためか、地域概要や解題に当たるような解説などがない。加えて、『花嶺大隊表格』は文中で大隊の地理的位置を示す説明などもなく、利用には注意が必

要である。

　同様の史料で南開大学によるものとして張思編『20世紀華北農村調査記録』第4冊（社会科学文献出版社、2012）がある。これは同大学の所蔵する河北省昌黎県侯家営村における1949年以降の史料のうち一部を出版したものであるが、本村は（1）で触れた『中国農村慣行調査』の対象村であり、利用価値は非常に高い。本史料を中心的に利用した研究として、前掲張思ほか（2010）がある。

　上で見た既刊の史料集に収録されているものも含め、中国国内の一部の大学では近年、人民共和国時期の村レベルの史料を収集している。筆者が把握している範囲内で比較的大規模に基層史料を収集している機関としては南開大学中国社会史研究中心、山西大学中国社会史研究中心[2]、華東師範大学歴史系があり、上で見た通り、山西大学以外は現時点で所蔵史料の一部を出版している。例えば南開大学所蔵の史料だと前掲『20世紀華北農村調査記録』があるが、本書に掲載されている史料は全体のごく一部であり、大部分は直接大学へ足を運ばなければ見ることはできない。

　しかし、これらの史料は、華東師範大学は近年対外的に公開を始めたものの、南開大学・山西大学所蔵史料の利用には個人による人的つながりが必要となる。また、どれも公開された目録などが無く、利用のハードルは高い。加えて史料量が膨大で内容も瑣末なものが多く、短期の調査には向かないなどの問題もある。とは言えこれらは、基層レベルの様々な実態を示す史料であり、利用価値は高いものである。利用に困難があるのは上述の通りであるが、可能な限り参照する意味はあるだろう。

　未刊行史料としては各地の檔案館所蔵の檔案も重要である。しかしながら、近年中国の檔案館の多くは利用に困難がある。そのためここでは個別の檔案館・史料群の紹介ではなく、概要を述べるにとどめたい。農村社会・農村政策について知るために檔案を利用するならば、まず党と政府に関わるものとして、各地の党委員会及び人民政府檔案の利用が必要である他、各地の農業庁・農村工作部や民政庁、統計局の檔案が有用である。ただし、檔案の

利用は上述の困難の他、多くの場合対外的に公開された目録が無く、その点でも難しさがある。加えて、檔案が比較的保存され、公開されている檔案館でも、例えば土地改革について調べようとした場合、人民共和国のごく初期の時期においては、収集・整理が不十分な場合があり、注意が必要である。

§史料解題

1. 『農民が語る中国現代史』、『中国農村変革と家族・村落・国家』及び『20世紀華北農村調査記録』

　これらは全て、前掲『中国農村慣行調査』の対象地域における日中共同調査で、1980〜1990年代に行われた調査の記録である。それぞれ北京市、河北省、山東省、天津市の5村で調査をしている。『20世紀華北農村調査記録』はこれらの調査記録の中国語版であるが、単純な中国語訳ではないため内容には多少の差異も見られる。即ち共同調査を行った際、中国側の作成したメモ等に日本側参加者の判断で修正・取捨選択などを加えて出版したものが日本語版であり、そのような修正などを行わずに出版したものが中国語版である。そのため、どちらが正確でどちらが誤りであるのかは明確ではない。利用に当たっては可能な限り日中版双方の参照が望ましい。

【注】
（1）　『河北冀県門荘公社門荘大隊檔案』は同編『門家荘大隊工作檔案』（東方出版中心、2011）として再版されている。
（2）　同中心所蔵の史料については行龍・馬維強（2007）参照。

第10章　教育史

大澤肇

§研究状況

　人民共和国の成立以降、共産党は、学生層の共産党に対する政治的忠誠の弱さ、「労働者と農民に教育の機会を」という教育拡大の理念、そして国家建設のための高い教育研究水準の維持と向上というジレンマに悩まされることになる。そのため、とくに1950年代における教育政策は、「紅」（共産党に対する政治的忠誠）と「専」（専門的知識や技能）の相克として捉えることができる。こうした相克を解決するために、「勤工倹学」（労働と教育の結合）など、さまざまな教育実践がなされた[1]。と同時に、「武訓伝」批判——人民共和国成立後の1951年に起きた思想批判運動、史料紹介（8）を参照——や、三反・五反運動[2]——1951～1952年に、中国の都市部を中心に展開された政治運動——、「院系調整」——1952年の全国的規模での大学組織の再編——、そして反右派闘争（反右派運動）のように、教育界や大学は政治に介入され、あるいは政治の舞台そのものともなった。

　上述した教育拡大の理念と、教育水準の向上をめざす教育実践は、「西洋型近代教育」の限界を超えるモデルとして、同時代の教育学者の注目を集めていた。そのため、とくに1950年代については、日本語による研究も少なくない。そのなかで代表的な研究は、山田清人（1956）、斎藤秋男・野原四郎（1957）、新島淳良（1957）、海後勝雄編（1959）、日本民間教育研究団体連絡会（1964）、斎藤秋男（1973）などであり、これらの研究の一部は2006年に日本図書センターより『中国近現代教育文献資料集』として復刻された。そし

て、同時代の中国教育への強い関心から、日本語でも史料集等が編まれた。多賀秋五郎編（1976）の最終巻は人民教育編とされ、1960年までの史料を収録し、文部省調査局（1956）は教育法令のみならず日本語訳と解説を付けており、私たちの理解を助ける。また中国研究所編（1955）は同時代の教科書についての研究論文集である。

　しかし、これらの研究を中心とした中国教育史は、社会主義中国の実態、とくに文化大革命の実態が暴かれるなかで、研究者たちの関心を失うこととなる。人民共和国成立時期の高等教育を扱った大塚豊（1992、2007）などの研究を除けば、研究者たちの関心は、経済成長や格差再生産などへの関心から、改革開放以降の中国教育に集まるようになる。

　このような状況のなか、改革開放以前からの連続性のなかで現代中国の教育を捉え直そうという小島麗逸・鄭新培（2001）の研究や、より長く、民国期からの連続性のなかで現代中国の教育を捉え直そうという王智新（2004）、新保敦子・園田茂人（2008）のような研究も現れはじめている。社会教育についても、民国期からの連続性のなかで人民共和国初期の識字教育を考察した大原信一（1997）や、同じく民国期からの連続性のなかで人民共和国初期の社会教育を考察した戸部健（2015）の研究がある。小林善文（2016）は、近代中国に活躍した教育家を取り扱った単著であるが、そのなかで、徐特立、黄炎培、周谷城といった民国期から人民共和国初期まで連続して活躍した教育家たちを取り上げている。また同書は、「武訓伝」批判のほか、生活教育思想で著名な陶行知の弟子たち（「陶行知集団」）である劉季平、張健、方与厳らを取り上げ、教育思想や理論そのものが政治問題化した人民共和国初期において、彼らがいかなる対応をとったのか、という点についても分析しており、人民共和国における教育と政治の関係について参考になる。

　欧米でも、上述した中国教育の革新的な面を評価したドーア（Dore, Ronald 1978）の研究があり、さらにそれを中国の教育政策史のなかで客観的に位置づけた先行研究、ペパー（Pepper, Suzanne 2000）やユー（U, Eddy 2007）が現

れた。さらに、清末から現在まで、中国の大学史を総括したヘイホー（Hayhoe, Ruth 1996）や、農村の教育を取り上げたトーガセン（Thogersen, Stig 2002）のように、民国期からの連続性のなかで、人民共和国の教育を捉え直す研究も出現している。しかしかつては、紅衛兵運動と文化大革命という点から社会主義中国の教育は注目を集めていた。フレイザー、シュー（Fraser, Stewort and Hsu, Kwang-liang 1972）による文献目録のサブタイトルがまさに「文化大革命とその結果」であるように、文化大革命への関心が中国教育研究のなかで高まっていたのである。また、アンガー（Unger, Jonathan 1983）が取り上げたのも、1960年代から1980年代、文革から改革開放初期の時期である。なお、現在の欧米では、驚異的な経済成長の原因の一つとして、また留学生の供給先、そして高等教育ビジネスの進出先ないしは連携先として、中国教育研究に注目が集まっている。

　中国では1980年代後半に、毛礼鋭編（1989）など通史レベルで改革開放以前の教育が分析されるようになり、21世紀初頭になると、ようやく人民共和国成立前後から改革開放以前を対象とする「中国現代教育史」についての実証的な概説書が出版され始めた。その代表的な研究としては、金一鳴編（2000）と、何東昌を総編集とする「中華人民共和国教育専題史叢書」シリーズ全13巻（何東昌 2002）である。何は、当代中国叢書のうち、教育を扱った『当代中国教育』の編者でもある（何東昌 1996）。『当代中国教育』は主として1990年代における教育事業の現状について纏められたものであるが、上巻・第一編には1949年から1992年までの中国教育の歩みが綴られている。現状では多少古くなったものの、改革開放以後も視野に入れて研究する場合は参考になるであろう。また、知識人の思想改造については于風政（2001）が概説書として参考になる。趙徳強（2005）は、類書であるが、教育界に焦点をしぼったものである。

　個別の事例について、研究が進んでいる中国では先行研究が膨大である。例えば「院系調整」については、胡建華（2001）、陳興明（2012）などの専著がある。日本では近年、吉川剛・砂山幸雄（2012）による研究が出た。また

中国の大学や大学生および知識人たちの大きな転機となった反右派運動[3]については、沈志華（2008）や朱正（2013）の専著がある。教育に関係するものだけでも、北京大学や中国人民大学での反右派運動を分析した銭理群（2007）、学生デモが「反革命暴乱」として鎮圧された1957年の「漢陽事件」を取り上げた劉富道（2012）など、個別の研究成果が発表されつつある。

　本章では、上述した学校教育に加え、中国の高等教育に深い関連性を持つ、キリスト教についても章末で紹介する。人民共和国成立以後におけるキリスト教の概況については、まずは山本澄子（2009）を一読すべきである。山本の著作は人民共和国成立以後のみだけではなく、清末以降の中国におけるキリスト教史を含んでおり、キリスト教の中国における「土着化」、中国思想史としてのキリスト教といった問題関心から、人民共和国時期のキリスト教会について論じている。

§ 史料紹介

（1）中国語史料集

　まず、「工具書」（リファレンスツール）にもなり得る基本的な史料集を紹介したい。

　何東昌編『中華人民共和国重要教育文献』全5冊（海南出版社、1998〜）は「中共中央、全国人民代表大会、国務院と教育部、高等教育部、国家教育委員会など中央の部、委員会が制定、発布した教育方針政策、法律法規など重要歴史文献、そして党と国家リーダーの教育問題に関する重要講話、指示、さらに中国の教育理論と実践が生み出した重大な歴史的影響を持つ重要な教育会議の文献、雑誌資料など」が収録されている。また同シリーズは「公開発表された文献資料が主であるが、同時に、一部には、はじめて公開発表される檔案資料も収録されている」とあり、きわめて価値が高い。最初の3巻（1949〜1975、1976〜1990、1991〜1997）は1997年に刊行された。歴史研究としてはこれで十分ではあるが、現在も継続して出版されているのが特徴で、最

新版は、2010年に新世界出版社から出版された『中華人民共和国重要教育文献：2003〜2008』である。

次に紹介すべき史料が、中国教育年鑑編集部編『中国教育年鑑：1949〜1981』（中国大百科全書出版社、1984）と中国教育年鑑編集部編『中国教育年鑑（地方教育）1949〜1984』（湖南教育出版社、1986）である。『中国教育年鑑』は現在でも毎年発行されているが、改革開放以前のものは上記2冊で揃う。また、中央教育科学研究所編『中華人民共和国教育大事記：1949〜1982』（教育科学出版社、1983）、金鉄寛ほか編『中華人民共和国教育大事記』（山東教育出版社、1993）も参考になる。馮剛ほか編『中華人民共和国学校徳育編年史』（中国人民大学出版社、2010）は、新聞や雑誌の記事、政府の指示のなかで、「徳育」（道徳、政治教育、学生統制など）に関係する動きを年表形式で収録している。

教育法規については、全国人民代表大会常務委員会法制工作委員会審定『中華人民共和国教育法規法律総覧：1949〜1999』（法律出版社、2000）が便利であるが、同時代に出されたより詳細な史料としては、教育部辦公庁編『教育文献法令彙編』（教育部辦公庁、1953〜1965？）がある。1949年から1952年で1冊を構成し、1953年以降は、毎年発行されている。また分野毎に、高等教育部編『中等専業教育法令彙編』（高等教育出版社、1956）なども出されている。

関連する統計としては、教育部計画財務司編『中国教育成就：統計資料』（人民教育出版社、1985）があり、改革開放以前については、1949〜1983年の巻を参照されたい。統計は、各省ごとにローカルな統計が存在していることを確認できるものの、その多くがいわゆる機密扱いであり、取り扱いには注意を要する。

その他に出版された関連する政策文献集としては、文化部辦公庁編『文化工作重要文件選編』（文化部辦公庁、1958）などがある。中央宣伝部辦公庁・中央檔案館編研部編『中国共産党宣伝工作文献選編』（学習出版社、1996）にも教育関係の史料が収録されている。また毛沢東『毛沢東同志論教育工作

（人民教育出版社、1958）は毛沢東の教育に関する論文を集めた文集で、1950年代後半の「教育大躍進」（学校の量的拡大）に大きな影響を与えた。これとは別に同時期の日本では、『毛沢東選集』から独自に教育に関する論文を選び、翻訳した斎藤秋男・新島淳良編『毛沢東教育論』（青木書店、1957）、斎藤秋男・新島淳良・光岡玄編『続毛沢東教育論』（青木書店、1966）が出版されている。中国における社会主義教育が、当時の日本で広い関心を集めていたことが理解できよう。また、中央教育科学研究所編『周恩来教育文選』（教育科学出版社、1984）は、知識人の思想改造などについて、参考になる史料集といえよう。

（2）雑誌

　全国的な教育についての定期刊行物としては『人民教育』がある。政策文書の他、各地での教育経験、教育問題とそれへの対応などを通して、当時の状況の一端を知ることができる。また、地域（省と直轄市）ごとに、『人民教育』のローカル版とも言える雑誌が発行されている（例えば、上海市ならば『新教育』『上海教育』など。江蘇省ならば『江蘇教育』、江西省ならば『教育工作』、東北地域なら『東北教育』など）。ちなみに、雑誌の一部は、電子化され、CNKIなどデジタルライブラリーで閲覧可能なものもある。

　なお、1950年代は行政区画が流動的であったため、それにあわせてローカルな教育雑誌は創刊と廃刊を繰り返しているので要注意である。筆者のフィールドである江南地域を例に取ると、『江蘇教育』誌が創刊されたのは1953年だが、それ以前に、蘇南行政公署の統治地域を対象として、『蘇南教育通訊』『蘇南文教月刊』などが発行されていた。『江蘇教育』はこれらの後継誌である。

　大学については、高等教育部が出版していた『高等教育通訊』（1955年に『高等教育』に改題）があり、参考になる。

（3）教科書、指導書

教科書については、石鷗ほか編『中国近現代教科書史』（湖南教育出版社、2012）の下巻が、1949年以降の教科書の変遷を、典拠を示しつつ概観しており、有用である。また、教科書以外の教育関係書籍の書誌情報を調べたい場合は、田東平『中国教育書録』（北京師範大学出版社、1996）が有用である。

　教科書自体は、日本国内では東洋文庫にまとまって所蔵されている。また大量に出版されたこともあり、中国国内の古書店でも容易に入手可能である。教科書は、小学校・初級中等学校（中学校）・高級中等学校（高校）の教科書のほかに、いわゆる社会教育にあたる「業余学校」の教科書、農村における識字教育用の「農民識字課本」、ローカルな「郷土地理教材」など様々な種類の教科書がある。教科書以外にも、趙尉青編『1953新編：高中投考指南』（恵林出版社、1953）といった入試対策の問題集や、教育部『高等学校招生考試大綱』（高等教育出版社、1954～1958）といった文献からは、当時の政権が入学試験を通じて、どのような思想や政治的トピックを重視して出題していたのかがわかるといった点で重要である。

　教科書のほか、教員が使う「教学参考書」「教学参考資料」「教学大綱」には、教科書のより詳しい内容を解説していることがある。例えば辜遠編『小学高年級歴史参考資料』（商務印書館、1951）や北京中小学教学参考資料編集委員会『初級中学課本衛生常識：教学参考資料』第１分冊（大衆出版社、1955）、高等教育部審定『中国史教学大綱』（高等教育出版社、1956）などはそのような編集になっている。一方で、関連する論文や政策文献等を収録してある場合もある。例えば、河南省人民政府教育庁『史地教学』（河南省人民政府教育庁、1950）などがそうである。また、黄山・孟平編『新小学教師手冊』（上海春明書店、1950）や夏風『1953年新編：小学教師手冊』（文化出版社、1953）、中国教育工会全国委員会『中国教育工会工作者手冊』（工人出版社、1951）などの史料からは、制度上、当時の教員がどのような仕事に従事していたのか、学事行政をどのようにおこなっていたのか、その一端を垣間見ることができる。

（4）地方教育史、学校史、学校の状況

　各省・市・県・区の地方史には、「教育」の項目があり、当然重要な情報源になる。なかには、独立して「県教育志」などを編纂、出版している地域もあれば、上海市などでは「青年志」が編集、出版されている。教育に関連する項目として注意するべきである。

　小中学校および高校のうち、いわゆる「名門校」については、50周年、90周年などの節目で「記念冊」が作られることが多い。そこにはミクロな地域レベルでの教育史や卒業生ネットワークなどについて詳細な情報が掲載されていることも少なくない。しかし、その多くが流通に乗らないなど、入手が困難な状況にあることも現実である。

　当時の学校教育のなかでおこなわれた様々な政治教育や政治運動の詳細については、それぞれのキャンペーンごとに史料集あるいは指導書がつくられている。例えば、朝鮮戦争中に始まった「愛国主義教育運動」については、青年団西北工委宣伝部編『愛国主義学習資料』（西北青年出版社、1951）などが参考になるし、「労働教育」については、河南人民出版社編『怎様在小学校中進行労動教育』（河南人民出版社、1954）などが参考になる。また、湖北省中学、師範学校教材編輯委員会編『社会主義課学習文件彙編』（湖北人民出版社、1958）といった教材集からも、当時の政治教育・政治運動の詳細について知ることができる。さらに当時の学校の状況を知るには、鮑俠影・陶瑞予等『農村辦学経験』（生活・読書・新知三聯書店、1949）や華北人民政府教育部教科書編審委員会編『小学教育典型経験介紹』（新華書店、1950）といった指導書が参考になる。また、内山完造・斎藤秋男『中国の子どもと教師』（明治図書、1953）の前半には、人民共和国成立前後の学校の状況について、中国からの帰国者による座談会が収録されており、当時の状況を摑むことができる。

　上記の小中学校および高校に対して、大学、とくに重点大学などの校史や年表などは、比較的手に入りやすいといえる。袁運開・王鉄仙編『華東師範大学校史：1951～2001』（華東師範大学出版社、2001）、復旦大学百年記事編纂

第10章　教育史

委員会編『復旦大学百年記事：1905〜2005』（復旦大学出版社、2005）などがあり、それ以外にも吉林大学、清華大学、中国人民大学、北京師範大学、中山大学など様々な大学の校史が出版されている。また、北京地区については、王学珍ほか編『北京高等教育文献資料選編』（首都師範大学出版社、2002）がある。当時の大学生たちの状況を知る史料としては、日本語訳が出版されているマリア・閻『嵐の中の大学：中共女子学生の手記』（生活社、1955）がある（原著は、Maria YEN, The Umbrella Garden (New York: Macmillan, 1954) である）。

　一方、社会主義時期に欧米諸国のスパイ機関と見なされ、1952年前後に相次いで閉校したミッション系大学については、現在、中国でも研究が盛んになっており、史料の出版も相次いでいる。代表的なセント・ジョンズ大学については、上海聖約翰大学校史編纂委員会編『上海聖約翰大学：1879〜1952』（上海人民出版社、2009）が包括的に扱っている。また、呉梓明編『中国教会大学歴史文献研討会論文集』（中文大学出版社、1995【解題1】）には、少し古いものの、中国各地のミッション系大学についての歴史、出版物、教育活動、そしてアーカイブ等の一次史料の所蔵状況が纏められており、有用である。

（5）共産主義青年団、新民主主義青年団

　共産党の青年組織としての共産主義青年団（1957年まで名称は新民主主義青年団）も、教育に関連する項目として重要である。

　一次史料としては、『中国青年報』や『中国青年』のほか、下記のような文献がある。なお、共産主義青年団については、李玉琦編『中国共青団史稿：1922〜2008』（中国青年出版社、2010）がオフィシャルな出版物であるが、概略を知るには有用である。また中国共産主義青年団『中国共産主義青年団章程』（中国青年出版社、1964）も、規則類が纏まっており、有用である。

　共産主義青年団の中央辦公庁は『文件彙集』『団的文件彙編』といった史料集を編集、出版しているようであるが、日本国内で確認できるのは、中国

共産主義青年団中央委員会辦公庁編『団的文件彙編』（中国共産主義青年団中央委員会辦公庁、1955～1958？【解題2】）と共青団中央辦公庁編『中国共産主義青年団第3届中央委員会第2次全体会議文件彙編』（中国青年出版社、1958）のみである。また青年団中央ではなく、地方組織の状況については、定期刊行物として、『華北団訊』（青年団華北工委辦公室【解題3】）の一部が国内に存在する。また、各省・市・県・区の地方史のなかには、「共青団志」や「省組織志」などが編集、出版されているケースも少なくない。

さらに若い児童を対象とした少年先鋒隊については、中国新民主主義青年団中央委員会少年児童部編『為少年先鋒隊工作的蓬勃開展而闘争』（中国青年出版社、1955）などの史料がある。

（6）伝記、回想録、教育家の文集

馬叙倫は、中央人民政府の教育部部長、高等教育部部長などを歴任した教育家であるが、彼には馬叙倫『馬叙倫自述』（中国大百科全書出版社、2012）、馬叙倫『我在60歳以前』（三聯書店、1983）、中国民主促進会中央宣伝部編『馬叙倫政論文選』（文史資料出版社、1985）、馬叙倫『馬叙倫学術論文集』（学術出版社、1958）などがある。馬の後任として教育部長になった張奚若には張奚若『張奚若教育文集』（清華大学出版社、1989）がある。楊秀峰も同じく教育部部長と高等教育部部長を歴任した教育家で、彼については楊秀峰『楊秀峰教育文集』（北京師範大学出版社、1987）と馮英楊『回憶楊秀峰』（河北教育出版社、1987）がある。教育部党組書記や教育部副部長などを歴任した銭俊瑞には、『銭俊瑞文集』（中国社会科学出版社、1998）がある。

呉玉章は、教育工会及び文字改革委員会の主席、中国人民大学学長などを務めた人物であるが、彼には呉玉章『呉玉章回憶録』（中国青年出版社、1978）、呉玉章『呉玉章文集』（重慶出版社、1987）がある。戴伯韜は1950年代に上海市教育局長、人民教育出版社の副社長などを務めた教育家で彼の著作集として戴伯韜『戴伯韜教育文選』（人民教育出版社、1985）がある。毛沢東の師で、人民共和国初期に中央宣伝部副部長でもあった徐特立には、中央教

育科学研究所編『徐特立教育文集』(人民教育出版社、1986)がある。この他、孟憲承をはじめとする教育家の伝記としては、人民教育出版社による「中国近代教育論著叢書」のシリーズがある。

(7) 大学、研究機関、留学

　各大学の個別状況についての史料は、(4)で紹介したので、高等教育全般、および研究機関や留学についての史料を以下に紹介する。

　高等教育全般に関わる史料としては、華東師範大学編『中華人民共和国建国以来高等教育重要文献選編』(華東師範大学、1983)、教育部辦公庁編『高等教育文献法令彙編』(高等教育出版社、1954〜1957)、劉光編『新中国高等教育大事記』(東北師範大学出版社、1990)などがある。他にも当代中国叢書教育巻編集室編『当代中国高等師範教育資料選』(華東師範大学、1986)は、大学全般ではなく、教育学分野に限られた史料集であるが、代表的な文献が収められており参考になる。卒業後の進路については、国家計委社会発展局編『高等学校卒業生分配工作文件彙編』(知識出版社、1987)がある。

　科学研究に関わる史料としては、中国科学院が出版していた『科学通報』を挙げておきたい。この『科学通報』をもとに執筆されたのが、陳雨晨編『毛共政権最高学術領導中心:「中国科学院」』(中華民国国際関係研究所、1973)である。同書は冷戦期に敵対関係にあった台湾による、中国科学院についての研究書である。脚注が充実し、予算、年表、主要な研究者のプロフィール、所属する各研究所の状況などが収録されている。同書は、中国社会科学院の前身である中国科学院哲学社会科学部の各研究所についても言及している。

　中国科学院傘下の研究所のなかには、大連化学物理研究所、上海生物化学研究所、心理研究所など、「所史(志)」を作成している研究所がある。中国科学院図書情報工作35年編委会編『中国科学院図書情報工作35年』(中国科学院図書館、1985)は、中国科学院に属する図書館、研究所図書室、資料室、情報室などの沿革と概況などについて纏められた書籍であるが、下巻は各研

究所の出版物の目録となっており、改革開放以前にどのような研究がなされていたのかの一端が理解できる。その他、科学技術研究事業については、武衡編『当代中国的科学研究事業』(当代中国出版社、1992)なども参照されたい。

留学については、李稲『中華留学教育史録：1949年以後』(高等教育出版社、2000)が有用な史料集である。

(8) 大学などにおける政治運動

1951年5月に起きた「武訓伝」批判は、教育界で起きた思想批判運動である。主たる批判者は毛沢東自身であり、その後の文芸界への粛清へと展開していった[4]。この「武訓伝」批判については、同時代の史料集として人民出版社編『武訓和「武訓伝」批判』(人民出版社、1953)が、本格的な史料集として張明編『武訓研究資料大全』(山東大学出版社、1991)がある。

大学での反右派闘争についての基本史料としては、北京出版社編『首都高等学校反右派闘争的巨大勝利』(北京出版社、1957)、中国人民大学編『高等学校右派言論選編』(中国人民大学、1958)などがある。批判するための史料集ではあるが、どのような人々、そしてどのような言論が批判対象になったのか、纏めてあって有用である。北京大在学時代に反右派闘争で批判され、後に雑誌『星火』を秘密裏に出版して政府を批判、文革時期に処刑された林昭については、現在数多くの関連史料が出版されている。許覚民編『追尋林昭』(長江文芸出版社、2000)、許覚民『林昭：不再被遺忘』(長江文芸出版社、2000)、許覚民『走近林昭』(香港明報出版社、2006)、許覚民『林昭之死』(開放出版社、2008)、許覚民『祭壇上的聖女：林昭伝』(秀威資訊、2009)などである。

上述した史料以外にも、回顧録やオーラルヒストリーは有用である。代表的なものとしては、牛漢・鄧九平らによる『原上草』『六月雪』『荊棘路』(全て経済日報出版社、1998)という「記憶中的反右派運動」シリーズ3巻本であろう。房文斎『昨夜西風凋碧樹：中国人民大学反右運動親歴記』(秀威資

訊、2012)は、中国人民大学での反右派運動についての回顧録である。また、同時代に香港にあった友聯研究所が、人民共和国の事件について、新聞記事の切り抜き史料の作成をおこなっており、そのなかには反右派運動関連の切り抜き史料も存在する(『中華人民共和国政治社会関係資料』友聯研究所、1965【解題4】)。こうした切り抜き史料の決定版は、2010年に出版されたデータベース『中国反右運動数拠庫：1957』(香港中文大学、2010)である。詳細は、補論を参照されたい。

(9) キリスト教

最後に中国の高等教育に大きな影響を与えたキリスト教についての基本史料を提示して終わりたい。

基本史料としては、富坂キリスト教センター編『原典現代中国キリスト教資料集』(新教出版社、2008)がある。これは、プロテスタント、そして三自愛国運動を肯定的に捉える立場であるが、『天風』といった当時のキリスト教三自愛国運動が出版していた雑誌、『中国基督教三自愛国運動文選：1950～1992』(中国基督教三自愛国運動委員会、1993)などから重要と考えられる文章を選び翻訳しているので、非常に便利である。これに加えて、主編者の薛恩峰による1949年から2000年までの、中国における政治—教会関係についての詳細な年表、吉田寅による「現代中国キリスト教史文献目録」、主要機関の人事表などが附録としてついている。また、1952年に華東地区の神学校11校を統合して設立された金陵神学院が出版していた雑誌『金陵神学誌』(一時期、『金陵協和神学誌』と改名)および『金陵神学文選』も当然有用な一次史料となろう。これ以外にも、『建国初期天主教、基督教在中国大陸参考資料』(中文学者図書公司、1995)などが参考になる。

§ 史料解題

1. 呉梓明編『中国教会大学歴史文献研討会論文集』(中文大学出版社、1995)

　中国語で教会大学とは、キリスト教会が開設し運営に関わった大学のことである。民国時期には、中国にある大学の多くがこうした教会大学であり、中国の政治、経済、文化、社会などに大きな影響を及ぼした。しかしながら人民共和国成立後、東西冷戦が深まるなかで西側諸国のスパイ機関と見なされ、主に1952年の「院系調整」で他大学との合併を余儀なくされ消滅した。こうした歴史的経緯から、教会大学の史料は各地に分散し、保存管理も軽視されてきた。

　本書には、燕京大学など個別の大学についての報告が収録されており、取り上げられている史料についても、当時の運営資料や会議記録などのいわゆるアーカイブの他、各大学の年鑑、出版物、図書館目録、卒業生名簿など膨大である。

　上記の報告からは、教会大学の史料は主として、その後継大学——例えば燕京大学なら北京大学、輔仁大学なら北京師範大学、華中大学は華中師範大学、嶺南大学なら中山大学など——に保存されているケースが多いが、上海にあった教会大学の史料の多くは上海市檔案館に、あるいは蘇州市にあった東呉大学の史料は蘇州大学と蘇州市図書館にと、地域のアーカイブや図書館に移管されているケースもあることがわかる。また、金陵大学や金陵女子大学の史料は、南京大学や南京師範大学の他、中国第二歴史檔案館や江蘇省檔案館、中国キリスト教三自愛国運動委員会、上海図書館など各地に分散している。さらに一部史料は、運営母体である教会や宣教師たちの海外引き上げとともに、海外の大学——ハーバード大学、イェール大学、香港大学など——にも保存されていることがわかる。

2. 中国共産主義青年団中央委員会辦公庁編『団的文件彙編』(中国共産主義青年団中央委員会辦公庁、1955～1958？)

　本史料は、青年団の運営など業務に必要な文献を集め印刷したものである。以下では1956年分の冊子をもとに、簡単に内容を紹介する。

　各種の通知や規定に混じって、様々な問題についての中央からの指示も収録されている。これらの収録されている指示などからは、当時、家庭の出身階級によっては青年団に入団できなかったことや、服装の画一化などについて青年層から不満の声があがっていたことなどがわかる。さらに、いくつかの報告からは1955年に政府機関と学校を舞台にしておこなわれた「粛反運動」によって、自殺者や冤罪の被害者が出ていたこと、とくにキリスト教信者や帰国華僑の学生に犠牲者が多かったことなどがわかる。また学校内で、政治運動が強まっていたにもかかわらず（あるいはそれゆえに？）、一部の学生層のなかでは、西側の民主主義や自由主義がなお人気を保っているという報告も収録されており、興味深い。

　なお、胡錦濤をはじめ、現在の中国で活躍する政治家の一部は、共産主義青年団の出身である。しかしながら日本語では纏まった学術的研究が存在しない。今後研究の進展が待たれる分野であると言えよう。

3.『華北団訊』(青年団華北工委辦公室、1952～？)

　本雑誌は、「団内刊行物」であり、日本では一部のみ保存されている。

　『華北団訊』は青年団華北工作委員会の不定期刊行物であり、出版の目的は、団の業務の指導、業務経験のシェア、幹部の業務水準の向上であると述べられている。実際には、中央からの指示や、定例会議での報告と総括、市・県・工場レベルでの問題、組織工作の実態などが描かれた報告などが掲載されており、青年団が当時の政治運動のなかで果たした役割や、当時の工場などでどのような問題が発生していたのか、などについて有益な情報を得ることができよう。

　上述の【解題2】『団的文件彙編』とあわせて見ると、当時の共産党は、

三反・五反運動や公私合営化、農業集団化といった政治運動において、青年団組織を積極的に動かしていた実態が見えてくる。

4. 友聯研究所編『中華人民共和国政治社会関係資料』(友聯研究所、1965)

　人民共和国の歴史を研究するうえで、香港の存在は非常に興味深い。第一に、香港は人民共和国に最も近い、西側の拠点であった。まだ中国が「竹のカーテン」で覆われていた時代、西側の多くの研究者が香港を拠点に研究をおこなっていた。現在、香港中文大学にある中国研究サービスセンターの前身は1963年、こうした西側の研究者によってつくられた[5]。

　第二に、香港は「大陸反攻」を標榜する中華民国(台湾)と人民共和国双方にとっての、情報工作の拠点でもあり、さらにいうならば、国民党にも、共産党にも属さず、民主政治、公平な経済、自由な文化などを目指す知識人たちも居住していた。本史料を作成した友聯研究所は、こうした人々によってつくられた、人民共和国に関する史料収集および研究をおこなう機関である[6]。

　本史料は、この友聯研究所による、人民共和国関係の新聞記事についての切り抜き史料である。切り抜き対象は、難民などから入手した当時の中国国内の出版物や香港の出版物であり、その数は膨大である。史料は全部でマイクロフィルム数百リールにも及び、21世紀の現代において使い勝手は良くないが、貴重な史料であると言えよう。

【注】
(1)　「紅」と「専」のどちらを優先すべきかで論争を巻き起こしたが、最終的には「又紅又専」(共産党に忠誠をつくし、かつ専門的知識と技能を持つこと)を目指すこととなった(『論又紅又専』中国青年出版社、1958)。また、これは、知識人たちに対して、政治から中立的な立場とはありえないことを宣言する意味をもった。

(2) 三反・五反運動自体の概要について日本語で知るには、上海の事例に特化しているが、金野純（2008）と岩間一弘（2012）が便利である。
(3) 反右派運動自体の概要について日本語で知るには、丸山昇（2001）と金野純（2008）が便利である。
(4) 吉田富夫「「武訓伝」批判」天児慧ほか編『岩波現代中国事典』（岩波書店、1999）、1088頁。
(5) 「Universities Service Centre for China Studies」http://www.usc.cuhk.edu.hk、2016年7月30日確認
(6) 蘆瑋鑾・熊志琴『香港文化衆声道』（香港三聯書店、2014）65頁および181頁。

第11章　文学史

和田知久

§研究状況

　1950年代中国における文学の場は、管理のための組織化と規範への一体化を強いられた。組織化とは、文学のみならず演劇、音楽、舞踏、映画などの文化事業に従事する者が、各自の分野の同業者組合（文学者であれば作家協会）の一員として組み入れられ、中国共産党の管理下に置かれるようになったことである。また、一体化とは毛沢東「文芸講話」を唯一絶対の規範として、偏向逸脱する者には批判運動や思想闘争を通じて容赦ない攻撃を加え、矯正がかなわぬ際には活動の場を完全に奪い去るような体制のことを指す。映画「武訓伝」批判、「紅楼夢」研究批判、胡風文芸思想批判、胡風「反革命集団」に対する批判、反右派闘争などと度重なる批判運動は文化大革命へと続く道であった。

　中国当代文学が文学史の著作として刊行されるようになるのは1960年代以降であるが、学術的な冷静さと客観性を備えた史的検討がなされるようになったのはやはり文革収束後であろう。朱寨編（1987）は「解放区」の文芸思想が、1949年7月の第1回中華全国文学芸術工作者代表大会以降、全国的に貫徹されてゆく過程をうち続く批判運動、思想闘争ごとに検討している。鄭万鵬（2000）は、個別の作品を効果的に紹介しながら文芸思潮を中心に描き、1950年代には「建国文学」と「17年文学」の2章を充てている。洪子誠（1999）も当代文学通史ではあるが、文学上の事件のみならず各作家や作品にも詳細な解説を施している。孟繁華・程光煒（2011）は人民文学出版社版

(2004)の修訂版である。21世紀文学にも言及する通史であるが、人民共和国成立初期の文学制度の建設やソ連からの社会主義リアリズム移入などにも紙幅を割いている。

わが国ではこの時代の文学芸術に対しては、五四以来の文学者たちがことごとく批判され、新たな作品を発表できなくなる中、唯一絶対の規範たる「文芸講話」が誕生し徹底されてゆく過程についての研究がなされた。新島淳良（1964）や秋吉久紀夫（1979）は抗日根拠地における文芸政策が「文芸講話」として形成され1950年代の文学論争にどう関係していくかを追うものである。なかでも秋吉は、1920年代以降の海豊・陸豊地区、江西蘇区（蘇区とは、共産党が一時期支配していた地域のこと）、および陝北蘇区、華北抗日根拠地における文学運動と、1942年5月の延安文芸座談会を経て、1960年代初頭の河北省と上海地区における詩歌運動までの幅広い時代の文学運動に論及している。宇野木洋（2006）の論考の中心は文革後の文学理論領域であるが、文革を生みだし容認するに至ってしまった文化・社会状況である「プレモダン」現象の根深さとその克服という角度から「文芸講話」と、それを補完する存在だとする「革命的リアリズムと革命的ロマンチシズムの結合」の成立から消滅への軌跡を記述する。

中国革命の進展に共感し自らも社会改革を志しつつも、戦後の日本社会の中で覚えた違和感や挫折感を、批判され消えゆく中国の文学者たちの姿に重ねて、同時代の知識人としてのあり方を問い直したとも言うべき研究が積み重ねられた。竹内実（1967、1972）は文革開始以降の数年間に生じた「文学の空白状態」の意味を問い直す形で、「建国」からの批判運動について論じている。小山三郎（1993）は中国共産党の文芸政策の形成と実施についての研究であり、1930年代上海の左翼文壇から説き始め、胡風事件、反右派闘争、大躍進期を経て「海瑞罷官」批判に至るまで、作家を含む知識人がどのように中国共産党の文芸政策に抵触し粛清されてきたのかを分析したものである。丸山昇（2001）は、中国共産党の文化思想政策のもと、新国家建設の理想に燃えた知識人たちが酷薄な政治闘争に翻弄され社会主義イデオロギー

に絡め取られてゆく姿を回想録や記録文学に基づいてたどったものである。

個別の作家研究は、のちに悲劇的な死を遂げる「人民作家」趙樹理についての釜屋修（1979）による評伝や、高畠穰・阿部幸夫（1982～1992）による丁玲と夏衍についての一連の研究を挙げておく。現代演劇（話劇）については成立100年の歴史を概説したものに瀬戸宏（1999）がある。森平崇文（2015）は「建国」後の社会主義改造下の上海演劇界について、特定の劇種や演目、劇団等を問題史的に検証している。佐藤忠男・刈間文俊（1985）は中国映画通史であるが、1950年代の映画についても個別に作品紹介がなされている。牧陽一・松浦恆雄・川田進（2000）は革命イデオロギー宣伝と民衆の啓蒙のために創造された中国のプロパガンダ芸術について、その生成、隆盛、変容に分けて分析している。

中国における研究も、近年の新史料の発掘や斬新な視点からのものが登場している。李楊（1993）は西欧マルクス主義思想の精華を援用しつつ、毛沢東時代の社会主義リアリズムを「叙事」「叙情」「象徴」から論じたものである。洪子誠（1998）は「百年中国文学総系」の1冊として刊行された百家争鳴・百花斉放（「双百」）時期の文学現象に対する論考である。賀桂梅（2003）は、延安の文学経験が全国的に普遍化されてゆく歴史の大転換期における5人の作家の反応を「典型」として論述している。また、李楊（2006）では「林海雪原」「紅旗譜」「青春之歌」「創業史」などの50年代から70年代の「経典」作品を再読し、中国文学史における再定義を目指した。李蓉（2014）は、「建国17年」期の文学作品における身体に関する言説を研究したものである。

李潔非・楊劼（2011）は人民共和国における文学の生産方式を「文学体制」「政策と監督」「文学団体」「文学会議」などの分野から総括的に分析を加えた研究である。張均（2011）は毛沢東時代に限定し、「組織」「出版」「批評」「受容」にまつわる各体制の構築とそれらが文学にもたらした変化について論及している。王秀濤（2013）は文学制度と刊行物などの普及制度との関係についての研究である。近年、文芸方面の主要な新聞・雑誌を取り上

げた研究も散見される。「17年」期の『人民文学』については李紅強（2009）があり、『文芸報』については人民共和国成立以降のものを対象にした武新軍（2010）が、「17年」期を対象にした謝波（2013）がある。

§ 史料紹介

（1）文学史著作、編年史、年表など

　刊行された文学史は、文学事象の歴史についての叙述であるとともに、それ自身が歴史的史料として存在している。王瑤『中国新文学史稿』上下（開明書店、1951〔上巻初版〕／新文芸出版社、1953〔上巻第二版、下巻初版〕）は、五四文学革命以降の新文学史であるが、人民共和国成立以降の文芸についても1952年までに言及し、下巻の付録として収めている。本書は1950年代の早い時期に刊行された文学史著作としてだけでなく、学術分野への政治の介入をうかがう史料としても重要である。本書は、1951年9月の上巻初版刊行直後から叙述の内容をめぐって全面的な批判座談会が開かれ、暫定的に刊行を認められるも、集団による著作での全面的改訂を求められることになった。1953年に著者による上巻の改訂版と下巻の初版が刊行されるも、1955年の胡風事件に関係して再び批判を受け、胡風に言及した箇所はことごとく削除、改筆され、著者は『文芸報』紙上で自己批判を行うことになった。本書への批判と改訂の経緯については、相浦杲による書評が『中国文学報』第1冊（京都大学、1954）に、相浦らによる索引が『新中国文学』第1～2号（大阪外国語大学、1955）に掲載されている。また、本書の改訂版は實藤惠秀、千田九一ほか『現代中国文学講義』全5巻（河出書房、1955～1956）として翻訳されている。

　人民共和国成立後の文学を当代文学史として扱ったのは山東大学中文系『中国当代文学史』上巻（山東人民出版社、1960）が初めてだとされる。中国科学院文学研究所10年来的新中国文学編写組『10年来的新中国文学』（作家出版社、1963）は、「建国10周年」を記念して編集された。人民共和国成立10

年来の文学状況について、小説、詩歌、話劇と新歌劇、児童文学などとジャンルごとに叙述している。巻末に「十年来的新中国文学紀事」がある。現時点における当代文学史著作の定番として、陳思和編『中国当代文学史教程』（復旦大学出版社、1999）、洪子誠『中国当代文学史』（北京大学出版社、1999）、鄭万鵬『中国当代文学史』（北京語言文化大学出版社、2000）、孟繁華・程光煒『中国当代文学発展史』修訂版（北京大学出版社、2011）を挙げておく。なお、洪子誠と鄭万鵬のものには邦訳もある。また、洪子誠編『中国当代文学史・史料選』上下巻（長江文芸出版社、2002）は、同氏『中国当代文学史』と併せて使用することを想定して刊行されたもので、1945年〜1999年を網羅している。類書に謝冕・洪子誠編『中国当代文学史料選：1948〜1975』（北京大学出版社、1995）がある。

張健編『中国当代文学編年史』全10巻（山東文芸出版社、2012）は編年体を採用した文学史である。6つに時期区分がなされていて、1950年代を含むのは第1部の「17年文学」期（1949年7月〜1965年12月）全3巻のうち2巻分と、第6部「台港澳文学」の1巻である。各部の冒頭には各時期の文学の展開や特徴についての緒論が置かれ、各巻の末尾には主要作家の人名索引が附されている。作家の伝記的な事柄は、人民共和国成立後、初めて作品を発表したり重大な活動に参加したりした際に簡潔に記されている。主要な作家の評価についてはその死去時に、主要な文学作品や文学現象、事件についてはその都度取り上げて、複数の史料の要約によって解説されている。

竹内実編『中国近現代論争年表：1895〜1989』上下巻（同朋舎出版、1992）は、京都大学人文科学研究所の現代中国研究部門での共同研究報告である。思想、歴史学、経済学、文学芸術の諸分野にわたる批判運動も含めた論争を年表の形式で配列したものである。各論争には見出しを設けて、主要な論文を挙げて、執筆者名、論文名、掲載誌とその期号を示して、内容についても要約をもって示し、主なものには執筆者による解説が付けられている。第四次文代会籌備起草組『60年文芸大事記：1919〜1979』（文化部文学芸術研究院理論政策研究室、1979）は、第4回文代大会の開催に併せて編集された文学芸

術方面の大事記。マカオで刊行された影印版もある。

　文学年鑑についてであるが、中国で発行されたものでは『中国文学研究年鑑』が1981年からのものしかない（1991～1992年版から『中国文学年鑑』に書名変更）。日本では中国研究所による『中国年鑑』（1955～）に各年の動向についての記事が掲載されている。

（2）研究目録
　日本における研究状況を知るには、まず次の2点を挙げる。石川梅次郎監修『中国文学研究文献要覧：1945～1977』戦後編（日外アソシエーツ、1979）は古典文学研究も含んでいたが、藤井省三監修『中国文学研究文献要覧：近現代文学（1978～2008）』（日外アソシエーツ、2010）では「古典文学」と巻を分けている。

　阿部幸夫・松井博光編『中国現代文学研究の深化と現状：日本における中国文学（現代／当代）研究文献目録（1977～1986）』（東方書店、1988）は、逐次刊行物と書籍・単行本を収録している。そもそも前掲書『1945～1977』戦後編と併用することを念頭に置いて刊行された。解題において現代と当代に分けて10年間の研究状況が分析されているのがユニークである。

　孫立川・王順洪編『日本研究中国現当代文学論著索引：1919～1989』（北京大学出版社、1991）は、日本で刊行された各種研究文献目録をもとに編集された。「文学史研究」「文学運動・論争・社団・流派・思想研究」「作家作品研究」「工具書など」に分類されているので便利であるが、文献名がすべて中国語に翻訳されているので注意を要する。

　また、伝記や回想録に加えて、年譜、著作目録などについても採録した目録に近代中国文壇史研究会『中国近現代文学者伝記、回想書、中国近現代文学者年譜、著作目録等目録（日本語・中国語）』（北海道大学文学部中国文学研究室、1986）がある。

　言うまでもないことだが、完全な研究文献目録など存在しない。これらを利用するにあたっては採録の基準などを確認すべきである。

（3）文芸団体会議、個別の論争、批判運動についての史料集

　1950年代に開催された中華全国（中国）文学芸術工作者代表大会に関する史料として以下の3点を挙げる。

　中華全国文学芸術工作者代表大会宣伝処編『中華全国文学芸術工作者代表大会紀念文集』（新華書店、1950）は1949年7月2日～19日にわたり北平（北京）で開催された中華全国文学芸術工作者代表大会（第1回文代大会）を記念して刊行されたものである。毛沢東、朱徳、董必武、陸定一、陳伯達による政治指導者の講話、準備過程や郭沫若による開幕・閉幕の辞、大会決議を含めた大会紀要、各地代表団や大会主席団などの名簿、大会期間中に公演があった戯劇、音楽、舞踏の演目と出演団体などの公演目録を収めている。中国文学芸術界聯合会編『中国文学芸術工作者第2次代表大会資料』（中国文学芸術界聯合会、1953）、人民文学出版社編『中国文学芸術工作者第3次代表大会文件』（人民文学出版社、1960）は、それぞれ第2回、第3回文代大会についてのものである。また、第2回文代大会における報告や発言のうち『文芸報』『人民文学』に発表されたものを網羅して日本語訳したものに、中国文学芸術研究会『郭沫若・周揚・茅盾、他　文学・芸術の繁栄のために：中国文学・芸術工作者第2回代表大会報告集』（駿台社、1954）がある。

　中国作家協会編『中国作家協会第2次理事会会議（拡大）報告発言集』（人民文学出版社、1956）は、1956年2月27日～3月6日に開催された会議の報告発言集である。この会議では、過去数年来継続してきた胡風批判をはじめとする思想闘争をいったん総括することを目的として、社会主義文学事業の振興を目指した今後10年間の活動綱要が討議された。

　北京師範大学中文系現代文学教学改革小組編『中国現代文学史参考資料』全3巻（高等教育出版社、1959〔大安による影印版は1968〕）は、1950年代に刊行された五四以来の文学運動、論争・批判運動についての史料集。高等教育機関における教育と研究のために編纂された。論争・批判運動については対立する双方を「正面資料」「反面資料」として挙げている。「社会主義革命と建設時期の文学：1949～1958」を第3巻に充て、毛沢東文芸路線の貫徹、「武

訓伝」批判、胡風批判、「双百」方針、反右派闘争、革命リアリズムと革命ロマンチシズムの結合までを網羅する。影印版もあり、日本の研究者によく参照された。

　樋口進・秋吉久紀夫による『中国近代文学を理解するための試論』シリーズ全4巻（中国文学評論社、1964〜1968）は、近代中国の文学の実体を把握しようとするならば、個々の作品、個々の作家の研究と併せて、総体的な運動の諸様相の研究こそが不可欠であるという認識の下に進められた論考と、それに関連する史料集である。このシリーズのその2（1965）とその4（1968）は、秋吉久紀夫編『中国での文学運動の展開資料』全3巻（「中国文学評論社、1969〜1971）と秋吉久紀夫編『江西蘇区文学運動資料集』（「東洋学文献センター叢刊」第24輯、東洋文化研究所附属東洋学研究情報センター、1976〔汲古書院より影印版、1979〕）⁽¹⁾と併せられ、その成果は本章研究状況部分で挙げた『近代中国文学運動の研究』（九州大学出版会、1979）として結実する。また、同シリーズのその1（1964）は人民共和国成立後の文学論争に関する史料を胡風、阿瓏、路翎、艾青、巴金、何其芳、巴人といった作家ごとにまとめたものであり、その3（1966）は「革命的リアリズムと革命的ロマンチシズムの結合」について、郭沫若、周揚、茅盾、毛沢東などの発言と文章を収録した史料集である。

　各批判運動・思想闘争関連の史料としては、張明編『武訓研究資料大全』（山東大学出版社、1992）、作家出版社編輯部編『胡風文芸思想批判論文彙集』全6巻（作家出版社、1955）、人民日報編輯部編『関於胡風反革命集団的材料』（人民出版社、1955）がある。また、内閣官房内閣調査室編集『中共：人民内部の矛盾と整風運動』（大蔵省印刷局、1957）は、1957年2月から7月までの百花斉放から反右派闘争への変遷を詳細に追ったものである。総説、実況、重要言論総覧、運動経過一覧表を収めた本編と資料編の2部から構成される。運動の意義、要因、歴史的背景などが非常に緻密に分析されており、右派分子関連図、民主諸党派一覧表などの図表に加えて、党・政府側と右派側の言論をまとめた史料部分などは、今においても有用である。

批判運動・思想闘争のたびに指導的役割を果たした周揚については、丸山昇編『周揚著訳論文・周揚批判文献目録』(「東洋学文献センター叢刊」第4輯、東洋文化研究所附属東洋学研究情報センター、1969) がある。

蘭州大学図書館編『文芸資料索引：1949〜1954』第1輯 (甘粛人民出版社、1957) は、小冊子ながらも「文芸政策」「文芸理論」「文芸批評」「作家研究」「作品研究」「文学史資料」などに分類し、武訓伝、紅楼夢研究、資産階級思想・胡適文芸思想に対する批判運動なども網羅した文献目録である。続編の『文芸資料索引：1955』第2輯 (甘粛人民出版社、1957) では、付録として「胡風反革命集団粉砕に関する資料」も掲載している。福建師範学院中文系中国現代文学教研組資料室編『中国現代文学作家作品評論資料索引』(出版社未詳、1961) は、人民共和国成立以来1959年12月までに中国国内の刊行物に発表された中国現代の主要な作家、作品評論研究論考の目録索引である。毛沢東と魯迅の資料目録を巻頭に置き、その他の作家は筆画順に配置している。大安による影印版 (1967) がある。

中国研究所『アジア経済旬報』に連載したものをまとめたものに竹中憲一『中国文芸理論に関する文献解題・総目録：1949－1966』(不二出版、1983) がある。筆者が北京図書館、北京師範大学、北京外国語学院の図書館を回り原本にあたりながら採録したもので、各文献に50字程度の解題が付されている。付録の「解放後 (1949年〜1966年) 文学理論、文学評論、文学創作、文学史に関する総目録」は『全国新書目』を手がかりに編集された。

陳平原ほか編『20世紀中国小説理論資料』全5巻 (北京大学出版社、1989〔第1巻〕／1997〔第2〜5巻〕)。は小説理論に関する史料集。第5巻が1949年〜1976年をカバーする。個別作品の評論、作品集の序跋、創作談、作品や理論関連の論争文献などを収録している。

(4) 作家別研究史料集について

近年刊行された『中国当代作家研究資料叢書』には、宋炳輝・張毅編『王蒙研究資料』上下巻 (天津人民出版社、2009) や李向東・王増如編『丁玲年譜

長編』上下巻（天津人民出版社、2006）、孫玉蓉編『兪平伯年譜』（天津人民出版社、2001）があるが、当代文学研究のための史料叢書としては、まず『中国当代文学研究資料叢書』に当たりたい。杭州大学、蘇州大学など30余りの研究単位の共同編集で、1981年以降、江蘇人民出版社など様々な出版社から刊行されている。個別の作家名を冠した『作家研究専集』（複数名による『合集』もある）を中心に200名近くを収録し、作家の経歴、著作年譜、主要な評論、関連文献目録や索引などからなる。その他にも牛運清編『長編小説研究専集』上中下巻（山東大学出版社、1990）のように体裁によるものもある。人民共和国成立をはさんで活躍した巴金、曹禺、郭沫若、茅盾、夏衍、趙樹理、蕭乾などの作家については、後述の『中国現代文学史資料彙編』からも刊行されている。

　『中国現代文学史資料彙編』は、統一された編集規程に則って1980年代初頭から約20年間にわたり80種以上刊行された。甲種、乙種、丙種に分類され、甲種『中国現代文学運動・論争・社団資料叢書』には、主要な文学流派、社団についてのもののほかに、徐廼翔編『文学的"民族形式"討論資料』（広西人民出版社、1986）、汪木蘭ほか編『蘇区文芸運動資料』（上海文芸出版社、1985）、文振庭編『文芸大衆化問題討論資料』（上海文芸出版社、1987）など1950年代の中国文学を考察する際にも関連してくる文学運動、思潮、論争についてのものがある。乙種は『中国現代作家作品研究資料叢書』で、主に個別の作家名を冠した研究史料集。丙種には『中国現代文学書刊資料叢書』として、唐沅ほか編『中国現代文学期刊目録彙編』上下（天津人民出版社、1988）、徐廼翔ほか編『中国現代文学作者筆名録』（湖南文芸出版社、1988）があるので、適宜参照すべきである。また本叢書は刊行されてから時間が経ち、入手困難なものもあったが、未刊行のものも加えられ、『中国文学史資料全編』現代巻として、近年、知識産権出版社から刊行された。本シリーズの刊行後、古代巻、近代巻、当代巻の編集作業が行われる予定だという。

（5）雑誌、新聞について

　中国作家協会の主管する文芸評論紙である『文芸報』（1949～1966、1978～）は、現在は週3回発行だが、月刊誌、半月刊誌、週刊紙など時期により刊行頻度に異動があるので注意されたい。1950年代の文芸界の動向を確認できる史料であるが、編集部の「ブルジョワ的傾向」が度々批判の的とされた。『人民文学』（1949～1966、1976～）は文革後の一時期を除き月刊。現在は人民文学雑誌社によるが、短篇小説を中心に詩歌、散文、報告文学、評論などを掲載する。1950年代においては主要な短篇小説の掲載媒体であった。『新観察』（1950～1989）は、知識人と機関幹部を主な読者対象とした総合誌である。内容は政治、経済、文化、教育、芸術など各方面にわたり、新しい事物や状況の紹介に努めた。

　地方発行の文芸誌には、もと『文芸月報』（1953～1959）として創刊された『上海文学』（1953～1964、1977～）や『北京文学』（1955～1966、1972～）のほかに、中長篇小説が主体だが、短篇小説、話劇脚本、映画シナリオ、散文、詩歌や評論も掲載する上海の『収穫』（1957～1960、1964～1966、1979～）湖北省（武漢）の『長江文芸』（1949～1960、1961～1966、1978～）、河北省（保定）の『河北文学』（1949～1960、1961～1966、1973～1983）などがある。雑誌は頻繁に名前が変わることもあるので注意したい。例えば、1950年創刊の『江西文芸』（江西省文聯主管）は、1957年に『星火』と改名されるが、1974年～1978年の間は『江西文芸』になり、1979年以降再び『星火』に戻っている。

　研究誌『文学研究』（1957～1966、1978～）は、国内外の作家の紹介、作品や文芸理論の研究論考を掲載する。1959年以降は『文学評論』と改名されている。『新文学史料』は、もとは内部発行の季刊の叢書として1978年11月北京で創刊された。中国現代文学に関する史料を主とするが、現代作家の回想録や伝記のほか、文学論争、文芸思潮、文芸団体、流派、刊行物、作家、作品などに関する史料、それについての調査、インタビュー、研究論考などに加えて、過去に発表された重要でありながら目にすることのできなかった史料や文物の写真なども掲載する。また、『中国現代文学研究叢刊』（1979

〜)、『当代文学研究叢刊』（1980〜）なども参照したい。

（6）作品集・文集

中国新文学大系編輯委員会編『中国新文学大系：1949〜1976』全20巻（上海文芸出版社、1997）は、趙家璧編『中国新文学大系』（上海良友図書公司、1935〜1936）に倣って編纂された年代ごとのアンソロジーである。ジャンルごとに巻を立て、第19〜20集が史料・索引巻である。

1980年代以降、各作家の文集、全集があいついで刊行された。1950年代の文学に関連するものとしては、『周揚文集』全4巻（人民文学出版社、1984）、『雪峰文集』全4巻（人民文学出版社、1981〜1985）、『胡風全集』全11巻（湖北人民出版社、1999〜2014）、『丁玲全集』全12巻（河北人民出版社、2001）、『趙樹理全集』全6巻（大衆文芸出版社、2006）、『周立波文集』全5巻（上海文芸出版社、1981〜1985）、『柳青文集』全4巻（人民文学出版社、2005）などがあろう。党中央宣伝部長であり、文芸政策の中心にいた人物の『陸定一文集』（人民文学出版社、1992）なども参考にしたい。

（7）作品翻訳

日本では、隣国における社会主義国家建設を羨望と共感の眼差しで眺める人が多かったこともあり、めざましい変化を遂げる中国の動向を知りたいという声に応える形で、同時代の文学作品の翻訳・紹介も精力的になされた。1950年代に発表された作品のうち、趙樹理『三里湾』（岡崎俊夫訳、新潮社、1957）、梁斌『燃え上がる大地　紅旗譜』（松井博光訳、至誠堂、1961〜1962）、周而復『上海の朝』（岡本隆三ほか訳、くろしお出版、1959〜1960）、楊沫『青春の歌』（島田政雄ほか訳、至誠堂、1960）などは比較的早く紹介されたものである。

また、現代文学のアンソロジーも以下のものが刊行されている。

奥野信太郎ほか編『現代中国文学全集』全15巻（河出書房、1954〜1958）は、作家ごとに巻をたてて五四以降の現代文学を紹介する。人民共和国成立

後のものとして『人民文学篇』では高玉宝、康濯、張天翼などの短篇を中心に、『黄谷柳篇』では「蝦球物語」を収める。小野忍ほか編『中国現代文学選集』全20巻（平凡社、1962〜1963）は、清末・五四前夜からの文学作品を体系的に紹介したもの。趙樹理「霊泉洞」、徐懐中「われら愛情の種をまく」、曲波「林海雪原」など、1950年代に発表された作品も含んでいる。小野忍ほか編『現代中国文学』全12巻（河出書房新社、1970〜1971）も同様に作家ごとに巻をたてるが、第12巻「評論・散文」では舒蕪「主観を論ず」と胡風「文芸問題に対する意見書」を収めている。

（8）伝記・回想録

　丸山昇は「文学者の暴論」と断りつつも、公文書・議事録の類と比較して、回想録の類のほうが、関係する個人の見解や態度の内容などに関しては、「事実は決して単純なものではなく、さまざまな要素・力が重なり合い、時には矛盾した要素が複雑に作用したものであることがより細かく明らかにされる場合も少なくないのではないか」と、歴史の理解における有効性に言及している[2]。

　1950年代に吹き荒れた批判運動、思想闘争の嵐に翻弄された当事者たちによる自伝や回想録が我々の目にとまるようになったのは、やはり文化大革命が収束してからのことである。雑誌『新文学史料』は、1984年第1期から1990年第3期まで、合計26回にわたって胡風の回想録を連載した（胡風は1984年12月逝去。夫人である梅志と家族により胡風の遺稿を整理して発表）。その連載を底本として翻訳したものが南雲智監訳『胡風回想録』（論創社、1997）である。中国で刊行された『胡風回憶録』（人民文学出版社、1993）とは多少内容に異同があることには注意が必要である。また、胡風夫人による回想録に梅志『往事如煙：胡風沈冤録』（生活・読書・新知三聯書店、1987）がある。関根謙『胡風追想：往事、煙の如し』（東方書店、1991）はその邦訳である。なお、胡風自身による回想録は1948年末で終わっており、梅志によるものも文化大革命時期を中心としている。

胡風と「胡風集団」についての評伝として、李輝『胡風集団冤案始末』（人民日報出版社、1989）がある。はじめ文芸雑誌『百花洲』（1988年第4期）に「文壇悲歌」として発表されたものに加筆訂正の上、単行本化された。邦訳に千野拓政・平井博『囚われた文学者たち　毛沢東と胡風事件』上下巻（岩波書店、1996）がある。

　『懶尋旧夢録』（生活・読書・新知三聯書店、1985／2000〔増補版〕）は、1920年代に日本に留学した経歴を持ち、帰国後は魯迅と共に左翼作家聯盟の指導にあたり、抗日戦争期はジャーナリストとしても活躍した夏衍の自伝。人民共和国成立後は文化部副部長など文学芸術界の要職を歴任した。邦訳は当初、阿部幸夫『日本回憶：夏衍自伝』（原著「自序」と第1～3章、東方書店（以下同様）、1987）、『上海に燃ゆ：夏衍自伝』（第4～5章、1989）、『ペンと戦争：夏衍自伝』（第6章、1988）までが刊行されていたが、『上海解放：夏衍自伝　終章』（2015）で、第7章と増補版の「新たな跋渉」「武訓伝批判と私」の2章を収めて完結した。

　従維熙『走向混沌：反右回憶録、労改隊紀事』（作家出版社、1989）は、「右派」として自身が苛烈な批判闘争にかけられた反右派闘争の時期と、その後収容された労働改造所での日々を回想したものである。邦訳に柴田清継『ある「右派」作家の回想』（学生社、1992）がある。また、のちに「夢断"桃花源"」「離離"原上草"」を加えて『走向混沌：三部曲』（中国社会科学出版社、1998）として刊行されている。

　蕭乾『未帯地図的旅人：蕭乾回想録』（香江出版社、1988）は、第二次世界大戦期に『大公報』のヨーロッパ駐在記者として活躍し、人民共和国成立後は英文版『人民中国』の副編集長や『訳文』『文芸報』の編集委員をつとめるが、反右派闘争の際「右派」とされ、文化大革命中も迫害を受けた蕭乾の回想録。邦訳に丸山昇ほか『地図を持たない旅人』上下巻（花伝社、1992～93）がある。

　『劉賓雁自伝』（時報文化出版社、1989／新光出版社、1990）はジャーナリストでもあり作家でもある劉賓雁の自伝である。ただし、朱洪訳の英語版Liu,

Binyan, *A Higher Kind of Loyalty: a memoir by China's foremost journalist*, Pantheon Books, 1990が著者にとっての完成版であるとのこと。鈴木博訳『劉賓雁自伝』(みすず書房、1991) がある。劉賓雁は、ルポルタージュ「在橋梁工地上」「本報内部消息」(ともに1956) では社会主義体制下の問題点を批判的に描き、大きな反響を得たが、やがて「右派」とされ批判を受ける。名誉回復後も多くの作品で共産党とその政策を批判し、再度党籍を剥奪された。1989年以降、亡命先のアメリカで民主化運動を支持する言論活動に度々参加した。

銭理群『毛沢東時代和後毛沢東時代 (1949〜2009):別一種歴史書写』上下巻 (聯経出版、2012) は、魯迅、周作人の研究で著名な現代文学研究者による中華人民共和国史であり、同時に著者自身の個人史でもある。著者は自らの生年である1939年を、毛沢東が共産党内での指導的地位を固めた年であるとし、毛沢東と人民共和国に知識人としての自らの人生を重ねてその歩みを語っている。阿部幹雄ほか訳『毛沢東と中国:ある知識人による中華人民共和国史』上下 (青土社、2012) がある。

(9) 台湾文学

第二次大戦後、台湾を接収した中華民国政府は、1946年10月には新聞雑誌の日本語の使用を禁止するなど、社会のあらゆる場面からの「脱日本化」と「中国化」を推し進めることになる。社会の激変に適応する術を持たない台湾人作家の多くは、自己の創作を見直すことも、言語の障害を直ちに克服することもかなわず、次々と筆を折ることになる。

中華民国政府は中国共産党との内戦に敗れて台湾に遷移したあと、国共内戦における敗因の一つとして、文芸宣伝工作の面で共産党側に大いに劣っていたことを認識するに至った。1950年には文芸界の人士が組織され、「反共抗ソ国土回復の任務を全うする」ことを謳う中国文芸協会が設立され、彼等に「文章による報国」を誓わせた。また、軍内における文芸による思想教化を目指して、軍中文芸運動、戦闘文芸運動があいついで展開されることになっ

た。なお、魯迅をはじめとする大陸の1930年代の作家と作品は、以後40年間にわたって発禁に処された。

　台湾文学の通史としては以下の3点を挙げたい。

　葉石濤『台湾文学史綱』（文学界雑誌社、1987）は、戒厳令下に刊行されながらも、戦前から現在に至る台湾文学の流れをトータルに論じた初めての台湾文学史論である。葉石濤は戦中、戦後を通して文学活動を行った作家で、評論とともに小説、エッセイ、翻訳などの著作がある。中島利郎ほか訳『台湾文学史』（研文出版、2000）がある。

　彭瑞金『台湾新文学運動40年』（自立晩報社、1991）は、戦後40年間を中心とした台湾文学の歴史を、台湾の土地と人民に依拠した「台湾文学の本土化」を目指す観点から描く。邦訳は中島利郎ほか『台湾新文学運動40年』（東方書店、2005）であり、巻末には文学運動、論争、文学社団、刊行物、文学者についての詳細な注釈がついている。

　陳芳明『台湾新文学史』（聯経出版、2011）は、百年に及ぶ台湾新文学の発展を描いた文学史である。前述2点よりも後で書かれたこともあり、言及される事項や作家、作品の数が多く、網羅的である。邦訳に、下村作次郎ほか『台湾新文学史』上下巻（東方書店、2015）があり、巻末に「日本における台湾文学出版目録（1954年～2015年）」を付録として収めている。

　また、1950年代の反共・戦闘文芸については、文化部の指導する事業として2010年から始められた「台湾文学史長編」シリーズの1巻として刊行された陳康芬『断裂与生成：台湾50年代的反共／戦闘文芸』（国立台湾文学館、2012）が詳しい。

　下村作次郎『文学で読む台湾』（田畑書店、1994）は「植民地統治時代」「戦後初期」「現代」の各年代に分けて台湾文学を論じたものである。1950年代の文学状況についての論考が欠けていたりもするが、現在においても台湾文学について学ぶ者にとっては必携書であることには変わりはない。付録として収められた文献目録「戦後日本における台湾文学研究」と「台湾文学略年表」（1894～1993）は非常に有用である。

また、小山三郎『台湾現代文学の考察：現代作家と政治』（知泉書館、2008）には、1950年代台湾において、言論と民主自由を追究した雑誌『自由中国』とそれに関与した知識人についての論考を含んでおり、上掲書と併せて参照されたい。

　『台湾文学年鑑』は1996年から編纂された年鑑である。何度かの変遷を経て2006年以降は国立台湾文学館による刊行である。国立台湾文学館は2003年10月に正式に開館。多元的に台湾文学に関する展示を行っているほか、文学史料の収集所蔵や刊行も行う研究拠点である。年度ごとの出版状況や研究動向に加えて、台湾における修士論文、博士論文の目録も掲載されている。台湾文学館のWebページから検索、閲覧も可能である。

　台湾文学発展基金会編『台湾現当代作家研究資料彙編』（国立台湾文学館、2011～）は、台湾現代作家研究のための史料集で、陳建忠編『01頼和』（2011）から2015年末までに5シリーズ全80巻が刊行されている。

　『文訊』は1983年、国民党中央文化工作会によって創刊された文学雑誌である。2003年に停刊の危機に見舞われるが現在は財団法人台湾文学発展基金会によって刊行されている（月刊）。毎号組まれる特集の他に、作家の訪問記やエッセイ、研究論考、文学史料、書評、内外の台湾文学研究動向、文学関連イベント情報や研究目録（例えば「有関台湾文学研究的博碩士論文分類目録（1960～2000）」（総185号、2001）とその続編（総205号、2002）など）が掲載される。

【注】
（1）　秋吉久紀夫編『江西蘇区文学運動資料集』（1976）は、『江西蘇区での詩歌運動関係資料』（1968）刊行後に、新たに発見した史料の概要と、戯劇運動についてまとめたもので、収録された『青年実話』『党的建設』『紅色中華』などの本文は、東洋文庫所蔵のマイクロフィルム「陳誠コレクション」が底本となっている。
（2）　丸山昇「「建国後17年」の文化思想政策と知識人」（小谷一郎ほか編『転形期における中国の知識人』汲古書院、1999）

第12章　ジェンダー史
―― 家族・動員・身体 ――

小浜正子

§研究状況

　人民共和国の成立は、中国社会のジェンダー秩序にも大きな変動をもたらした。とはいえ中国で「ジェンダー（社会性別）」の概念が知られるようになったのは比較的最近であり[1]、「ジェンダー史」と銘打った史資料集や研究はいまだ多くはない。そのため本章では、一方の性別に注目する女性史・男性史をも含めた研究と史料の状況を紹介する。

　現在までに中国ジェンダー史研究が最も盛んなのは英語圏だが、その集大成と言えるマン（Mann, Susan 2010〔2015〕）は、人民共和国成立後のジェンダー／セクシャリティ・システムの変化についてもまとめている。中国女性史研究の嚆矢である小野和子（1978）は、人民共和国の成立を女性解放史上の画期として高く評価したが、30年後に刊行された末次玲子（2009）は、政権の主導する女性解放の正負の両面を論じた。中国女性史研究会編（2004）および関西中国女性史研究会編（2014）は、全体を概観するのに便利である。男性史は女性史に比して大きく遅れているが、中国の男性性と男性研究についてはロウイ（Louie, Kam 2002）や方剛（2008）があり、男性史の通史であるヒンチ（Hinsch, Bret 2013）の最終章は人民共和国期を扱う。

　1950年6月に公布施行された婚姻法とその貫徹運動による家族改革は、現在に至る人民共和国のジェンダー秩序の基本を規定するものであった。早い時期にその過程を明らかにしたものに小野和子（1977）があり、ステイシー（Stacey, Judith 1983〔1990〕）は党を大家父長とする民主的な小家父長制の家

族が再建されたとする。ディアマント（Diamant, Neil J. 2000）は、都市と農村におけるその展開過程の違いを論じた。また、白水紀子（2001）は20世紀の中国家族の変化を論じ、瀬地山角（1996）は中国家族の特徴を他の東アジア地域と比較する。人民共和国初期、一夫一婦の異性愛結婚以外のセクシャリティは、さまざまに批判抑圧・非規範化されていったが、ハーシャター（Hershatter, Gail 1996）は各地で取り組まれた売買春廃絶運動をもその文脈で論じる。劉暁麗（2014）は運動の地域ごとの方式の違いを論じ、林紅（2007）は福州の例を詳細に解明した。地域の慣習として容認されていた非婚女性の共棲も廃止され、男性同性愛は1990年代までの間、犯罪化されることになった。

　中国社会の性別分業のあり方は、1950年代に女性が社会労働に参加するのが当然とされて大きく変化した。佟新（2003）は中国北方の、羅蘇文（2011）は上海の、それぞれの都市の女工にとって1950年代が個人と社会にどのような構造変化をもたらしたかを描き、ハーシャター（Hershatter, Gail 2011）は、農村の集団化の実態とどのように女性の労働参加の「モデル」が作られたかを活写する。また、1950年代には、全国の女性が婦女聯によって組織化されていったが、張済順（2015）は、上海の女性が居民委員会を通じて組織されてゆく様子を描いた。顧秀蓮編（2013）は、中華全国婦女聯合会による3巻本の1冊で、1949年から文革までの時期の女性運動史だが、運動の発展した1956年以前と党の一元的な指導の強くなった以後を区別する。

　人民共和国の政権は、保健医療衛生を整備する中で人の身体と生死に対する国家による掌握を進め、やがてそれを司らんとした。楊念群（2006）は、朝鮮戦争中のアメリカの「細菌戦」と愛国衛生運動による社会の組織化を論じ、羅梅君（Leutner, Mechthild 2001）、姚毅（2011）は、生死を司る医療システムなどの再編の様子を描く。また、のちの「一人っ子政策」につながる1950年代の計画出産の導入をめぐっては、小浜正子（2009a）、シェイピング（Scharping, Thomas 2003）、グリーンハル＆ウィンクラー（Greenhalgh, Susan and Winckler, Edwin A. 2005）、ホワイト（White, Tyrene 2006）があり、小浜正

子 (2009b) は、国家が計画出産を推進することがどのように正当化されていったかを論じる。

なお、王政・陳雁編 (2005) は1950年代のジェンダー構造の変容に関わる重要な研究を収める。また2012年から原則として年1冊刊行されている梁景和編『婚姻・家庭・性別研究』には、特に1949〜1966年の時期の、性倫理文化、服装、"家事労働"のディスコース等、興味深いテーマが論じられており、この分野の研究がまさに進展しつつあることがわかる。

植民地的近代における中国のジェンダー構造については、坂元ひろ子 (2004)、伊藤るり・坂元ひろ子・タニ・E・バーロウ編 (2010) が論じる。

その他、詳しい研究内容については、小浜正子・下倉渉・佐々木愛・高嶋航編『中国ジェンダー史研究入門』(京都大学学術出版会、近刊) を参照されたい。

§史料紹介

現在のところ、1950年代のジェンダー史に関するまとまった史料集はほとんどない。ジェンダーは社会のあらゆるところに構造化されているので、研究の際にはジェンダー・センシティブにあらゆる史料を読み解いてゆくしかない。女性史については、ある程度はまとまって史料があり、ここではそれを中心に紹介する。

(1) 婦女聯関係

中国共産党は、政権を支える大衆組織として中華全国民主婦女聯合会 (1958年に中華人民共和国全国婦女聯合会と改称。以後、ともに全国婦女聯と略記) を1949年7月に設立し、女性の動員・組織化を進めた。全国婦女聯の1953年の会員数は7600万人で、これは1020万人の中華全国区工会聯合会など他の大衆組織と比べてももっとも多く (劉暁麗 2014)、この時期、精力的に婦女工作が展開されて女性の組織化が進められたことがわかる。全国婦女聯は機関

誌『新中国婦女』（のち『中国婦女』と改称【解題1】）を発行した。傘下の婦女聯にも、北京市婦女聯による『北京婦女』（1949.11.5～1952.4.15）、上海市婦女籌備委員会による『現代婦女』（1949.11～1951.12）などの雑誌を発行したものがある。より多くの地方の婦女聯は、新聞の副刊の方式で刊行物を出版した。劉人鋒編『中国婦女報刊史研究』（中国社会科学出版社、2012）によれば、1949年から発行されていたものに、『東北日報』副刊の『東北婦女』（東北婦女聯合会）、『黒龍江日報』副刊の『労働婦女』（黒龍江婦聯籌備会）など9種、1950年創刊のものに『西安群衆日報』副刊の『西北婦女』（西北婦聯籌備会）、『天津日報』副刊の『天津婦女』（天津婦女聯合会）など20種があった。また、婦女工作にあたる婦女聯幹部のためには、『婦女工作』が1951年より不定期に刊行されていた（1960年7～12月休刊し、その後月刊となり1967年に休刊）。『中国婦女第1次全国代表大会』（新民主出版社、1949）は1949年10月に開催された同大会の、『中国婦女第3次全国代表大会重要文献』（中華人民共和国全国婦女聯合会、中国婦女雑誌社、1958）は1958年に開催された同第3次大会の記録である。

　当時、婦女工作を展開した際の文献やパンフレット類が、ある程度、東洋文庫にも残されている。中華全国民主婦女聯合会籌備委員会『中国解放区婦女運動文献』（新華書店、1949）、中華全国民主婦女聯合会宣伝教育部『中国婦女運動的重要文件』（人民出版社、1953）などである。中華全国民主婦女聯合会『婦女児童福利工作経験』（1952）、西南区民主婦女工作委員会福利部『農村託児工作参攷資料』（西南人民出版社、1952）、中華人民共和国全国婦女聯合会宣伝教育部『人民公社怎様積極辦好公共食堂』（農業出版社、1960）などからは、当時重点的に取り組まれていた課題がわかる。

　こうした文献やパンフレット類からは、女性動員を展開していた婦女聯指導部の考えが読み取れる。彼女たちの工作に対する反応などを、檔案や他の公刊史料などから調べることと併せれば、人民共和国初期のジェンダー秩序の変動について、各地の状況を明らかにすることが可能であろう。檔案類は、たとえば上海市檔案館には、C31の分類で上海市（民主）婦女聯合会関

係の檔案が保管されており、いきいきとした運動の展開過程を問題点も含めて知ることができる。こうした檔案類で調べることができるのは、多くは都市の運動だが、近年、民間史料が発掘・公開される中で、農村部の婦女工作の状況がわかるものが出てきた。1965年のものだが、華東師範大学中国当代史研究中心編『中国当代民間史料集刊』第1冊：門家荘大隊工作檔案（東方出版中心、2009）はそのような貴重な史料であり、今後さらにこのような史料が発掘されることを期待したい。

婚姻法貫徹運動は、婦女聯が先頭になって全国的に展開された運動であり、運動の中で配布された文献やパンフレット類がかなりある。東北人民政府司法部宣伝科『婚姻法宣伝手冊』（東北人民出版社、1951）、『貫徹婚姻法運動的重要文件』（人民出版社、1953）、中国新民主主義青年団西北工作委員会宣伝部・西北人民出版社編輯部共編『婚姻自主：故事集』（西北人民出版社、1953）、『論社会主義的愛情、婚姻和家庭』（青年出版社、1953）、などは、そのようなものであろう。宣伝に使われたポスターや連環画なども見受けられる。とはいえ、この運動に関するまとまった史料集は、あまりない。中国人民大学法律系内部編印『中華人民共和国婚姻法資料選編』第1冊（1982）というものがあるらしいが、未見である。運動の過程で、幹部の作風やら地域ごとの格差やら問題が噴出したことを考えれば、史料集は容易に刊行されないかもしれない。

婦女聯は、1980年代から精力的に史料集などを刊行している。最も網羅的なものは、中国婦女管理幹部学院編『中国婦女運動文献資料彙編』第2冊：1949〜1983（中国婦女出版社、1988）であろう。全国婦聯辦公庁編『中華全国婦女聯合会40年：1949〜1989』（中国婦女出版社、1991）は、婦女聯成立以来の大事記（重要事件一覧）・重要文書・全国および各地区婦聯歴代幹部名簿よりなり、編集に当たっては「力求保持史実原貌、一般不加評論」を旨としたといい、有用な史料集だろう。中華全国婦聯会婦女運動歴史研究室編『中国婦女運動歴史資料』全5冊（それぞれ1840〜1918年、1921〜1927年、1927〜1937年、1937〜1945年、1945〜1949年の時期を扱い、人民出版社または中国婦女出版社か

ら1986、1991年に刊行）は各時期の女性運動の基本文献を集めたもので、第5冊目の同『中国婦女運動歴史資料：1945〜1949』(人民出版社、1991)には、内戦期の解放区の状況や人民共和国成立前夜の動向などを知ることのできる史料が含まれている。

(2) 口述史料と個人文集

　文字を知る人の少なかった女性の歴史を復元するには、口述史料は重要な意味を持つ。要人へのインタビューだけでなく、一般の人々の文字に書かれてこなかった歴史をインタビューによって掘り起こすプロジェクトは、張辛欣・桑曄『北京人：一百的普通人的自述』(上海文芸出版社、1986)あたりが嚆矢となろうか。女性のライフヒストリーの聞き取りとしては、中国の女性学の創始者とされる李小江による「20世紀（中国）婦女口述史叢書」【解題2】が、多くの女性の人民共和国成立の前後をまたぐ人生の軌跡を記録している。また、程郁・朱易安『上海職業婦女口述史：1949年以前就業的群体』(広西師範大学出版社、2013)は、2010〜2013年に行われた民国期から上海で働いていた女性へのインタビューの記録集で、教員・女工・看護師・女中・農民などの女性たち19人の口述史を収める。女性のインタビュー集としては、他に、張暁『西江苗族婦女口述史研究』(貴州人民出版社、1997)、定宜庄『最後的記憶：十六位旗人婦女的口述歴史』(中国広播電視出版社、1999)などがある。

　個人の文集についてみると、これまでに公刊されている1950年代に関する女性のものは、宋慶齢『為新中国奮闘』(人民出版社、1952)、同『宋慶齢選集』(中華書局、1967)、『宋慶齢選集』上下（人民出版社、1992)、宋慶齢基金会・中国福利会編『宋慶齢書信集』上下、続集（人民出版社、1999)、鄧穎超『鄧穎超文集』(人民出版社、1994)、蔡暢等は、全国婦聯編『蔡暢、鄧穎超、康克清婦女解放運動文選：1938〜1987』(人民出版社、1988)といった党や国家の指導者のものにほぼ限られてきた。これらは、政策決定過程におけるその対応を、とりわけ男性幹部のそれと比較しつつ、研究する際に有用であ

る。一般の女性の残した文集や日記などは、人民共和国期のものはまだほとんど知られていないようだが、今後の発掘に期待したい。

(3) 地方志や統計史料集

　1980年代以降、各地で刊行された新編地方志の中の専題志には、『婦女志』や、また『婦（女）運（動）志』『婦（女）聯（合会）志』などが刊行されていることがある。例えば上海婦女志編纂委員会編『上海婦女志』（上海社会科学院出版社、2000）は、女性人口、婦女運動、婦女参政、婦女団体、工業・交通・建設系統婦女、商業・外貿・金融系統婦女、農業・農墾系統婦女、文学芸術・新聞出版・広播電視系統婦女、女子教育和婦女保健・文化事業、婦女与婚姻家庭、婦女服飾の各篇と各界人物171人の略伝および関連法規等の付録などに女性姓名索引を付した全779頁の、たいへん有用な史料である。これは独立した1冊だが陝西省地方志編纂委員会編『陝西省志』第62巻：婦女志のように、他の専題志と合冊になっているものもある。『婦（女）運（動）志』には延安の延安市婦女運動志編纂委員会編『延安市婦女運動志』（陝西人民出版社、2001）、『婦（女）聯（合会）志』には大連の大連市史志辦公室編『婦聯志』（大連出版社、2004）などがあり、北京地方志編纂委員会編『北京志・人民団体巻・婦女組織志』（北京出版社、2007）というものもあって、調査対象地域の地方志を調べてみることは必須といえる。

　中国に限らないが、統計類の取り方がしばしばジェンダー・センシティブでなく性別に無頓着なことはジェンダー研究の大きな障害である。そうした中で、中華全国婦女聯合会婦女研究所・陝西省婦女聯合会研究室編『中国婦女統計資料：1949〜1989』（中国統計出版社、1991）は、当該時期のジェンダー指標をさまざまな所から集めており、便利な一冊である。また、上海市婦女聯合会・上海社会科学院編『上海婦女60年発展報告』（上海社会科学出版社、2010）は、1949年以来の上海女性の社会参画・就業・教育・健康と保健・社会保障と福祉など各分野の統計データを豊富に掲載していて有用である。

(4) 生育史・衛生史・人口史

　ジェンダー史の重要な領域であるリプロダクション（生殖）に関わる母子保健や計画出産関係の基本史料、および関連する衛生史・人口史の基本的な史料について述べる。こうした社会的な存在としての身体に関わる歴史研究は、今後ますます注目され、新たな史料も発掘されると思われる。

　計画出産に関しては、まず彭珮雲編『中国計画生育全書』（中国人口出版社、1997）が基本史料として挙げられる。1950年代以来の法令、地方ごとの展開状況、統計などを網羅的に集めたB5版2段組全1400余頁の大冊である。史成礼『中国計画生育活動史』（新疆人民出版社、1988）は、早い時期からの大事記を含む。当代中国的計画生育事業編輯委員会編『当代中国的計画生育事業』（当代中国出版社、1992）も有用である。なお、専題志として『計画生育志』を刊行している新編地方志もある。

　人口史では、侯楊方『中国人口史：1910〜1953』第6巻（復旦大学出版社、2001）が1953年センサスのデータを活用して民国期から人民共和国成立時点までの状況を分析している。若林敬子・聶海松編『中国人口問題の年譜と統計：1949〜2012年』（御茶の水書房、2012）は、出所を明らかにしたわかりやすいデータを豊富に集めていて大変に便利。もちろん毎年出ている『中国人口統計年鑑』のデータが基本となるが、通時的に人口動態を捉えるには、王嗣均編『中国人口』（中国財政経済出版社、1987〜）は、総論および各省ごとの分冊になっていて、地域ごとに史料の精度に差はあるが概ね役に立ち、人民共和国初期について調べるには後で出た『世紀之交的中国人口』シリーズ（省ごとに刊行、各省の人口普査辦公室編、朱向東編、中国統計出版社、2005年）よりも有用である。陳勝利、安斯利・寇爾『中国各省生育率手冊：1940〜1990』（中国人口出版社、1992）には、貴重なデータが集められている。

　衛生史では、当代中国叢書編輯部編『当代中国的衛生事業』全2冊（中国社会科学出版社、1986）が、人民共和国成立以来の概要を知るには有用である。陳明光編『中国衛生法規史料選編：1912〜1949.9』（上海医科大学出版社、1996）は民国期のものだが、大変網羅的な基本史料といえる。地域ごと

第12章　ジェンダー史

の史料としては、王麗瑛編『北京衛生史料　婦幼衛生編：1949～1990』（北京科学技術出版社、1993）、上海衛生工作叢書編委会編『上海衛生：1949～1983』（上海科学技術出版社、1986）などがあり、それぞれに貴重な内容を含む。新編地方志にはおおむね『衛生志』が立てられており、上海衛生志編纂委員会編『上海衛生志』（上海社会科学出版社、1998）など、地域によって相当幅のある各地の状況がわかる。

§史料解題

1.『新中国婦女』（『中国婦女』）

　全国婦女聯の機関誌『新中国婦女』は、1949年7月創刊、月刊（ただし1958年7月～1960年末は半月刊）。1956年より『中国婦女』と改称し、1967年から休刊した（1978年に復刊し現在も刊行）。先行して1939年6月～1941年3月に延安の中共中央婦女運動委員会が『中国婦女』を2巻22期発行している。初期の『新中国婦女』は、ページ数は必ずしも多くないが（創刊号は50頁）、内容は女性解放、政治、歴史、地理、育児、女性問題、識字、生産知識、母子衛生と産児調節など多岐にわたっており、イデオロギー性は強いものの総合的な女性雑誌の様相を呈している。劉人鋒編（2012）は、1949～1966年の同誌は1957年までと1958年以後との二段階に分けられるが、第二段階ではその前に比べて内容が単調で女性工作の経験もあまり反映されなくなり階級闘争の色彩が濃くなっている、とする。なお、『中国婦女』は英文版も1956年から正式発行（1954年に試行版発行）されている。

2.「20世紀（中国）婦女口述史叢書」『譲女人自己説話』全4冊（生活・読書・新知三聯書店、2003）

　「20世紀（中国）婦女口述史叢書」は、李小江編『譲女人自己説話：文化尋綜』（生活・読書・新知三聯書店、2003。以下、いずれも同じ）、同『譲女人自己説話：民族叙事』、同『譲女人自己説話：親歴戦争』、同『譲女人自己説

話：独立的歴程』の４冊よりなる「20世紀（中国）婦女口述史」プロジェクトの成果である。1980年代に「婦女研究運動」として中国の女性学を立ち上げた李小江は、女性が自身を認識し自我を表現することを通してエンパワーすることを目標に1992年からこの民間学術プロジェクトを開始し、多くの協力者と国内外の研究基金を得て、600余人の中国女性のライフヒストリーを聞き取った。この叢書には代表的なものを収めるが、広東の「自梳女」、湖南の「女書」などの習俗の継承者、各少数民族の女性の生涯、女性兵士や日本軍「慰安婦」としての戦争の経験、各種の職業の先駆者といった、多様な中国女性の20世紀の歩みを見ることができる。

【注】
(1)　中国におけるジェンダー概念の導入とジェンダー研究の勃興については、秋山洋子等編訳（1998）、李小江（2000）、小浜正子・秋山洋子編（2016）の「第２部：北京国連女性会議から20年間の中国女性学」、秋山洋子「中国におけるフェミニズムと女性／ジェンダー研究の展開」（小浜正子・下倉渉・佐々木愛・高嶋航編『中国ジェンダー史研究入門』京都大学学術出版会、近刊）など参照のこと。

補論　電子史料とデータベースについて

大澤肇

　現代の歴史研究と地域研究には、電子史料やデータベースの使用は不可欠である。しかしながら、本書が対象とする人民共和国成立前後から1950年代末を対象とした電子史料やデータベースは、それほど多くはない。その理由は、以下の2点に求められるだろう。

　第1は、需要がそれほど大きくないことである。現代中国の経済的あるいは外交的、軍事的なプレゼンスの大きさから、現代中国の政治、経済、地理などの電子史料やデータベースの製作は盛んである。また、これらは需要が見込めることもあって、商業ベースで作られている例も少なくない。しかし、本書が対象とする時期を扱う電子史料やデータベースは、現代中国研究の政治学、経済学などでは取り扱われないことが多く、それほど多くのユーザーの需要があるわけでもない。

　第2は、著作権の問題である。中国において個人の著作権は、日本と同様に作者の死後50年間保護されることになっており、本書が対象とする時期についての多くの史料は著作権の保護期間であることが多い。これは少なからず電子史料やデータベースの作成およびコストに影響していると考えられる。中国については、「海賊版大国」というイメージが日本では根強いが、2016年になると、ドラマや映画化の権利をめぐって「著作権バブル」ともいえるような状況が一部では発生しつつあり、著作権をめぐる意識が浸透しているようである。

　とはいえ、人民共和国成立前後から1950年代末を対象とした電子史料やデータベースがまったく存在しないわけではない。本章では、有償のもの、無

償のものとわけて、関連するデータベースと電子史料の紹介、および、それらをめぐる問題について簡単に論じていきたい。また本章の最後に、地図・GIS関連のサイトについても簡単に紹介しておくので、参考にしていただきたい。

なお、この補論では、史料が電子画像あるいはテキストデータとして提供されているだけのものを「電子史料」、検索システムまで一体化されたものを「データベース」と呼ぶことにする。また、以下に紹介するデータベースの利用と公開状況は、すべて2016年7月末に確認がとれたものである。

§ 有償のデータベース

（1）中国現代政治運動史データベース（「中国当代政治運動史数拠庫」）

人民共和国成立前後から1950年代末までを対象とした電子史料やデータベースとして、有償ではあるが、まず一番に挙げなくてはならない。

この中国現代政治運動史データベースは、「中国50年代初期中期政治運動データベース・土地改革から国有化まで（「中国50年代初中期政治運動数拠庫・従土地改革到公私合営」）：1949～1956」「中国反右派運動データベース（「中国反右運動数拠庫」）：1957～」「中国大躍進・大飢餓データベース（「中国大躍進～大飢荒数拠庫」）：1958～1962」「中国文化大革命データベース（「中国文化大革命数拠庫」）：1966～1976」という独立した4つのサブ・データベースから構成されているが、いずれも責任者は宋永毅氏である。

宋永毅氏は1949年中国生まれ、1989年に渡米し、東アジア研究と図書館情報学の修士号を取得して、現在カリフォルニア州立大学ロサンゼルス校図書館に勤務する[1]。彼は「文革」データベースを作成するため骨董市場で史料収集中の1999年に、国家機密の不正取得の罪で逮捕されたが、アメリカ学界からの嘆願により5ヶ月あまりで釈放され、アメリカに帰国した[2]。本データベース以外にも、『文化大革命とその異端思想』（『文化大革命与它的異端思潮』）などの著作がある。

補論　電子史料とデータベースについて

中国現代政治運動史データベースのトップページ

　中国現代政治運動史データベースを含む「史料庫」の編集委員には、宋氏以外にも、郭建（元北京師範大学中文系教授、現ウィスコンシン大学教授）、丁抒（大躍進後の飢餓を告発した書籍『人禍』を出版）、周原（シカゴ大学東アジア図書館館長）、董国強（南京大学歴史系教授）、沈志佳（ワシントン大学東アジア図書館館長）、周沢浩（ヨーク大学図書館司書）、余習広、謝冰、冉雲飛（08憲章にも署名した人権派の作家）らが名を連ね、在米の中国人研究者やライブラリアンに加えて、中国国内で活躍する研究者や作家なども参加している。

　以下では、この4つのサブ・データベースのうち、本書の対象時期である、1950年代を中心とした3つのサブ・データベースについて、その特徴を解説しておきたい。

　「中国50年代初期中期政治運動データベース：1949～1956」は、2014年に、香港中文大学中国研究サービスセンターの技術的援助のもと、ハーバード大学フェアバンク中国研究センターから出版された。このデータベースは、1949年から1956年までを対象としているが、その前後の時期も含んでいる。データベース自体は、次のような8つのパートに分かれている。「中共中央と各級政府の文件と指示」「毛沢東の講話、指示と原稿」「中共党政指導者の講話と指示」「各主要新聞の社論と重要文章」「その他の重要な文章」「党

内と民間社会の不満、抵抗、反抗と関係する騒乱」「内部檔案：調査報告、政府の指示、統計など」「特殊檔案：取り調べ報告と処理結論など」である。収録されている史料は、各種の檔案、共産党発行の新聞と雑誌、政治家の文集、史料集などから合計9,089編であり、なかには公刊されていない史料も含まれている。

「中国反右派運動データベース：1957〜」は、2010年に香港中文大学中国研究サービスセンターより出版された。このデータベースも、1957年以降を対象としているが、その前後の時期についても収録されている。データベース自体は、以下の7つのパートに分かれている。「反右派運動と関係する政府側の文献」「反右派運動に関係する毛沢東の講話、指示と文章」「中共党政指導者の反右派運動に関する講話と指示」「『百家争鳴』の言論と反右派運動前後の重要な新聞の社論および、文章」「右派による重要な言論と文章」「反右派運動に関する重要な批判文章と報道」「反右派檔案：個人処理の結論、取り調べ報告と名誉回復」である。収録されている史料は、各種の檔案、共産党発行の新聞と雑誌、政治家の文集、史料集などから合計10,102編であり、なかには公刊されていない史料も含まれている。

「中国大躍進・大飢餓データベース：1958〜1962」は2013年に香港中文大学中国研究サービスセンターより出版された。このデータベースは、以下の8つのパートに分かれている。「中共中央と各級政府の大躍進・大飢餓に関する重要文献」「毛沢東の大躍進・大飢餓に関する講話、指示、草稿」「中共党政指導者の大躍進・大飢餓に関する講話と指示」「大躍進・大飢餓時期の重要な新聞の社論と文章」「大躍進・大飢餓時期のその他の重要な文章と報道」「党内と民間社会の不満、抵抗、反抗と関係する騒乱」「内部檔案：調査報告、政府の指示、統計など」「特殊檔案：取り調べ報告と処理結論など」。各パートに収録されている史料は、各種の檔案、『内部参考』、政治家の文集、史料集などから合計6,024編であり、なかには公刊されていない史料も含まれている。試しに、主題検索をおこなってみると、大躍進・大飢餓時期に、一部地域で「武装反乱」が起きていたことがわかり、実に興味深い。

補論　電子史料とデータベースについて

　3つのサブ・データベースは、操作方法自体は共通しており、主題検索（「人口、婚姻と家庭」「信陽事件（河南）」「総路線」など100種類以上のキーワードが設定されているがサブ・データベースごとに異なっている）、日付による検索、作者による検索、全文検索、発信者検索、地名検索などを組み合わせて、横断検索も可能となっている。このように、使い勝手のよい検索システムを備え、なおかつ出力した検索結果は、MS-Wordなどにすぐペーストすることができる。ただし、筆者の使用しているWindows10の日本語版では、メニュー画面で一部に文字化けが発生するという問題がある。

　こうした電子史料やデータベースは、管理や「陳腐化」（PCのOSのヴァージョンアップなどによって数年で使用不可になること）などの問題を抱えているために、図書館や研究機関が積極的に収集し、利用者に便宜を図っているとは言いがたい。それでも、たとえば東洋文庫には導入されており、閲覧室内の専用端末であれば、その個人版を利用できる（事前予約が必要）。

（2）CNKIおよびCNKIバックナンバー・アーカイブ

　CNKIとは、China National Knowledge Infrastructureの略称であり、中国で発行された1994年以降の主要雑誌の記事本体と学術論文本体が収録された大型データベースである。CNKIには学術雑誌類を収録したCAJ、年鑑類を収録したCYFD、統計類を収録したCSYD、会議論文（プロシーディングス）を収録したCPCD、学位論文を収録したCDMDなどのサブ・データベースがある。

　CNKIは中国における先行研究を把握する際には必須であるが、実際に導入されている大学や研究機関は、東京大学、北海道大学、名古屋大学、京都大学、大阪大学などのいわゆる旧帝国大学と、早稲田大学、中央大学、立教大学、日本大学など一部の私立大学に限られており、所属者等以外には開放されていない。ただし、国立国会図書館には設置されており、所定の手続きを済ませれば、誰でも利用できる。また、ページ単位での課金ダウンロードが可能な従量制アクセスカードが東方書店から発売されている。これを使え

CNKIの検索結果。検索だけならフリーである。本文ダウンロード時に課金される。

ば、自宅からのアクセスと本文ダウンロードも可能である。

　さらに本書が対象とする人民共和国成立前後から1950年代末の時期に着目してみると、CNKIには当時発行されていた重要な雑誌がバックナンバー・アーカイブとして電子化されており、研究環境の改善に大きく貢献している。たとえば『教育与職業』『科学通報』『人民教育』『天津教育』『安徽教育』『江蘇教育』といった教育・科学に分類される雑誌、『人民文学』といった文学に分類される雑誌、『中国金融』『中国統計』『中国財政』『経済研究』といった経済に分類される雑誌、『法学研究』『法学』『新聞戦線』といった法学やジャーナリズムに分類される雑誌などがある。また、『中華人民共和国国務院公報』や、江西省、山西省、山東省、湖南省、福建省、黒竜江省、甘粛省、陝西省、河南省、天津市、安徽省などの地方政府の公報も収録されている。

（3）人民日報データベース

　中国共産党中央の機関紙であり1948年に創刊された。改革開放以前は、研

補論　電子史料とデータベースについて

人民日報データベース。紙面も参照可能である。日本では文生書院株式会社が総代理店となっている。

究者が『人民日報』に掲載された記事の微妙な変化から、中国国内の情勢変化を読み取るほど重要視された新聞である。様々なメディアが発達した現在においては同紙の地位は揺らいでいるが、改革開放以前の人民共和国を研究する場合には、依然として重要度の高い史料である。

　本データベースは『人民日報』の前身である「晋冀魯豫版」（1946年5月）から現在までの記事を網羅しており、日付検索、著者検索、タイトル検索、全文検索が可能である。検索では＊（アスタリスク）を使うとAND検索が、スペースを入れるとOR検索が可能である。検索のたびに、中央サーバーにアクセスするためか、検索結果が出るまでに、少々時間がかかるときがある。

　日本国内では、九州大学、大阪大学などのいわゆる旧帝国大学と、早稲田大学、慶應義塾大学、近畿大学など一部の私立大学にしか導入されていない。しかし、国立国会図書館には設置されており、所定の手続きを済ませれば、誰でも利用できる。

165

中国人民政治協商会議資料庫。人民日報同様、文生書院株式会社が総代理店となっている。

(4) 中国人民政治協商会議資料庫、全国人民代表大会資料庫、中国共産党資料庫

　カナダのOriprobe社の提供するデータベース。単体での分類検索、日時による検索のほか、他データベースを通しての横断検索も可能である。「中国人民政治協商会議資料庫」と「全国人民代表大会資料庫」については、最新の会議までフォローされている。「中国共産党資料庫」については、毛沢東、周恩来、劉少奇、朱徳、任弼時の選集のほか、鄧小平と陳雲の文選、『中国共産党重要文件選集』『建国以来重要文献選編』といった重要な史料に加え、『3中全会以来重要文献選編』『新時期宗教工作文献選編』『新時期農業和農村工作重要文献選編』などの改革開放以降の史料も収録されている。

(5) 申報全文データベース（「申報全文数拠庫」）

　『申報』とは、19世紀後半から1949年まで上海等で発行されていた有力な民間紙の一つである。このデータベースは、約78年間におよぶ全27,534号のすべてのデータ（広告も含む）を、テキストとイメージ、双方で収録したものである。日本国内では東洋文庫閲覧室で利用が可能である（事前予約が必要）。

（6）民国時期雑誌全文データベース（「中文期刊全文資料庫」）、清末時期雑誌全文データベース（「晚清期刊全文数拠庫」）、大成旧雑誌全文データベース（「大成老旧刊全文数拠庫」）

民国時期雑誌全文データベース（「中文期刊全文資料庫」）は、上海図書館によって作成された。このデータベースは、1911年から1949年までの新聞、雑誌記事を約836万点収録している。もし清末について調査したいのであれば、清末時期雑誌全文データベース（「晚清期刊全文数拠庫」）が収録する1833年から1911年までの約28万点の新聞記事と雑誌記事を調べればよい。

これらのデータベースは、これまで紹介してきた他のデータベースとは異なって、本文を画像ファイルとして収録し、画像ファイルとメタデータ（目録データ）をリンクづけているのが特徴である。これらは非常に有用性の高いデータベースではあるが、残念ながら日本国内では東京大学でしか契約されていない。

ちなみに、大成旧雑誌全文データベース（「大成老旧刊全文数拠庫」）は、1912年から1949年までの雑誌を画像史料として検索できる有償データベースである。このデータベースは、民間企業によって作られた。

（7）CADAL

CADALとは、正式名称をChina Academic Digital Associative Libraryといい、2001年からアメリカ、中国、インドなどを中心に推し進められてきた国際電子図書館プロジェクト「Million Book Project Universal Digital Library」の一部である。第1期は2001から2006年にかけておこなわれ、アメリカの大学や中国政府の協力のもと、100万冊を超える書籍のデジタル化に成功した。第2期のデジタル化は2009年から2012年までおこなわれ、2015年12月現在、デジタル化した史料のデータは約275万冊で、このうちオンラインで約250万冊の史料を閲覧できる（著作権の保護期間が切れたものについては完全公開である。それ以外のものについては、加盟館内であれば閲覧できる）。

中国では、北京大学、浙江大学など70の大学・研究機関が加盟して、欧米

CADALのトップページ。

でもコロンビア大学、ハーバード大学などで使用可能であるが、現在、日本で利用できる研究機関は存在しない。とはいえ、世界的にも有数の規模の電子図書館であり、日本からも加盟の検討をしている機関もあると耳にする。また、CADAL側も、日本からの加盟を歓迎している模様である[3]。

§無償の電子史料とデータベース

（1）中国共産党史データベース（「党史資料庫」）

http://dangshi.people.com.cn/GB/234123/index.html

「中国共産党新聞・経典著作」ページ（『毛沢東選集』『劉少奇選集』『周恩来選集』『中共中央文件選集』『建国以来重要文献選編』などのテキストデータを収録）へのリンク、「中国共産党歴次全国代表大会数拠庫」（各回の党全国代表大会での主要発言を収録）へのリンク、「党史大事記」や「中華人民共和国大事記」のテキストデータへのリンクなどがあり、有用である。

（2）毛沢東デジタルライブラリー（「毛沢東数字図書館」）

http://www.mzdlib.com/Index.html

毛沢東に関する研究のポータルサイトであるが、ページ上部のバナーにある「毛沢東著作」をクリックした後、「毛沢東原著」をクリックすると、『毛沢東文集』や『毛沢東選集』を論文単位で読むことができる。

（3）中共政治エリートデータベース（「中共政治菁英資料庫」）

http://cped.nccu.edu.tw

台湾の政治大学が運営している。中国共産党の政治エリートについてのデータベースであり、収録人数は約9000人と幅広い。各人の学歴、職歴、出生および入党時期などを確認できる。

（4）China Vitae

http://www.chinavitae.com

アメリカの国際政治学者、中国研究者向けの、現代中国の人名データベース。基本的な収録範囲は1990年代以降に限定されるが、全国人民代表大会の指導部、中国人民政治協商会議の指導部、および一部地方の指導部については、1950年代から収録されている。

（5）中国国家デジタル図書館読者ポータル（「中国国家数字図書館読者門戸」）

http://mylib.nlc.cn/web/guest

中国の国立図書館である国家図書館は、デジタル化を強く推進している。一部の史料はネット上からも見ることができる。とくに、本サイトのページ左側にある「電子図書」「電子期刊」「電子報紙」、さらには「地方館資源」のなかにある「地方志」は有益である。

(6) 超星読書

http://book.chaoxing.com

「超星」は中国の民間電子図書館のパイオニアである。一部の書籍は無料で読むことができる。トップページを下にスクロールすると、右下にジャンルがあるので、そこから選ぶことができる。中国現代史に関わる書籍も、ごく一部ではあるが、収録されている。

(7) 漢籍電子文献・近代史全文データベース（「近代史全文資料庫」）

http://hanji.sinica.edu.tw

台湾の中央研究院近代史研究所がデジタル化した史料のうち、近代史全文データベースの一部は、一般公開をおこなっている。http://hanji.sinica.edu.twの画面左上にある「海外からの申請」（「近史所近代史全文資料庫海外人士申請表」）で手続きを済ませれば、すぐに利用できる。

本書の対象時期に密接に関連する史料としては、「近現代中国史事日誌」（『中華民国史事日誌』にある1912年から1949年までの詳細な年表が収録されている）、「総統蔣公大事長編初稿」（蔣介石の動静を年表風にまとめたもの）、「王世杰日記」（中国・台湾で活躍した政治家の日記）、「徐永昌日記」（中国・台湾で活躍した軍人の日記）、そして「朝鮮戦争：俄国檔案館的解密文件」（ロシアのアーカイブが所蔵している、朝鮮戦争関係のソ連公文書を歴史学者の沈志華が中国語に翻訳したもの）などが収録されている。

(8) 政治大学デジタルアーカイブス（「政大数位典蔵」）

http://cdm.lib.nccu.edu.tw/cdm/search

台湾の政治大学が所蔵するデジタルアーカイブである。なかには、「1949年以前における重要な新聞記事の切り抜き」（「民国38年前重要剪報」）史料群も含まれており、検索が可能である。

（9）国立公共情報図書館デジタルアーカイブサービスネット（「国立公共資訊図書館数位典蔵服務網」）

http://das.ntl.gov.tw/sp.asp?xdurl=sp.asp&spurl=xdcm/query_for_front/search/search_ad.jsp?dtd_id=000038&ctNode=344

台湾の国立図書館によるデジタルアーカイブ。「旧新聞」（「旧報紙」）を検索すれば、1950年代に台湾で発行されていた新聞記事の一部が閲覧できる。最も多いのが『正気中華報』（『金門日報』の前身）で、1954年から1957年までの記事16,299件が収録されている。

（10）香港旧新聞（「Old HK Newspaper」）

https://mmis.hkpl.gov.hk/old-hk-collection

『香港工商日報』『大公報』など、香港の古い新聞記事が検索可能である。ただし、全文がデジタル化されておらず、記事の見出しのみの検索となっている。

（11）ハーバード・イェンチン図書館所蔵民国時期文献デジタル化プロジェクト（「Harvard Yenching Library Chinese Republican Period (1911-1949) digitization project」）

http://hollis.harvard.edu

ハーバード大学図書館の統一検索システム「HOLLIS+」に「Harvard Yenching Library Chinese Republican Period (1911-1949) digitization project」と入力し検索をおこなうと、ハーバード・イェンチン図書館が所蔵する民国時期の中国語書籍のうち、著作権の切れた1,052冊について閲覧できる。

（12）中国外交政策データベース（CHINESE FOREIGN POLICY DATABASE）

http://digitalarchive.wilsoncenter.org/theme/chinese-foreign-policydatabase

アメリカのウィルソンセンターによって構築された中国の外交政策に関するデータベース。英訳された1,000件近くの原文史料と年表、写真などが連動して表示される。

(13) データベース「世界と日本」

http://www.ioc.u-tokyo.ac.jp/~worldjpn/index.html

東京大学東洋文化研究所田中明彦研究室が作成し公開しているサイト。日本外交がメインテーマのデータベースではあるが、日中関係や中国の安全保障政策に関する重要な文献もデジタルテキストとして収録されている。出典も明記されており、信頼性は極めて高い。

(14) 中国竜志ネット（「中国竜志網」）

http://www.zglz.gov.cn

黒竜江省の各種地方史および黒竜江省に属する市、区、県の各種地方史をオンラインで読める。

(15) 吉林省情報ネット（「吉林省情網」）

http://www.jlsq.gov.cn

トップページ中央下部から、省の各種地方史、吉林省に属する市、区、県の各種地方史をオンラインで閲覧できる。

(16) 北京記憶

http://www.bjmem.com

ページ中央にある「北京文彙」をクリックすれば、北京に関する1,200冊余りの地方史史料を、また、ページ中央右下の「昨日報章」をクリックすれば、1949年以前に北京で発行されていた新聞5種をオンラインで読むことができる。

(17) 北京市檔案ニュースネット（「北京市檔案信息網」）

http://www.bjma.org.cn/dafw/wscd/ywchd.ycs

1949年以前の北京市政府、市教育局、市社会局、市衛生局、電力会社の一部アーカイブを閲覧できる。

(18) 天津市地方史ネット（「天津市地方志網」）

http://www.tjdfz.org.cn

トップページの真ん中にある「天津通志」をクリックすると、天津の地方史の一部をオンラインで読める。

(19) 河南省情報ネット（「河南省情網」）

http://www.hnsqw.com.cn/sqsjk/

トップページ右上の「省情数拠庫」をクリックすると、河南省の地方史あるいは河南省にある一部の市、県の地方史をオンラインで読める。

(20) 陝西省地方情報ネット（「陝西省地情網」）

http://www.sxsdq.cn/dqzlk/index.htm

陝西省の各種地方史および陝西省に属する市、区、県の各種地方史をオンラインで読める。

(21) 上海通

http://www.shtong.gov.cn/newsite/node2/index.html

上海の地方史の全文データベース。上海市のみならず、上海市に属する区の地方史や、民国期の上海年鑑などもオンラインで閲覧できる。

(22) 浙江図書館所蔵新聞（「浙江図書館館蔵報紙」）

http://diglweb.zjlib.net.cn:8081/zjtsg/paper/paper_dl.htm

浙江省図書館で所蔵している新聞のうち、デジタル化された地元の『当代

日報』と『正報』という2つの新聞を、ネット上からPDF形式で確認できる。『当代日報』は、1949年6月1日から1954年8月3日までが公開されている。『正報』は、1937年1月1日から1949年4月13日までの一部が公開されている。

(23) 安徽地方史（「安徽地方志」）

http://www.ahdfz.gov.cn/web/Channel.aspx?chn=459

『安徽省志』や、安徽省に属する一部の市、県、名山についての地方史を閲覧できる。

(24) 湖北地方史ネット（「湖北方志網」）

http://www.hbdfz.com.cn/Government/BookRecords.aspx?id=5d49240c-8a89-46ec-8197-d4cd1caea784&currentPage=1

『湖北省志』や、湖北省に属する一部の市、県の地方史の目次付きPDFを閲覧できる。

(25) 貴州省地方史全文データベース（「貴州省地方志全文数拠庫」）

http://dfz.gznu.edu.cn/tpi/sysasp/include/index.asp

貴州省および貴州省に属する市や自治州などの地方史の全文データベース。閲覧するためには専門のソフトウェアをダウンロードしなければならないが、PDFでのダウンロードも可能である。

(26) 広東省情報ネット（「広東省情網」）

http://www.gd-info.gov.cn/shtml/guangdong//sqsjk/

トップページ画面右側のリンク「広東省情数拠庫」から、省の各種地方史、広東省に属する市、区、県の各種地方史を閲覧できる。

(27) 広州地方情報ネット（「広州地情網」）

補論　電子史料とデータベースについて

http://www.gzsdfz.org.cn/sqsjk/
広州市の各種専門領域についての地方史を閲覧できる。

(28) 広東省立中山図書館スペシャルコレクション全文データベース
（「広東省立中山図書館特蔵文献全文数拠庫」）

http://183.63.187.41/DataSearch/Search.aspx
広東省立中山図書館スペシャルコレクションの一部の文献は、記事毎に電子化されている。ただし、キーワード検索しかないため、どのような書籍や雑誌がスペシャルコレクションに入っているのかが分かり難い。

(29) 広西地方情報ネット（「広西地情網」）

http://www.gxdqw.com
トップページ画面左のリンクから、広西チワン族自治区の地方史、市レベルの地方史、県レベルの地方史を閲覧できる。全文検索機能もある。

(30) 新疆地方情報ネット（「新疆地情網」）

http://120.205.8.219
新疆ウイグル族自治区の、各種地方史および自治区に属する市、県、地区、自治州の各種地方史を閲覧できる。

(31) Virtual Shanghai

http://www.virtualshanghai.net/Maps/Collection
フランスの研究者クリスチャン・アンリオによって構築された、歴史情報と地理情報を融合した研究サイトである。「Virtual Shanghai」には、上海の古地図が収録されている。

(32) China Map

http://worldmap.harvard.edu/maps/79

ハーバード大学が運営するサイトで、地図にさまざまな情報を追加し、加工することができる。このうちの一つ「China Map」にあるほとんどのデータは、改革開放以降のものだが、一部データ（人口密度など）は1950年代以前のものが入っており、有益である。

おわりに

　現在、中国、台湾、そして世界各地では、さまざまな歴史情報がデジタル化されている。もちろん、公開されているデータのなかには、活字史料と同じようにバイアス（偏り）がかかっていることがあるため、データを利用する時には細心の注意が必要である。

　しかし、とくに有料データベースには大量の情報がデジタル化され、検索も可能となっていることから、契約さえできれば、大量のデータは中国まで行かずとも入手できることになる。そのためか中国から距離の遠い欧米の研究機関は、数多くの契約を結んでいる。筆者は、2014年8月から約8ヶ月、ハーバード大学イェンチン研究所の客員研究員として滞在していたが、その時に多くの有償データベースを使用でき、それらの利便性に改めて気づかされた。

　大変に残念なことではあるが、日本では、とりわけ21世紀に入ってからは、大学における経常予算が削減され、図書館の地位も一向に高まらないことから、史料のデジタル化とその利用は、世界基準に照らしても、非常に遅れている。このままでは日本の中国研究は、中国、台湾、そして欧米と比較した時に、その地位を徐々に低下させてしまうのではないか——そのような懸念が研究者やライブラリアンたちから出されている[4]。

　今後は、デジタル史料を利用する上での諸問題や、利用環境の違いに起因する「史料格差」などの問題について、ますます検討することが必要であろう[5]。今後の改善に大きく期待したい。

【注】

（1）「RFA独家："中国'大躍進'、'大飢荒'数拠庫"近日完成——専訪宋永毅教授（之一）」*Radio Free Asia*, 2013年6月24日（http://www.rfa.org/mandarin/zhuanlan/xinlingzhilyu/dayangliangan/mind-06242013102058.html）。

（2）'Enemy of the people' historian Song Yongyi gives as good as he gets, *South China Morning Post*, 2013年2月19日（http://www.scmp.com/news/china/article/1153447/enemy-people-historian-song-yongyi-gives-good-he-gets）。

（3）CADALについての詳細は、湯野基生「中国の資料デジタル化プロジェクト・CADALの利用と参加について」『アジア情報室通報』12巻1号、2014年3月（https://rnavi.ndl.go.jp/asia/entry/bulletin12-1-1.php#ref）。また、大澤肇「デジタル化時代の中国研究」高田幸男・大澤肇編『新史料からみる中国現代史』東方書店、2010年、196〜197ページもあわせて参照のこと。

（4）川島真の指摘する「アーカイバル・ヘゲモニー」の問題もある（川島真「歴史対話と史料研究」劉傑・三谷博・楊大慶『国境を越える歴史認識』東京大学出版会、2006年、360〜361ページ）。

（5）具体的にいえば、データベースの場合は従来の書籍や雑誌と異なり、利用者を厳格にコントロールできるため、多くの有償データベースは、大学の正規の構成員でないと利用できない。そのため無駄が多くなる上に、研究大学とそれ以外の大学との間に研究資源の深刻な格差を生んでしまう。この問題については、東京大学附属図書館アジア研究図書館上廣倫理財団寄付研究部門の方々（富澤かな、徳原靖浩、成田健太郎の諸氏）からご教示を得た。ここにとくに謝意を表しておきたい。

研究文献・史料一覧

河野正

凡例
・日本語と中国語の文献は混排し、その後に英語文献を排列した。
・日本語については著者・編者の五十音順に排列し、中国語については著者・編者の日本語読みの五十音順に排列した。
・英語については著者・編者の姓名のアルファベット順に排列した。
・団体や機関の編者名には、奥付に従い略称のままになっているものもある。
・研究文献名と史料名の表記は、一部簡略にしたところがある。
・史料的な性格の強い研究文献は、史料一覧に掲載した。
・原則として常用漢字を用いた。「档」「弁」「匯」は、一部の固有名詞を除いて、「檔」「辦」「彙」を用いた。
・史料にある†は、東洋文庫での所蔵が確認されている史料（一部所蔵も含む）であることを示す。
・本書の各章で言及した史料は、史料名の後ろに第〇章と記した。
・チベット関係の史料で、中国語とチベット語で出版された史料名については、双方を併記した。

§研究文献
〈日本語・中国語〉

青山瑠妙（2007）『現代中国の外交』慶應義塾大学出版会
秋山洋子ほか編訳（1998）『中国の女性学：平等幻想に挑む』勁草書房
秋吉久紀夫（1979）『近代中国文学運動の研究』九州大学出版会
浅井敦（1973）『現代中国法の理論』東京大学出版会
浅野亮編（2012）『概説近現代中国政治史』ミネルヴァ書房
阿部治平（2006）『もうひとつのチベット現代史：プンツォク・ワンギェルの革命の

夢と生涯』明石書店
阿部幸夫・高畠穣（1982）『夏衍と丁玲』辺鼓社
阿部幸夫・高畠穣（1984）『また、夏衍と丁玲』辺鼓社
天児慧編（2000）『現代中国の構造変動：中央と地方の構図』第4巻、東京大学出版会
石川滋（1960）『中国における資本蓄積機構』岩波書店
────編（1960〜1962）『中国経済発展の統計的研究』Ⅰ〜Ⅲ、アジア経済研究所
石塚迅ほか編（2010）『憲政と近現代中国』現代人文社
伊藤るり・坂元ひろ子・タニ・E・バーロウ編（2010）『モダンガールと植民地的近代：東アジアにおける帝国・資本・ジェンダー』岩波書店
井上正也（2010）『日中国交正常化の政治史』名古屋大学出版会
今堀誠二（1966）『毛沢東研究序説』勁草書房
岩間一弘（2012）『上海大衆の誕生と変貌：近代新中間層の消費・動員・イベント』東京大学出版会
上原一慶（1978）『中国社会主義の研究』日中出版
内山雅生（2003）『現代中国農村と「共同体」：転換期中国華北農村における社会構造と農民』御茶の水書房
宇野木洋（2006）『克服・拮抗・模索：文革後中国の文学理論領域』世界思想社
于風政（2001）『改造』河南人民出版社
エクスタイン（石川滋監訳）（1980）『中国の経済革命』東京大学出版会〔Eckstein, Alexander（1977）, *China's Economic Revolution*, Cambridge：Cambridge University Press〕
エルマン（佐藤経明・中兼和津次訳）（1982）『社会主義計画経済』岩波書店〔Ellman, Michael（1979）, *Socialist Planning*, Cambridge：Cambridge University Press〕
王偉彬（2004）『中国と日本の外交政策：1950年代を中心にみた国交正常化へのプロセス』ミネルヴァ書房
王柯（1995）『東トルキスタン共和国研究：中国のイスラムと民族問題』東京大学出版会
王貴・喜饒尼瑪・唐家衛（2003）『西蔵地位歴史辨』民族出版社
王建民（1998）『中国民族学史』下、雲南教育出版社
王秀涛（2013）『中国当代文学生産与伝播制度研究』文化芸術出版社
王政・陳雁編（2005）『百年中国女権思潮研究』復旦大学出版社
王雪萍（2010）「中華人民共和国初期の留学生・華僑帰国促進政策：中国の対日・対

米二国間交渉過程分析を通じて」『中国21』Vol.33
――― （2013a）「廖承志と中国の対日「民間」外交」劉傑・川島真編『対立と共存の歴史認識：日中関係150年』東京大学出版会
――編（2013b）『戦後日中関係と廖承志：中国の知日派と対日政策』慶應義塾大学出版会
王智新（2004）『現代中国の教育』明石書店
王友明（2006）『解放区土地改革研究1941～1948：以山東莒南県為個案』上海社会科学院出版社
大川謙作（2007）「ナンセン（nang zan）考：チベット旧社会における『家内労働者』の実態をめぐって」『中国研究月報』第61巻第12号
―――（2015）「チベット「農奴解放言説」の成立：1950年代における解放と改革の語りから」澤井充生・奈良雅史編『「周縁」を生きる少数民族：現代中国の国民統合をめぐるポリティクス』勉誠出版
大久保泰（1968）『中国軍事工業力の分析（附）核兵器開発についての研究資料および核実験新聞広報』朝日新聞社
大澤武司（2007）「幻の日本人『戦犯』釈放計画と周恩来：中華人民共和国外交部檔案をてがかりに」『中国研究月報』第61号第6巻
―――（2008）「『人民の義憤』を超えて：中華人民共和国の対日戦犯政策」『軍事史学』第44号第3巻
―――（2009）「東西冷戦と引揚問題：未帰還者問題をめぐる国際政治の構図」『海外事情研究』第37号第1巻
―――（2011）「戦後初期日中関係における『断絶』の再検討：1958～1962」添谷芳秀編『現代中国外交の60年：変化と持続』慶応義塾大学出版会
―――（2013）「中華人民共和国外交部檔案公開の現段階：「規定」の変更・運用厳格化と閲覧制限について」『海外事情研究』第41巻第1号
―――（2014）「「以民促官」「半官半民」の舞台裏：現代中国の対日政策機構の原型」『現代中国』第88号
大塚豊（1992）『現代中国高等教育の成立』玉川大学出版会
―――（2007）『中国大学入試研究』東信堂
大原信一（1997）『中国の識字運動』東方書店
岡部達味（1971）『現代中国の対外政策』東京大学出版会
―――（1976）『中国の対日政策』東京大学出版会
――編（1983）『中国外交：政策決定の構造』日本国際問題研究所

──（2002）『中国の対外戦略』東京大学出版会
──ほか編（1986）『中国社会主義の再検討』日本国際問題研究所
岡本雅享（2008）『中国の少数民族教育と言語政策』増補改定版、社会評論社
奥村哲（2003）「民国期中国の農村社会の変容」『歴史学研究』第779号
──（2004）『中国の資本主義と社会主義：近現代史像の再構築』桜井書店
落合淳隆（1994）『チベットと中国・インド・国連』敬文堂
小野和子（1977）「婚姻法貫徹運動をめぐって」『東方学報』第49冊
──（1978）『中国女性史：太平天国から現代まで』平凡社
海後勝雄編（1959）『社会主義教育の思想と現実』御茶の水書房
解放西蔵史編委会編（2008）『解放西蔵史』中共党史出版社
加々美光行（1992）『知られざる祈り：中国の民族問題』新評論
──（2008）『中国の民族問題：危機の本質』岩波書店
郭承敏（2014）『ある台湾人の数奇な生涯』明文書房
賀桂梅（2003）『転折的時代：40～50年代作家研究』山東教育出版社
加島潤（2012a）『中国計画経済期財政の研究：省・直轄市・自治区統計から』東京大学社会科学研究所現代中国研究拠点
──（2012b）「計画経済期の経済史」久保亨編『中国経済史入門』東京大学出版会
柏祐賢（1948）『経済秩序個性論Ⅱ：中国経済の研究』人文書林〔同（1986）『柏祐賢著作集』第4巻、京都産業大学出版会〕
何東昌編（1996）『当代中国教育』当代中国出版社
──編（2002）『中華人民共和国教育専題史叢書』全13巻、海南出版社
加藤弘之（1997）『中国の経済発展と市場化：改革・開放時代の検証』名古屋大学出版会
加藤弘之・久保亨（2009）『進化する中国の資本主義』岩波書店
金子肇（2001）「戦後の憲政実施と立法院改革」姫田光義編『戦後中国国民政府史の研究：1945～1949年』中央大学出版部
釜屋修（1979）『中国の栄光と悲惨：評伝・趙樹理』玉川大学出版部
加茂具樹（2006）『現代中国政治と人民代表大会：人代の機能改革と「領導・被領導」関係の変化』慶應義塾大学出版会
川島弘三（1988）『中国党軍関係の研究』上中下、慶應通信
川田進（2015）『東チベットの宗教空間：中国共産党の宗教政策と社会変容』北海道大学出版会
韓鋼（辻康吾編訳）（2008）『中国共産党史の論争点』岩波書店

関西中国女性史研究会編（2014）『中国女性史入門：女たちの今と昔』増補改訂版、人文書院
韓大元（2014）『1954年憲法制定過程』法律出版社
祁建民（2006）『中国における社会結合と国家権力：近現代華北農村の政治社会構造』御茶の水書房
─（2014）「長崎国旗事件の真相とその意味」『東アジア評論』第6号
龔育之（2002）『党史札記』浙江人民出版社
行龍・馬維強（2007）「山西大学中国社会史研究中心"集体化時代農村基層檔案"述略」黄宗智編『中国郷村研究』第5輯、福建教育出版社
金一鳴編（2000）『中国社会主義教育的軌跡』華東師範大学出版社
久保亨（2006）『1949年前後の中国』汲古書院
─（2009）「統制と開放をめぐる経済史」飯島渉・久保亨・村田雄二郎編『シリーズ20世紀中国史：グローバル化と中国』第3巻、東京大学出版会
─（2011）『シリーズ中国近現代史　社会主義への挑戦：1945〜1971』第4巻、岩波書店
軍事科学院軍事歴史研究部編（1990）『中国人民志願軍抗美援朝史』軍事科学出版社
─編（2000）『抗美援朝戦争史』軍事科学出版社／第3版2014
洪子誠（1998）『1956：百花時代』山東教育出版社
─（1999）『中国当代文学史』北京大学出版社〔岩佐昌暲ほか訳（2013）『中国当代文学史』東方書店〕
小口彦太（2003）『現代中国の裁判と法』成文堂
国分良成（2004）『現代中国の政治と官僚制』慶應義塾大学出版会
国防大学戦史簡編編写組編（1986）『中国人民志願軍戦史簡編』解放軍出版社
胡建華（2001）『現代中国大学制度的原点：50年代初期的大学改革』南京師範大学出版社
小島麗逸・鄭新培（2001）『中国教育の発展と矛盾』御茶の水書房
顧秀蓮編（2013）『20世紀中国婦女運動史』中巻、中国婦女出版社
小杉修二（1988）『現代中国の国家目的と経済建設：超大国志向・低開発経済・社会主義』龍渓書舎／増補版1994
木間正道・鈴木賢・高見澤磨（1998）『現代中国法入門』有斐閣／第7版2016
小浜正子（2009a）「生殖コントロールとジェンダー」飯島渉・久保亨・村田雄二郎編『シリーズ20世紀中国史：グローバル化と中国』第3巻、東京大学出版会

──（2009b）「非合法堕胎から計画生育へ：建国前後の性と生殖をめぐる言説空間の変容」日本上海史研究会編『建国前後の上海』研文出版

小浜正子・秋山洋子編（2016）『現代中国のジェンダー・ポリティクス：格差・性売買・「慰安婦」』勉誠出版

小林弘二（1997）『20世紀の農民革命と共産主義運動：中国における農業集団化政策の生成と瓦解』勁草書房

小林善文（2016）『中国の教育救国』汲古書院

小林亮介（2014）「プンツォク・ワンギェル：チベット「周縁部」における民族主義と共産主義」趙景達ほか編『講座東アジアの知識人　さまざまな戦後：日本敗戦～1950年代』第5巻、有志舎

小山三郎（1993）『現代中国の政治と文学：批判と粛清の文学史』東方書店

金野純（2008）『中国社会と大衆動員：毛沢東時代の政治権力と民衆』御茶の水書房

斎藤秋男（1973）『中国現代教育史』田畑書店

斎藤秋男・野原四郎（1957）『集団主義と国民教育』国土社

斉徳学（2010）『巨人的比量：抗美援朝高層決策』遼寧人民出版社

坂元ひろ子（2004）『中国民族主義の神話：人種・身体・ジェンダー』岩波書店

──（2016）『中国近代の思想文化史』岩波書店

佐藤忠男・刈間文俊（1985）『上海キネマポート』凱風社

嶋倉民生・丸山伸郎（1983）『中国経済のディレンマ：新たな模索の始まり』有斐閣

謝波（2013）『媒介与文芸形態：『文芸報』研究（1949～1966）』復旦大学出版社

周永坤（2006）「楊兆龍法律観与新中国初期法治」中南財経政法大学法律史研究所編『中西法律伝統』第5巻、中国政法大学出版社

朱建栄（1991）『毛沢東の朝鮮戦争：中国が鴨緑江を渡るまで』岩波書店

朱寨編（1987）『中国当代文学思潮史』人民文学出版社

朱正（2013）『反右派闘争全史』秀威資訊

章詒和（横澤泰夫訳）（2007）『嵐を生きた中国知識人：「右派」章伯鈞をめぐる人びと』集広舎

鍾延麟（2015）「『文革』前彭真対中共首都的管理：政治方針、領導方式和幹部政策」『中国大陸研究』第58巻第3期

章清（2004）『"胡適派学人群" 与現代中国自由主義』上海古籍出版社

蕭裕声編（2011）『中国共産党軍隊政治工作史』全2巻、軍事科学出版社

聶莉莉（2015）『「知識分子」の思想的転換：建国初期の潘光旦、費孝通とその周囲』風響社

徐焔（1990）『第一次較量：抗美援朝戦争的歴史回顧与反思』中国広播電視出版社
―（1992）『金門之戦』中国広播電視出版社
―（2003）『毛沢東与抗美援朝戦争』解放軍出版社
如姚旭（1985）『従鴨緑江到板門店：偉大的抗美援朝戦争』人民出版社
白水紀子（2001）『中国女性の20世紀：近現代家父長制研究』明石書店
沈志華（1998）『毛沢東、斯大林与韓戦：中蘇最高機密檔案』天地図書
―（2003）『毛沢東・斯大林与朝鮮戦争』広東人民出版社
―編（2007）『中蘇関係史綱』新華出版社
―（2008）『中華人民共和国史　思考与選択：従知識分子会議到反右派運動』第3巻、香港中文大学当代中国文化研究中心
―（2012）『冷戦在亜洲：朝鮮戦争与中国出兵朝鮮』九州出版社
―（2013a）『冷戦中的盟友：社会主義陣営内部的国家関係』九州出版社
―（2013b）『冷戦的再転型：中蘇同盟的内在分岐及其結局』九州出版社
―（2013c）「代序　冷戦国際史研究：世界与中国」牛軍『冷戦的再転型：中蘇同盟的内在分岐及其結局』九州出版社
―（2013d）『無奈的選択：冷戦与中蘇同盟的命運1945～1959』全2巻、社会科学文献出版社
沈志華・唐啓華編（2010）『金門　内戦与冷戦：美、蘇、中檔案解密与研究』九州出版社
沈宗洪・孟照輝（1988）『中国人民志願軍抗美援朝戦史』軍事科学出版社
新保敦子・園田茂人（2008）『教育は不平等を克服できるか』岩波書店
末次玲子（2009）『20世紀中国女性史』青木書店
杉浦康之（2008）「中国の「日本中立化」政策と対日情勢認識：第4次日中民間貿易協定交渉過程と長崎国旗事件を中心に」『アジア研究』第54巻第4号
―（2009）「中国の「日本中立化」政策と対日情勢認識：日本社会党の訪中と日本国内の反米・反岸闘争の相互連鎖（1958年6月～1959年6月）」『近きに在りて』第56号
―（2011）「中国の対外政策におけるシンクタンクの実像：国際関係研究所の創設と発展を中心に」添谷芳秀編『現代中国外交の60年』慶應義塾大学出版会
―（2013）「対日政策としての大衆動員の原点：60年安保闘争と中国」国分良成・小嶋華津子編『現代中国政治外交の原点』慶應義塾大学出版会
砂山幸雄編（2011）『新編原典中国近代思想史　世界冷戦のなかの選択：内戦から社会主義建設へ』第7巻、岩波書店

諏訪一幸（2015）「全国人民代表大会常務委員会と中国共産党指導体制の維持：法律制定過程における党と議会、そして大衆」山田紀彦編『独裁体制における議会と正当性：中国、ラオス、ベトナム、カンボジア』アジア経済研究所

瀬地山角（1996）『東アジアの家父長制：ジェンダーの比較社会学』勁草書房

瀬戸宏（1999）『中国演劇の20世紀：中国話劇史概況』東方書店

銭理群（阿部幹雄ほか訳）（2012）『毛沢東と中国：ある知識人による中華人民共和国史』上下、青土社

―― (2007)『拒絶遺忘："1957年学"研究筆記』Oxford University Press

宋少鵬（2011）「公中之私：関於家庭労働的国家話語（1949〜1966）」『近代中国婦女史研究』第19期

宋蜀華・満都爾図編（2004）『中国民族学50年：1949〜1999』人民出版社

添谷芳秀（1995）『日本外交と中国：1945〜1972』慶應義塾大学出版会

戴晴（田畑佐和子訳）（1990）『毛沢東と中国知識人：延安整風から反右派闘争へ』東方書店

戴超武（2003）『敵対与危機的年代：1954〜1958年的中美関係』社会科学文献出版社

多賀秋五郎編（1976）『近代中国教育史資料』日本学術振興会

高橋伸夫（2015）『現代中国政治研究ハンドブック』慶應義塾大学出版会

高畠穣・阿部幸夫（1982〜1992）『丁玲と夏衍』辺鼓社

高見澤磨・鈴木賢（2010）『中国にとって法とは何か：統治の道具から市民の権利へ』岩波書店

竹内実（1967）『中国：同時代の知識人』合同出版

―― (1972)『現代中国の文学：展開と論理』研究社

田島俊雄編（2005）『20世紀の中国化学工業：永利化学・天原電化とその時代』東京大学社会科学研究所

――編（2008）『現代中国の電力産業「不足の経済」と産業組織』昭和堂

田島俊雄・朱蔭貴・加島潤編（2010）『中国セメント産業の発展：産業組織と構造変化』御茶の水書房

田中明彦（1991）『日中関係1945〜1990』東京大学出版会

田中信行（1986）「中国における裁判の独立と党の指導：1954年〜1981年」『季刊中国研究』第5号

―― (1990)「中国における適法性の制度的保障」毛里和子編『毛沢東時代の中国』日本国際問題研究所

田中仁編（2003）『原典で読む20世紀中国政治史』白帝社

中国研究所編（1955）『中国の教科書：内容と教え方』中国研究所
中国女性史研究会編（2004）『中国女性の100年：史料にみる歩み』青木書店
中国人民解放軍軍史編写組編（2010〜2011）『中国人民解放軍軍史』全6巻、軍事科学出版社
張均（2011）『中国当代文学制度研究：1949〜1976』北京大学出版社
張済順（2015）『遠去的都市：1950年代的上海』社会科学文献出版社
──（杜崎群傑訳）（2015）「『国家の主人公』の創出：第1回人民代表普通選挙」深町英夫編『中国議会100年史：誰が誰を代表してきたのか』東京大学出版会
張思（2005）『近代華北村落共同体的変遷：農耕結合習慣的歴史人類学考察』商務印書館
──ほか（2010）『侯家営：一個華北村荘的現代歴程』天津古籍出版社
趙徳強（2005）『1949-1957：共和国教壇風雲』福建教育出版社
張明金・劉立勤（2010）『中国人民解放軍歴史上的200个軍区』解放軍文芸出版社
張歴歴（2011）『新中国和日本関係史：1949〜2010』上海人民出版社
──（2016）『新中国和日本関係史：1949〜2015』上海人民出版社
陳永発（2001）『中国共産革命70年』上下、聯経出版
陳興明（2012）『中国大学"蘇聯模式"課程体系的形成與変革』社会科学文献出版社
陳肇斌（2000）『戦後日本の中国政策：1950年代東アジア国際政治の文脈』東京大学出版会
陳耀煌（2012）『統合与分化：河北地区的共産革命、1921〜1949』中央研究院近代史研究所
鄭浩瀾（2009）『中国農村社会と革命：井岡山の村落と歴史的変遷』慶應義塾大学出版会
鄭万鵬（2000）『中国当代文学史』北京語言文化大学出版社
董志凱編（1996）『1949〜1952年中国経済分析』中国社会科学出版社
佟新（2003）『異化与抗争：中国女工工作史研究』中国社会科学出版社
董節英（2008）『1949〜1957年的中国法学教育』吉林人民出版社
ドーア，ロナルド（松居弘道訳）（1978）『学歴社会：新しい文明病』岩波書店〔Dore, Ronald (1976), *The Diploma Disease*, Berkeley: University of California Press〕
土岐茂（1985）「50年代中国における法の継承性論争の展開過程：法の論理と政治の論理の交錯」『早稲田法学会誌』第35巻
戸部健（2015）『近代天津の「社会教育」』汲古書院
中岡まり（2011）「中国地方人民代表大会選挙における「民主化」と限界：自薦候補

と共産党のコントロール」『アジア研究』第57巻第2号
中兼和津次（1992）『中国経済論：農工関係の政治経済学』東京大学出版会
中村元哉（2011）「国共内戦と中国革命」木畑洋一ほか『講座東アジア近現代通史：アジア諸戦争の時代1945〜1960年』第7巻、岩波書店
——（2015）「従1940年代後半期的中国自由主義思想看新民主主義階段（1950〜1953年）的中国政治思想：以法学家銭端升為中心」賀照田・高士明編『人間思想：作為人間事件的新民主主義』第3輯、人間出版社
夏井春喜（2001）『中国近代江南の地主制研究：租桟関係簿冊の分析』汲古書院
——（2014）『中華民国期江南地主制研究』汲古書院
新島淳良（1957）『中国の教育』東洋経済新報社
——（1964）『現代中国の革命認識：中ソ論争への接近』御茶の水書房
西順蔵編（1976〜1977）『原典中国近代思想史』全6巻、岩波書店
西村幸次郎編訳・解説（1983）『中国における法の継承性論争』早稲田大学比較法研究所
西村幸次郎（1989）『中国憲法の基本問題』成文堂
西村成雄編（2000）『現代中国の構造変動：ナショナリズム』第3巻、東京大学出版会
西村成雄・国分良成（2009）『党と国家：政治体制の軌跡』第1巻、岩波書店
日本民間教育研究団体連絡会（1964）『現代中国の教育』教師の友社
任吉東（2007）『多元性与一体化：近代華北郷村社会治理』天津社会科学院出版社
寧騒（1995）『民族与国家』北京大学出版社
野村浩一編（1989）『現代中国の政治世界』岩波書店
——ほか編（1990）『現代中国研究案内』岩波書店
旗田巍（1973）『中国村落と共同体理論』岩波書店
服部隆行（2007）『朝鮮戦争と中国』渓水社
跋熱・達瓦才仁（2012）『血祭雪域』雪域出版社
針生誠吉（1970）『中国の国家と法』東京大学出版会
潘佐夫，亜歴山大（Панцов, A.）（2015）『毛沢東伝』上下、中国人民大学出版社
平野聡（2001）「「解放」とは何か：「チベット解放」からみた一考察」『中国』第16号
平松茂雄（1986）『中国核大国への道』勁草書房
——（1988）『中国と朝鮮戦争』勁草書房
——（1991）『蘇る中国海軍』勁草書房
——（1996）『中国の核戦力』勁草書房
——（2002）『現代中国の軍事指導者』勁草書房

―― (2003)『中国と台湾問題』勁草書房
深町英夫編 (2009)『中国政治体制100年：何が求められてきたのか』中央大学出版部
深町英夫編 (2015)『中国議会100年史』東京大学出版会
福島正夫 (1965)『中国の人民民主政権：その建設の過程と理論』東京大学出版会
―― (1966)『中国の法と政治：中国法の歴史・現状と理論』日本評論社
福島正夫・幼方直吉・長谷川良一 (1957)『中国の裁判』東洋経済新報社
福田円 (2013)『中国外交と台湾：「一つの中国」原則の起源』慶應義塾大学出版会
武新軍 (2010)『意識形態結構与中国当代文学：『文芸報』(1949～1989) 研究』中国社会科学出版社
武力編 (2010)『中華人民共和国経済史』増訂版、上下、中国経済出版社
古田和子 (2004)「中国における市場・仲介・情報」三浦徹・岸本美緒・関本照夫編『イスラーム地域研究叢書　比較史のアジア：所有・契約・市場・公正』第4巻、東京大学出版会
――編 (2013)『中国の市場秩序：17世紀から20世紀前半を中心に』慶應義塾大学出版会
平措汪傑 (2014)『平等団結路慢慢：対我国民族関係的反思』新世紀出版社
方剛 (2008)『男性研究与男性運動』山東人民出版社
逢先知・李捷 (2000)『毛沢東与抗美援朝』中央文献出版社
ボヤント (2015)『内モンゴルから見た中国現代史：ホルチン左翼後旗の「民族自治」』集広舎
ボルジギン，フスレ (2011)『中国国民党・共産党の対内モンゴル政策：1945～1949年』風響社
本庄比佐子編 (2009)『戦前期華北実態調査の目録と解題』東洋文庫
牧陽一・松浦恆雄・川田進 (2000)『中国のプロパガンダ芸術』岩波書店
松岡正子 (2011)「四川における1950～60年代の民族研究 (1)」『愛知大学国際問題研究所紀要』第137号
―― (2013)「四川における1950～60年代の民族研究 (2)：李紹明が語る『中国少数民族問題5種叢書』と政治民族学」『愛知大学国際問題研究所紀要』第139号
松本高明 (1996)『チベット問題と中国』アジア政経学会
松本俊郎 (2000)『「満洲国」から新中国へ：鞍山鉄鋼業からみた中国東北の再編過程1940～1954』名古屋大学出版会
松本ますみ (1999)『中国民族政策の研究：清末から1945年まで』多賀出版
丸山昇 (2001)『文化大革命に到る道』岩波書店

三品英憲（2003）「近現代華北農村社会史研究についての覚書」『史潮』新54号
水羽信男（2007）『中国近代のリベラリズム』東方書店
三谷孝編（2011）『中国内陸における農村変革と地域社会：山西省臨汾市近郊農村の変容』御茶の水書房
南亮進・牧野文夫編（2014）『アジア長期経済統計：中国』第3巻、東洋経済新報社
峰毅（2009）『中国に継承された「満洲国」の産業：化学工業を中心にみた継承の実態』御茶の水書房
村田雄二郎編（2011）『リベラリズムの中国』有志舎
村松祐次（1949）『中国経済の社会態制』東洋経済新報社／復刻版1975
孟繁華・程光煒（2011）『中国当代文学発展史』修訂版、北京大学出版社
毛里和子編（1990）『毛沢東時代の中国』日本国際問題研究所
──（1993）『現代中国政治』名古屋大学出版会
──ほか編（1994）『原典中国現代史：政治』第1・2巻、岩波書店
──（1998）『周縁からの中国：民族問題と国家』東京大学出版会
──編（2000）『現代中国の構造変動：大国中国への視座』第1巻、東京大学出版会
──（2012）『現代中国政治：グローバル・パワーの肖像』新版、名古屋大学出版会
毛里和子・毛里興三郎編訳（2016）『ニクソン訪中機密会談録』増補決定版、名古屋大学出版会
毛礼鋭編（1989）『中国教育通史』山東教育出版社
杜崎群傑（2016）『中国共産党による"人民代表会議"制度の創成と政治過程』御茶の水書房
森平崇文（2015）『社会主義的改造下の上海演劇』研文出版
文部省調査局（1956）『中華人民共和国教育法令：解説と正文』桜書房
山影統（2011）「中国の対西欧諸国政策：1964年の中・西独政府間会談を中心に」添谷芳秀編『現代中国外交の60年』慶應義塾大学出版会
山田清人（1956）『新しい中国の新しい教育』牧書店
山本澄子（2006）『中国キリスト教史研究』増補改訂版、山川出版社
楊海英（2014）『チベットに舞う日本刀：モンゴル騎兵の現代史』文藝春秋
姚毅（2011）『近代中国の出産と国家・社会：医師・助産士・接生婆』研文出版
楊奎松（1999）『毛沢東与莫斯科的恩恩怨怨』江西人民出版社
──（2009）『中華人民共和国建国史研究』第1・2巻、江西人民出版社
──（2013）『忍不住的"関懐"：1949年前後的書生与政治』広西師範大学出版社
楊継縄（2011）『墓碑：1958〜1962年中国大飢荒紀実』天地図書

―― （伊藤正ほか訳）（2012）『毛沢東：大躍進秘録』文藝春秋

楊念群（2006）『再造病人：中西医衝突下的政治空間（1832〜1985）』中国人民大学出版社

横山宏章（2009）「長崎国旗事件 補論 封印が解かれた長崎国旗事件の「真相」：台湾外交部の外交文書から」『東亜』第502号

吉開将人（2015）「「羈縻」政策と20世紀中国：第二野戦軍「関於少数民族工作的指示（草案）」から見た西南エリート問題」『1920年代から1930年代中国周縁エスニシティの民族覚醒と教育に関する比較研究：平成24〜26年度日本学術振興会科学研究費補助金、基盤研究（B）、研究課題番号24320143』

吉川剛・砂山幸雄（2012）「建国初期中国における「知」の再編」『愛知大学国際問題研究所紀要』第139号

吉田富夫ほか編（1994）『原典中国現代史：思想・文学』第5巻、岩波書店

羅蘇文（2011）『高郎橋記事：近代上海一個棉紡織工業区的興起与終結（1700〜2000）』上海人民出版社

羅梅君（Leutner, Mechthild）（王燕生等訳）（2001）『北京的生育、婚姻和喪葬：19世紀至当代的民間文化和上層文化』中華書局

羅平漢ほか（2013）『中共党史重大争議問題研究』人民出版社

李鋭（1989）『廬山会議実録』春秋出版社ほか

李恩民（2005）『「日中平和友好条約」交渉の政治過程』御茶の水書房

李潔非・楊劼（2011）『共和国文学生産方式』社会科学文献出版社

李紅強（2009）『「人民文学」17年』当代中国出版社

李江琳（2010）『1959 拉薩！』聯経出版

――（2012）『当鉄鳥在天空飛翔』聯経出版

李国芳（2008）『初進大城市：中共在石家荘建政与管理的嘗試（1947〜1949）』社会科学文献出版社

李秀清（2013）「"五四憲法"本文中"司法"缺失及其影響」高鴻鈞編『清華法治論衡：憲制与制憲』上、清華大学出版社

李小江（秋山洋子訳）（2000）『女に向かって：女性学をひらく』インパクト出版会

劉暁麗（2014）『1950年的中国婦女』山西教育出版社

劉書楷・郭思敏編（2006）『中共党史辨疑』中央文献出版社

劉人鋒編（2012）『中国婦女報刊史研究』中国社会科学出版社

劉富道（2012）『1957年中国大冤案：漢陽事件』秀威資訊科技

李蓉（2014）『"17年文学"（1949〜1966）的身体闡釈』人民出版社

李楊（1993）『抗争宿命之路：「社会主義現実主義」（1942〜1976）研究』時代文芸出版社
──（2006）『50〜70年代中国文学経典再解読』山東教育出版社
林蘊暉（2008）『中華人民共和国史　烏托邦運動：従大躍進到大飢荒』第4巻、香港中文大学当代中国文化研究中心
──（2009）『中華人民共和国史　向社会主義過渡：中国経済与社会的転型』第2巻、香港中文大学当代中国文化研究中心
林紅（2007）『中国における買売春根絶政策：1950年代の福州市の実施過程を中心に』明石書店
リンチン（2015）『現代中国の民族政策と民族問題：辺境としての内モンゴル』集広舎
黎見春（2011）『各界人民代表会議制度及運作：以湖北地区為例』社会科学文献出版社
廉舒（2013）「1950年代の中国対英・対日外交における対野党戦略」『KEIO　SFC JOURNAL』Vol.13, No.2
渡辺長雄（1950）『中国資本主義と戦後経済：国共経済体制の比較研究』東洋経済新報社

〈英語〉

Bernstein, Thomas P. and Li, Huayu eds.(2010), *China Learns From Soviet Union, 1949-Present,* Lanham: Lexington Books.

Chen, Jian(1994), *China's Road to the Korean War: The Making of the Sino-American Confrontation,* New York: Columbia University Press.

──（2001），*Mao' China and the Cold War,* Chapel Hill: University of North Carolina Press.

Christensen, Thomas J.(1996), *Useful Adversaries: Grand Strategy, Domestic Mobilization, and Sino-American Conflict, 1947-1958,* Princeton: Princeton University Press.

Diamant, Neil J.(2000), *Revolutionizing the Family: Politics, Love, and Divorce in Urban and Rural China, 1949-1968,* Berkeley: University of California Press.

Dreyer, June(1976), China's *Forty Millions: Minority Nationalities and National Integration in the PRC,* Mass: Harvard University Press.

Duara, Prasenjit(1988), *Culture, Power, and the State: Rural North China, 1900-1942,*

Stanford: Stanford University Press.

Evans, Harriet(1997), *Women and sexuality in China: dominant discourses of female sexuality and gender since 1949,* New York: Continuum.

Fraser, Stewart E. and Hsu, Kuang-liang (1972), *Chinese Education and Society, a Bibliographic Guide: the Cultural Revolution and its Aftermath,* White Plains, N.Y.: International Arts and Sciences Press.

Friedman, Edward, Pickowicz, Paul G. and Selden, Mark (1991), *Chinese Village, Socialist State,* New Haven: Yale University Press.

――(2005), *Revolution, Resistance, and Reform in Village China,* New Haven: Yale University Press.

Gittings, John(1967), *The Role of the Chinese Army,* London, New York and Toronto: Oxford University Press.

Goldstein, Melvyn C.(1989), *A History of Modern Tibet, 1913-1951: The Demise of the Lamaist State,* Berkeley, Los Angeles and London: University of California Press.

――(2007), *A History of Modern Tibet: Volume 2: The Culm before the Storm, 1951-1955,* Berkeley, Los Angeles and London: University of California Press.

――(2014), *A History of Modern Tibet: Volume 3: The Storm Clouds Descend, 1955-1957,* Berkeley, Los Angeles and London: University of California Press.

Goncharov, Sergei, Lewis, John Wilson and Xue, Litai(1993), *Uncertain Partner: Stalin, Mao, and the Korean War,* Stanford: Stanford University Press.

Greenhalgh, Susan and Winckler, Edwin A.(2005), *Governing China's Population: from Leninist to Neoliberal Biopolitics,* Stanford: Stanford University Press.

Hayhoe, Ruth(1996), *China's universities, 1895-1995: A Century of Cultural Conflict,* New York: Garland Pub.

Heberer, Thomas(1989), *China and Its National Minorities: Autonomy or Assimilation,* Armonk, New York: M. E. Sharpe.

Hershatter, Gail(1996), *Dangerous Pleasures: Prostitution and Modernity in Twentieth Century Shanghai,* Berkeley: University of Calighrnia Press.

――(2011), *The Gender of Memory: Rural Women and China's Collective Past,* Berkeley: University of California Press, 2011.

Hinsch, Bret(2013), *Masculinities in Chinese History,* Lanham: Rowman & Littlefield.

Hsieh, Alice L.(1962), *Communist China's Strategy in the Nuclear Era,* Santa

Monica: RAND.

Huang, Philip C. C.(1985), *The Peasant Economy and Social Change in North China*, Stanford: Stanford University Press.

――(1990), *The Peasant Family and Rural Development in the Yangzi Delta, 1350-1988*, Stanford: Stanford University Press.

Joffe, Ellis(1965), *Party and Army: Professionalism and Political Control in the Chinese Officer Corps, 1949-1964*, Cambridge, Mass: Harvard East Asian Monographs.

Khan, Sulmaan Wasif(2015), *Muslim, Trader, Nomad, Spy: China's Cold War and the People of the Tibetan Borderlands*, Chapel Hill: University of North Carolina Press.

Knaus, John K.(1999), *Orphans of the Cold War: America and the Tibetan Struggle for Survival*, New York: Public Affairs.

Leibold, James(2007), *Reconfiguring Chinese Nationalism: How the Qing Frontier and Its Indigenes Became Chinese*, New York: Palgrave Macmillan.

Lewis, John Wilson and Xue, Litai(1988), *China Builds the Bomb*, Stanford: Stanford University Press.

Li, Huaiyin(2005), *Village Governance in North China: 1875-1936*, Stanford: Stanford University Press.

――(2009), *Village China Under Socialism and Reform: A Micro-History, 1948-2008*, Stanford: Stanford University Press.

Lin, Hsiao-Ting(2006), *Tibet and Nationalist China's Frontier: Intrigues and Ethnopolitics, 1928-1949*, Vancouver: University of British Columbia Press.

――(2010), *Modern China's Ethnic Frontier: A Journey to the West*, London: Routledge.

Louie, Kam(2002), *Theorising Chinese Masculinity: Society and Gender in China*, Cambridge: Cambridge University Press.

Lüthi, Lorenz(2008), *Sino Soviet Split: Cold War in the Communist World*, Princeton: Princeton University Press.

Mann, Susan(2010), *Gender and Sexuality in Modern Chinese History*, Cambridge: Cambridge University Press.〔小浜正子・L.グローブ監訳、秋山洋子・板橋暁子・大橋史恵訳（2015）『性からよむ中国史：男女隔離・纏足・同性愛』平凡社〕

McGranahan, Carole(2010), *Arrested Histories: Tibet, the CIA, and memories of a*

Forgotten War, Durham and London: Duke University Press.

Myers, Ramon H.(1970), *The Chinese Peasant Economy: Agricultural Development in Hopei and Shantung 1890-1949*, Cambridge, Mass.: Harvard University Press.

O'Brien, Kevin J.(1990), *Reform Without Liberalization: China's National People's Congress and the Politics of Institutional Change*, New York: Cambridge University Press.

O'Brien, Neil L.(2003), *An American Editor in Early Revolutionary China: John William Powell and the China Weekly/Monthly Review*, New York, London: Routledge.

Oi, Jean C.(1989), *State and Peasant in Contemporary China: The Political Economy of Village Government*, Berkeley: University of California Press.

Okawa, Kensaku(2013), "Land-centered Perspective: A New Way of Looking at Tibetan Traditional Society", In *Current Issues and Progress in Tibetan Studies: Proceedings of the Third International Seminar of Young Tibetologists*, edited by Tsuguhito Takeuchi et al. Kobe: Kobe City University of Foreign Studies.

Pepper, Suzanne(2000), *Radicalism and Education Reform in 20th-Century China: The Search for an Ideal Development Model*, Cambridge: Cambridge University Press.

Potter, Pitman B.(2003), *From Leninist Discipline to Socialist Legalism: Peng Zhen on Law and Political Authority in the PRC*, Stanford: Stanford University Press.

Scharping, Thomas(2003), *Birth Control in China 1949-2000: Population policy and demographic development*, London: Routledge Curzon.

Shakya, Tsering(1999), *The Dragon in the Land of Snow: A History of Modern Tibet since 1947*, New York: Columbia University Press.

Shambaugh, David ed.(2000), *The Modern Chinese State*, London: Cambridge University Press.

Shen, Zhihua and Li, Danhui(2011), *After Leaning to One Side: China and Its Allies in the Cold War*, Washington D.C.: Woodrow Wilson Center Press.

Shen, Zhihua and Xia, Yafeng(2015), *Mao and the Sino-Soviet Partnership*, 1945-1959: A New History, Lanham: Lexington Books.

Shue, Vivienne(1980), *Peasant China in Transition: The Dynamics of Development toward Socialism*, 1949-1956, Berkeley: University of California Press.

Stacey, Judith(1983), *Patriarchy and Socialist Revolution in China*, Berkeley: University of California Press.〔秋山洋子訳（1990）『フェミニズムは中国をどう見るか』勁草書房〕

Thogersen, Stig(2002), *A County of Culture: Twentieth Century China Seen from the Village Schools of Zouping*, Shandong, Ann Arbor, University of Michigan Press.

U, Eddy (2007), *Disorganizing China*, California: Stanford University Press.

Unger, Jonathan(1983), *Education Under Mao: Class and Competition in Canton Schools, 1960-1980*, New York: Columbia University Press.

White, Tyrene(2006), *China's Longest Campaign: Birth Planning in the People's Republic*, 1949-2005, Ithaka, N.Y.: Cornell University Press.

Whiting, Allen(1960), *China Crosses the Yalu: the Decision to Enter the Korean War*, New York: Macmillan.

Zhang, Shuguang(1992), *Deterrence and Strategic Culture: Chinese-American Confrontations, 1949-1958*, Ithaca and London: Cornell University Press.

――(1995), *Mao's Military Romanticism: China and the Korean War, 1950-1953*, Lawrence: University Press of Kansas.

Zhang, Xiaoming(2003), *Red Wings Over Yalu*, Texas: A&M University Press.

§ 史料

【新聞・雑誌】

〈中国語〉

『安徽日報』†（第2章）

『雲南日報』†（第2章・第7章）

『炎黄春秋』（第4章）

『改革与開放』（第6章）

『外交評論：外交学院学報』（第6章）

『解放軍報』†（第1章・第2章・第5章）

『解放日報』†（第1章・第2章）

『科学通報』†（第10章）

『学術月刊』†（第1章）

『華東政法学報』（第1章・第4章）

『華北団訊』（第10章）

『河北日報』†（第3章・第9章）

『河北農村』（第9章）

『河北文学』第11章）

『観察』†（第1章）

『甘孜報（Dkar mdzes gsar 'gyur）』†（第7章）

『甘粛日報』†（第7章）

『甘南報（Kan lho gsar 'gyur）』†（第7章）

『求是』（第2章）†

『教育工作』†（第10章）

『教学与研究』†（第1章）

『金陵協和神学誌』（第10章）

『金陵神学誌』†（第10章）

『金陵神学文選』（第10章）

『群衆』†（第3章）

『検察工作通訊』（第4章）

『現代国際関係』（第6章）

『現代婦女』（第12章）

『紅旗』†（第1章・第2章）

『杭州日報』†（第2章）

『江西文芸』（第11章）

『江蘇教育』†（第10章）

『高等教育』（第10章）

『高等教育通訊』（第10章）

『抗日戦争研究』†（第6章）

『合肥晩報』（第2章）

『光明日報』†（第1章・第2章・第4章）

『国際安全研究』（第6章）

『国際観察』（第6章）

『国際人材交流』（第6章）

『国際政治研究』（第6章）

『国際展望：和平月刊』†（第6章）

『国際問題研究』†（第6章）

『国際論壇』（第6章）

『黒龍江日報』†（第2章）

『済南日報』†（第2章）

『四川日報』†（第7章）

『司法工作通訊』（第4章）

『上海教育』†（第10章）

『上海文学』†（第11章）

『縦横』†（第3章）

『収穫』†（第11章）

『自由陣線』†（第1章）

『自由中国』†（第1章）

『新華月報』†（第1章・第2章・第3章）

『新華社新聞稿』†（第2章）

『新華日報』†（第2章）

『新観察』†（第1章、第11章）

『新教育』（第10章）

『新疆日報』†（第2章）

『新建設』†（第1章）

『秦皇島日報』（第9章）

『新中国婦女』（第12章）

『新文学史料』†（第11章）

『新聞簡訊（*Gsar 'gyur mdor bsdus*）』（第7章）

『人民教育』†（第10章）

『人民検察』†（第4章）

『人民司法』（第4章）

『人民政協報』†（第3章）

『人民日報』†（第1章・第2章）

『人民文学』†（第11章）

『瀋陽日報』†（第2章）

『青海日報』†（第7章）

『西蔵日報（*Bod ljongs nyin re'i tshags par*）』†（第2章、第7章）

『政法研究』†（第1章・第4章）

『西北婦女』（第12章）

『世界経済与政治』（第6章）

『世界知識』†（第10章）

『石家荘日報』†（第2章・第3章）

『浙江日報』†（第2章）

『陝西日報』†（第2章）

『蘇南教育通訊』（第10章）

『蘇南文教月刊』（第10章）

『大公報』†（第1章）

『大衆日報』†（第2章）

『中央政法公報』†（第4章）

『中共党史研究』†（第2章・第3章）

『中国外交』†（第6章）

『中国外交概覧』†（第6章）

『中国現代文学研究叢刊』†（第11章）

『中国青年』†（第10章）

『中国青年報』†（第10章）

『中国農報』†（第9章）

『中国婦女』（第12章）

『中国林業』†（第9章）

『中南政法学院学報』（第1章）

『長江文芸』†（第11章）

『鄭州日報』†（第2章）

『天津日報』†（第2章）

『天津婦女』（第12章）

『天風』†（第10章）

『統計工作』†（第9章）

『統計工作通訊』†（第9章）

『唐山労動日報』†（第9章）

『党史研究資料』†（第3章）

『党史資料』（第2章）

『当代亜太』（第6章）

『当代世界』（第6章）

『当代中国史研究』†（第2章）

『当代文学研究叢刊』（第11章）

『党的文献』†（第2章・第3章）

『東北亜論壇』（第6章）

『東北教育』（第10章）

『東北婦女』（第12章）

『内蒙古日報』†（第2章）

『南京日報』†（第2章）

『南昌日報』（第2章）

『南方日報』†（第2章）

『日本学刊』†（第6章）

『日本学論壇』（第6章）

『日本研究』†（第6章）

『日本問題研究』†（第6章）

『農村工作通訊』†（第9章）

『農村宣伝員』（第9章）

『八一雑誌』（第5章）

『盤古』（第1章）

『秘書工作』（第6章）

『百年潮』†（第2章・第4章）

『岷江報』†（第7章）

『武漢大学人文科学学報』†（第1章）

『復旦国際研究評論』（第6章）

『婦女工作』（第12章）

『文学評論』†（第11章）

『文芸報』†（第11章）

『文訊』†（第11章）

『文匯報』上海版†・香港版†（第1章）

『北京婦女』（第12章）

『北京文学』†（第11章）

『法学』†（第1章・第4章）

『民主評論』†（第1章）

『明報』（第1章）

『聯合評論』†（第1章）

『労働婦女』（第12章）

〈チベット語〉

Mtsho sngon bod yig gsar 'gyur（『青海蔵文報』）（第7章）

Yul phyogs so so'i gsar 'gyur me long（*Tibet Mirror*）（第7章）

〈英語〉

China Weekly（Monthly Review）†（第1章）

【史料集】

〈日本語・中国語〉

秋吉久紀夫（1979）『近代中国文学運動の研究』九州大学出版会†（第11章）

──編（1969、1970、1971）『中国での文学運動の展開資料』中国文学評論社、1969†（第11章）

──編（1976）『江西蘇区文学運動資料集』東洋文化研究所附属東洋学研究情報センター／影印版1979†（第11章）

アジア局第二課編（1954）『第1期全国人民代表大会第1次会議重要文献』アジア局第2課†（第3章）

阿部幸夫・松井博光編（1988）『中国現代文学研究の深化と現状：日本における中国文学（現代／当代）研究文献目録（1977～1986）』東方書店†（第11章）

韋央（1951）『土地改革問題講話』労働出版社（第9章）

石川梅次郎監修（1979）『中国文学研究文献要覧：1945～1977』戦後編、日外アソシエーツ†（第11章）

于光遠ほか（1955）『論半社会主義的農業生産合作社的産品分配』財政経済出版社（第9章）

内山完造・斎藤秋男（1953）『中国の子どもと教師』明治図書†（第10章）

延安市婦女運動志編纂委員会編（2001）『延安市婦女運動志』陝西人民出版社†（第12章）

袁運開・王鉄仙編（2001）『華東師範大学校史：1951～2001』華東師範大学出版社†（第10章）

閻マリア（1955）『嵐の中の大学：中共女子学生の手記』生活社†〔Yen,Maria（1954）, *The Umbrella Gorden*, New York：Macmillan〕†（第10章）

王亜志（2009）『彭徳懐軍事参謀的回憶：1950年代中蘇軍事関係見証』復旦大学出版社（第5章）

王威編（2008）『撥乱反正』内蒙古巻、中共党史出版社（第2章）

王焔編（1998）『彭徳懐年譜』人民出版社†（第5章）
王学珍ほか編（2002）『北京高等教育文献資料選編』首都師範大学出版社（第10章）
王稼祥選集編輯組（1989）『王稼祥選集』人民出版社†（第6章）
王興平ほか編（1985）『曹禺研究専集』上下、海峡文芸出版社（第11章）
王嗣均編（1987）『中国人口』中国財政経済出版社†（第12章）
王樹声伝編写組（2004）『王樹声伝』当代中国出版社／第2版2007（第5章）
王泰平（2004）『外交官特派員の回想：あのころの日本と中国』日本僑報社（第6章）
──（2010）『風月同天：話説中日関係』世界知識出版社（第6章）
──（2010）「田中総理訪中前の周総理の対日アプローチ」石井明・朱建栄・添谷芳秀・林暁光編『記録と考証：日中国交正常化・日中平和友好条約締結交渉』岩波書店†（第6章）
──（2012）『王泰平文存：中日建交前後在東京』社会科学文献出版社〔福岡愛子訳（2012）『「日中国交回復」日記：外交部の「特派員」が見た日本』勉誠出版〕（第6章）
王萍ほか編（1996）『謝覚哉論民主与法制』法律出版社（第4章）
王夢初編（2008）『"大躍進"親歴記』人民出版社（第9章）
汪木蘭ほか編（1985）『蘇区文芸運動資料』上海文芸出版社†（第11章）
王瑤（1951、1953）『中国新文学史稿』上下、開明書店（上巻初版）・新文芸出版社（上巻第2版、下巻初版）〔實藤惠秀・千田九一ほか訳（1955～1956）『現代中国文学講義』全5巻、河出書房〕†（第11章）
王麗瑛編（1993）『北京衛生史料婦幼衛生編：1949～1990』北京科学技術出版社（第12章）
奥野信太郎ほか編（1954～1958）『現代中国文学全集』全15巻、河出書房（第11章）
小野忍ほか編（1962～1963）『中国現代文学選集』全20巻、平凡社†（第11章）
──ほか編（1970～1971）『現代中国文学』全12巻、河出書房新社†（第11章）
艾永明・陸錦璧編（2005）『楊兆龍法学文集』法律出版社（第4章）
夏衍（1985）『懶尋旧夢録』生活・読書・新知三聯書店／増補版2000〔阿部幸夫編訳（1987）『日本回憶：夏衍自伝』東方書店、同（1989）『上海に燃ゆ：夏衍自伝』東方書店†、同（1988）『ペンと戦争：夏衍自伝』、同（2015）『上海解放：夏衍自伝終章』東方書店〕（第11章）
何勤華編（2010）『中国法学家訪談録』第1巻、北京大学出版社（第4章）
郝時遠編（1999）『田野調査実録：民族調査回憶』社会科学文献出版社†（第7章）
郭沫若（1984）『郭沫若専集』全2巻、四川人民出版社（第11章）
郭沫若・周揚・茅盾他、中国文学芸術研究会訳（1954）『文学・芸術の繁栄のために：

中国文学・芸術工作者第2回代表大会報告集』駿台社†（第11章）
華東軍政委員会土地改革委員会編（1952）『福建省農村調査』出版社不明†（第9章）
―――編（1952）『安徽省農村調査』出版社不明†（第9章）
華東師範大学（1983）『中華人民共和国建国以来高等教育重要文献選編』華東師範大学（第10章）
華東師範大学中国当代史研究中心編（2009）『河北冀県門荘公社門荘大隊檔案』東方出版中心（第9章）
―――（2011）『門家荘大隊工作檔案』東方出版中心（第9章）
―――（2011）『花嶺大隊表格』東方出版中心（第9章）
―――編（2009）『中国当代民間史料集刊：門家荘大隊工作檔案』第1冊、東方出版中心（第12章）
何東昌編（1998～）『中華人民共和国重要教育文献』海南出版社（第10章）
河南省人民政府教育庁（1950）『史地教学』河南省人民政府教育庁（第10章）
河南人民出版社編（1954）『怎様在小学校中進行労動教育』河南人民出版社（第10章）
夏風（1953）『1953年新編：小学教師手冊』文化出版社（第10章）
何方（2011）『何方自述』明報出版社〔内部出版〕（第6章）
河北省地方志編纂委員会編（1993）『河北省志』第60巻、河北人民出版社（第3章）
―――編（1993）『河北省志』第61巻、人民出版社（第3章）
河北省檔案館編（1990）『河北土地改革檔案史料選編』河北人民出版社（第9章）
華北人民政府教育部教科書編審委員会編（1950）『小学教育典型経験介紹』新華書店†（第10章）
華北人民政府民政部編（1949）『各級人民代表大会各界人民代表会議経験彙集』華北人民政府民政部（第3章）
賀龍伝編写組（1993）『賀龍伝』当代中国出版社†／第3版2015（第5章）
韓慶愈（2013）『留日70年』学苑出版社（第6章）
広東人民出版社編（1958）『人民公社問題解答』広東人民出版社（第9章）
魏宏運・三谷孝編（2012）『20世紀華北農村調査記録』全3巻、社会科学文献出版社†（第9章）
貴州農業合作史料編写委員会編（1987～1988）『貴州農村合作経済史料』貴州人民出版社†（第9章）
牛運清編（1990）『長編小説研究専集』上中下、山東大学出版社（第11章）
邱会作（2011）『邱会作回憶録』上下、新世紀出版社（第5章）
牛漢・鄧九平編（1998）『原上草』経済日報出版社†（第10章）

牛漢・鄧九平編（1998）『六月雪』経済日報出版社†（第10章）
牛漢・鄧九平編（1998）『荊棘路』経済日報出版社†（第10章）
教育部（1954～1958）『高等学校招生考試大綱』高等教育出版社†（第10章）
教育部計画財務司編（1985）『中国教育成就：統計資料』人民教育出版社†（第10章）
教育部辦公庁編（1953～1965？）『教育文献法令彙編』教育部辦公庁（第10章）
教育部辦公庁（1954～1957）『高等教育文献法令彙編』高等教育出版社（第10章）
行政院文化建設委員会（1996～）『台湾文学年鑑』（第11章）
共青団中央辦公庁（1958）『中国共産主義青年団第3届中央委員会第2次全体会議文件彙編』中国青年出版社†（第10章）
京都大学人文科学研究所（1980～1981）『毛沢東著作年表』上下、京都大学人文科学研究所†（第2章）
許覚民編（2000）『追尋林昭』長江文芸出版社（第10章）
――編（2000）『林昭：不再被遺忘』長江文芸出版社（第10章）
――（2006）『走近林昭』明報出版社†（第10章）
――（2008）『林昭之死』開放出版社（第10章）
――（2009）『祭壇上的聖女：林昭伝』秀威資訊（第10章）
曲愛国・曾凡祥（2003）『趙南起伝』人民出版社（第5章）
許世友（2005）『許世友上将回憶録』解放軍出版社（第5章）
近代中国文壇史研究会（1986）『中国近現代文学者伝記、回想書、中国近現代文学者年譜、著作目録等目録（日本語・中国語）』北海道大学文学部中国文学研究室（第11章）
金冲及編（2006）『朱徳伝（修訂本）』中央文献出版社（第5章）
金鉄寛ほか編（1993）『中華人民共和国教育大事記』山東教育出版社（第10章）
金炳鎬編（2006）『民族綱領政策文献選編：1921年7月～2005年5月』全2冊、中央民族大学出版社†（第7章）
久保亨・加島潤・木越義則（2016）『統計でみる中国近現代経済史』東京大学出版会†（第8章）
軍事科学院許世友軍事文選編輯組編（2013）『許世友軍事文選』軍事科学出版社（第5章）
軍事科学院譚政軍事文選編輯組編（2006）『譚政軍事文選』解放軍出版社（第5章）
軍事科学院劉伯承軍事文選編写組編（2012）『劉伯承軍事文選』全3巻、軍事科学出版社（第5章）
――編（2012）『劉伯承年譜』上下、軍事科学出版社（第5章）

研究文献・史料一覧

軍事科学院歴史研究部編（2000）『王樹声軍事文選』軍事科学出版社（第5章）
倪徴㠖（2015）『淡泊従容莅海牙』増補版、北京大学出版社（第4章）
公安部羅瑞卿論人民公安工作編輯組編（1994）『羅瑞卿論人民公安工作：1949〜1959』群衆出版社（第4章）
黄慰慈編（1993）『中国資本主義工商業的社会主義改造』広東巻、中共党史出版社†（第2章）
黄華（2007）『親歴与見聞：黄華回憶録』世界知識出版社（第6章）
洪学智（1991）『抗美援朝回憶』解放軍文芸出版社（第5章）
洪学智（2002）『洪学智回憶録』解放軍出版社†／第2版2007（第5章）
黄光学編（1993）『当代中国的民族工作』全2冊、当代中国出版社（第7章）
黄克誠（1994）『黄克誠自述』人民出版社／第2版2004（第3章・第5章）
〔黄克誠〕（2002）『黄克誠軍事文選』解放軍出版社（第5章）
黄克誠伝編写組（2012）『黄克誠伝』当代中国出版社（第5章）
黄山・孟平編（1950）『新小学教師手冊』上海春明書店（第10章）
──編（2002）『中国当代文学史・史料選』上下、長江文芸出版社（第11章）
洪子誠（1999）『中国当代文学史』北京大学出版社〔岩佐正暲・間ふさ子監訳（2013）『中国当代文学史』東方書店〕（第11章）
江西新華書店編（1949）『怎様召開各界人民代表会議』江西新華書店（第3章）
広西壮族自治区財政庁農税処編（出版年不明）『広西壮族自治区農業税収統計資料：1950〜1985』広西壮族自治区財政庁農税処（第9章）
黄道霞ほか編（1992）『建国以来農業合作化史料彙編』中共党史出版社（第9章）
高等教育部審定（1956）『中国史教学大綱』高等教育出版社†（第10章）
──編（1956）『中等専業教育法令彙編』高等教育出版社†（第10章）
江培柱（2013）『江培柱文存：対日外交台前幕年后的思考』社会科学文献出版社（第6章）
光明日報社編（1951）『土地改革与思想改造』光明日報社†（第9章）
黄瑶編（2002）『羅栄桓年譜』人民出版社†（第5章）
黄瑶・張明哲（1996）『羅瑞卿伝』当代中国出版社／第2版2007†（第5章）
侯楊方（2001）『中国人口史：1910年〜1953年』第6巻、復旦大学出版社†（第12章）
辜遠編（1951）『小学高年級：歴史参考資料』商務印書館（第10章）
呉学文（2002）『風雨陰晴：我所経歴的中日関係』世界知識出版社†（第6章）
胡喬木（1994）『胡喬木回憶毛沢東』人民出版社†（第3章）
──（2004）『回憶毛沢東』増訂本、人民出版社（第2章）

205

呉玉章(1978)『呉玉章回憶録』中国青年出版社†(第10章)

── (1987)『呉玉章文集』重慶出版社†(第10章)

国務院法制局・中華人民共和国法規彙編編輯委員会編 (1956〜1964)『中華人民共和国法規彙編』全13冊、法律出版社〔編者に異同あり〕†(第4章)

呉芝圃・李培南編(出版年不明)『中国土地問題』北京時代出版社(第9章)

呉梓明編(1995)『中国教会大学歴史文献研討会論文集』中文大学出版社†(第10章)

顧准(1997)『顧准日記』経済日報出版社†(第9章)

── (2002)『顧准日記』中国青年出版社†(第9章)

国家計委社会発展局編(1987)『高等学校卒業生分配工作文件彙編』知識出版社(第10章)

国家統計局編(1959)『偉大的10年:中華人民共和国経済和文化建設成就的統計』人民出版社†(第8章)

国家統計局人口司編(1988〜)『中国人口統計年鑑』中国展望出版社†(第12章)

国家統計局農村社会経済調査司(2006)『中国農業統計資料彙編:1949〜2004』中国統計出版社†(第9章)

国家統計局農村社会経済調査総隊編(2000)『新中国50年農業統計資料』中国統計出版社(第9章)

国家統計局農村抽様調査総隊編(1985)『各省、自治区、直轄市農民収入、消費調査研究資料彙編』中国統計出版社(第9章)

国家統計局貿易物資統計司・全国供銷合作総社理事会辦公室編(1989)『中国供銷合作社統計資料:1949〜1988』中国統計出版社†(第9章)

国家発展改革委価格司編(2003)『建国以来全国主要農産品成本収益資料彙編:1953〜1997』上下、中国物価出版社†(第9章)

胡風(1993)『胡風回憶録』人民文学出版社†(第11章)

── (南雲智監訳)(1997)『胡風回想録』論創社(第11章)

── (1999〜2014)『胡風全集』全11巻、湖北人民出版社†(第11章)

呉法憲(2006)『歳月艱難:呉法憲回憶録』上下、北星出版社(第5章)

湖北省中学、師範学校教材編輯委員会編(1958)『社会主義課学習文件彙編』湖北人民出版社(第10章)

小山三郎(2008)『台湾現代文学の考察:現代作家と政治』知泉書館(第11章)

柴成文・趙勇田(1987)『抗美援朝紀実』中共党史出版社(第5章)

蔡暢ほか、全国婦聯編(1988)『蔡暢、鄧穎超、康克清婦女解放運動文選』人民出版社†(第12章)

斎藤秋男・新島淳良編（1957）『毛沢東教育論』青木書店（第10章）
斎藤秋男・新島淳良・光岡玄編（1966）『続毛沢東教育論』青木書店（第10章）
作家出版社編輯部編（1955）『胡風文芸思想批判論文彙集』全6巻、作家出版社†（第11章）
山東大学中文系編（1960）『中国当代文学史』上、山東人民出版社（第11章）
史敬棠ほか編（1957～1959）『中国農業合作化運動史料』上下、生活・読書・新知三聯書店†（第9章）
史成礼（1988）『中国計画生育活動史』新彊人民出版社（第12章）
四川省政協文史資料委員会編（1996）『四川文史資料集粋』全6冊、四川人民出版社†（第7章）
四川省編輯組編（1985）『四川省阿壩蔵族社会歴史調査』四川省社会科学出版社†（第7章）
——編（1985）『四川省甘孜蔵族社会歴史調査』四川省社会科学出版社†（第7章）
師哲（1991）『在歴史巨人身辺：師哲回憶録』中央文献出版社†（第2章）
下村作次郎（1994）『文学で読む台湾』田畑書店†（第11章）
謝冕・洪子誠編（1995）『中国当代文学史料選：1948～1975』北京大学出版社（第11章）
上海衛生工作叢書編委会編（1986）『上海衛生：1949～1983』上海科学技術出版社（第12章）
上海衛生志編纂委員会編（1998）『上海衛生志』上海社会科学出版社（第12章）
上海市婦女聯合会上海社会科学院編（2010）『上海婦女60年発展報告』上海社会科学出版社（第12章）
上海聖約翰大学校史編纂委員会編（2009）『上海聖約翰大学：1879～1952』上海人民出版社（第10章）
上海婦女志編纂委員会編（2000）『上海婦女志』上海社会科学院出版社†（第12章）
従維熙（1989）『走向混沌：反右回憶録、労改隊紀事』作家出版社〔柴田清継訳（1992）『ある「右派」作家の回想』学生社〕†（第11章）
——（1998）『走向混沌：三部曲』中国社会科学出版社（第11章）
周恩来（1953）『在中国人民政治協商会議第1届全国委員会第4次会議上的政治報告』人民出版社†（第3章）
——（1954）『中華人民共和国第1届全国人民代表大会第1次会議関於政府工作報告的決議：1954年9月26日通過』人民出版社†（第3章）
——（1956）『政治報告：1956年1月30日、在中国人民政治協商会議第2届全国委員会第2次全体会議上』人民出版社†（第3章）

―― （1957）『政府工作報告：1957年6月26日在第1届全国人民代表大会第4次会議上』人民出版社†（第3章）

―― （1980）『周恩来選集』上下、人民出版社†（第2章・第3章）

―― （出版年不明）『周恩来総理兼外交部長的発言：在1955年7月30日的第1届全国人民代表大会第2次会議上』出版社不明†（第3章）

周恩来軍事活動紀事編写組編（2000）『周恩来軍事活動紀事：1918～1975』上下、中央文献出版社（第5章）

周均倫編（1999）『聶栄臻年譜』上下、人民出版社†（第5章）

周而復（1958）『上海的早晨』作家出版社†〔岡本隆三・伊藤敬一共訳（1959～60）『上海の朝』くろしお出版）†（第11章）

周振想・邵景春編（1990）『新中国法制建設40年要覧：1949～1988』群衆出版社†（第4章）

周斌（2013）『我為中国領導人当翻譯：見証中日外交秘辛』大山文化出版社（第6章）

周揚（1984）『周揚文集』全4巻、人民文学出版社†（第11章）

周立波（1981～1985）『周立波文集』全5巻、上海文芸出版社†（第11章）

朱向東編（2005）『世紀之交的中国人口』中国統計出版社（第12章）

朱徳（1983）『朱徳選集』人民出版社†（第2章）

聶栄臻（1983）『聶栄臻回憶録』解放軍出版社、1983／第4版2007†（第5章）

聶栄臻（1992）『聶栄臻軍事文選』解放軍出版社（第5章）

聶栄臻伝編写組（1994）『聶栄臻伝』当代中国出版社†／第3版2015†（第5章）

蕭華伝記組編（2015）『蕭華伝』解放軍出版社（第5章）

蕭迎憲・彭宏偉（2010）『蕭向栄伝』中央文献出版社（第5章）

蕭勁光（1989）『蕭勁光回憶録続集』解放軍出版社†／再版2013『蕭勁光回憶録』タイトル変更、当代中国出版社（第5章）

〔蕭勁光〕（2003）『蕭勁光軍事文選』解放軍出版社（第5章）

蕭勁光伝編写組（2011）『蕭勁光伝』当代中国出版社（第5章）

蕭乾（1988）『未帯地図的旅人：蕭乾回想録』香江出版社〔丸山昇ほか訳（1992～1993）『地図を持たない旅人』上下、花伝社〕（第11章）

蕭向前（1994）『為中日世代友好努力奮闘』江蘇人民出版社〔竹内実訳（1997）『中日国交回復の記録：永遠の隣国として』サイマル出版会〕†（第6章）

蕭克（1997）『蕭克回憶録』解放軍出版社（第5章）

蔣伯英（1986）『鄧子恢伝』上海人民出版社†（第9章）

徐向前（1984）『歴史的回顧』解放軍出版社／再版2007『徐向前回憶録』にタイトル

変更†（第5章）
── (1993)『徐向前軍事文選』解放軍出版社†（第5章）
徐向前伝編写組 (1991)『徐向前伝』当代中国出版社／第3版2015（第5章）
徐則浩編 (2001)『王稼祥年譜：1906〜1974』中央文献出版社†（第6章）
徐廼翔編 (1986)『文学の"民族形式"討論資料』広西人民出版社（第11章）
──ほか編 (1988)『中国現代文学作者筆名録』湖南文芸出版社†（第11章）
徐麗華ほか編 (2006)『中国少数民族旧期刊集成』全100冊、中華書局（第7章）
新華時事叢刊社編 (1949)『首都第1、第2届各界人民代表会議』新華時事叢刊社（第3章）
──編 (1950)『中国人民政治協商会議第1届全国委員会第2次会議』新華書店（第3章）
新華書店山東総分店編輯部編 (1950)『土地改革手冊』新華書店山東総分店†（第9章）
沈志華編 (2003)『朝鮮戦争：俄国檔案的解密文件』中央研究院近代史研究所（第5章）
──編 (2015)『俄羅斯解密檔案選編：中蘇関係』全12巻、東方出版中心†（第2章・第5章）
新中国法制研究史料通鑑編写組編 (2003)『新中国法制研究史料通鑑』全11冊、中国政法大学出版社（第4章）
人民出版社編 (1951)『中国人民政治協商会議第1届全国委員会第3次会議文件』華南人民出版社†（第3章）
──編 (1952)『人民民主政権建設工作』人民出版社／第3版1953†（第3章）
──編 (1953)『中国人民政治協商会議第1届全国委員会第4次会議文件』人民出版社（第3章）
──編 (1953)『武訓和「武訓伝」批判』人民出版社†（第10章）
──編 (1955)『中華人民共和国第1届全国人民代表大会第1次会議文件』人民出版社†（第3章）
──編 (1955)『中華人民共和国第1届全国人民代表大会第2次会議文件』人民出版社†（第3章）
──編 (1955)『中国人民政治協商会議第2届全国委員会第1次会議文件』人民出版社†（第3章）
──編 (1955)『中華人民共和国全国人民代表大会会議文件』人民出版社（第3章）
──編 (1956)『中華人民共和国第1届全国人民代表大会第3次会議文件』人民出版社（第3章）
──編 (1956〜1958)『中華人民共和国全国人民代表大会会議彙刊』人民出版社（第3章）

――編（1957）『中国人民政治協商会議第2届全国委員会第2次会議文件』人民出版社†（第3章）
――編（1957）『中国人民政治協商会議第2届全国委員会第3次会議文件』人民出版社†（第3章）
――編（1957）『中華人民共和国第1届全国人民代表大会第4次会議文件』人民出版社†（第3章）
――編（1958）『中華人民共和国第1届全国人民代表大会第5次会議文件』人民出版社†（第3章）
〔人民出版社〕編（1953）『貫徹婚姻法運動的重要文件』人民出版社†（第12章）
人民出版社編輯部編（1951）『土地改革重要文件彙集』人民出版社†（第9章）
人民日報出版社編（1959）『人民公社的強大生命力』人民日報出版社†（第9章）
人民日報編輯部編（1955）『関於胡風反革命集団的材料』人民日報出版社†（第11章）
人民文学出版社編（1960）『中国文学芸術工作者第3次代表大会文件』人民文学出版社†（第11章）
秦和平編（2008）『四川民族地区民主改革資料集』民族出版社（第7章）
青海省編輯組編（1985）『青海省蔵族蒙古族社会歴史調査』青海人民出版社†（第7章）
政協全国委員会辦公庁・中共中央文献研究室編（2009）『人民政協重要文献選編』全3冊、中国文史出版社・中央文献出版社（第3章）
西蔵自治区政協文史資料研究委員会編（1981～）『西蔵文史資料選輯』西蔵人民出版社〔チベット語版：Bod rang skyong ljongs chab gros lo rgyus rigs gnas dpyad gzhi'i rgyu cha u yon lhan khang, *Bod kyi lo rgyus rig gnas dpyad gzhi'i rgyu cha bdams bsgrigs*, Bod rjiong mi dmangs dpe skrun khang, 1982-〕〔漢語版・チベット語版ともに1988年以降は民族出版社から刊行〕（第7章）
――編（2007～2014）『西蔵文史資料選輯』全4冊、民族出版社（第7章）
西蔵自治区党史資料徴収委員会編（1995）『中共西蔵党史大事記：1949～1994』西蔵人民出版社†（第7章）
西蔵自治区党史辦公室編（1998）『周恩来与西蔵』中国蔵学出版社（第7章）
西蔵社会歴史調査資料叢刊編輯組編（1987～1988）『蔵族社会歴史調査』全6冊、西蔵人民出版社†（第7章）
西南区民主婦女工作委員会福利部（1952）『農村託児工作参攷資料』西南人民出版社†（第12章）
〔青年出版社〕編（1953）『論社会主義的愛情、婚姻和家庭』青年出版社†（第12章）
青年団西北工委宣伝部編（1951）『愛国主義学習資料』西北青年出版社（第10章）

世界知識出版社編（1955）『日本問題文件彙編』世界知識出版社†（第6章）
―――編（1958）『日本問題文件彙編』第2集、世界知識出版社†（第6章）
―――編（1962）『日本問題文件彙編』第3集、世界知識出版社†（第6章）
―――編（1963）『日本問題文件彙編』第4集、世界知識出版社†（第6章）
〔世界知識出版社〕編（1957）『中華人民共和国対外関係文件集：1949～1950』第1巻、世界知識出版社†（第6章）
〔世界知識出版社〕編（1958）『中華人民共和国対外関係文件集：1951～1953』第2巻、世界知識出版社†（第6章）
〔世界知識出版社〕編（1958）『中華人民共和国対外関係文件集：1954～1955』第3巻、世界知識出版社†（第6章）
〔世界知識出版社〕編（1958）『中華人民共和国対外関係文件集：1956～1957』第4巻、世界知識出版社†（第6章）
〔世界知識出版社〕編（1958）『中華人民共和国対外関係文件集：1958』第5巻、世界知識出版社†（第6章）
〔世界知識出版社〕編（1959）『中華人民共和国対外関係文件集：1959』第6巻、世界知識出版社†（第6章）
〔世界知識出版社〕編（1962）『中華人民共和国対外関係文件集：1960』第7巻、世界知識出版社†（第6章）
〔世界知識出版社〕編（1962）『中華人民共和国対外関係文件集：1961』第8巻、世界知識出版社†（第6章）
〔世界知識出版社〕編（1964）『中華人民共和国対外関係文件集：1962』第9巻、世界知識出版社†（第6章）
〔世界知識出版社〕編（1965）『中華人民共和国対外関係文件集：1963』第10巻、世界知識出版社†（第6章）
石鴎ほか編（2012）『中国近現代教科書史』湖南教育出版社†（第10章）
石家荘市人民代表大会常務委員会辦公室・石家荘市檔案館編（1986）『石家荘市人民代表大会第1～5届会議文献彙編』出版社不明（第3章）
石家荘市政協編（2007）『石家荘市政協志』中国文史出版社（第3章）
石光樹編（1987）『迎来曙光的盛会：新政治協商会議親歴記』中国文史出版社†（第3章）
銭輝・畢建林編（1992）『中華人民共和国法制大事記：1949～1990』吉林人民出版社（第4章）
全国人大常委会辦公庁秘書局編（1994）『全国人民代表大会及其常務委員会任免録』

中国民主法制出版社（第3章）

全国人大常委会辦公庁研究室編（1991）『中華人民共和国人民代表大会文献資料彙編：1949〜1990』中国民主法制出版社†（第3章）

――編（1992）『人民代表大会文献選編』中国民主法制出版社（第3章）

――編（2005）『全国人民代表大会及其常務委員会大事記：1954〜2004』中国民主法制出版社（第3章）

全国人民代表大会常務委員会辦公庁政法組、全国人民代表大会常務委員会法制委員会法律室編（1980）『制定或者批准的法律法令和其他文件目録：1949年9月〜1977年10月』群衆出版社†（第3章）

全国人民代表大会常務委員会法制工作委員会審定（2000）『中華人民共和国教育法規法律総覧：1949〜1999』法律出版社（第10章）

全国政協謝覚哉文集編輯辦公室編（1989）『謝覚哉文集』人民出版社†（第3章）

全国婦聯辦公庁編（1991）『中華全国婦女聯合会40年：1949〜1989』中国婦女出版社（第12章）

銭俊瑞（1998）『銭俊瑞文集』中国社会科学出版社（第10章）

銭理群（2012）『毛沢東時代和後毛沢東時代（1949〜2009）：別一種歴史書写』上下、聯経出版〔阿部幹雄ほか訳（2012）『毛沢東と中国：ある知識人による中華人民共和国史』上下、青土社〕（第11章）

宋永毅編（2002）『中国文化大革命数拠庫』香港中文大学中国研究中心（第2章）

――編（2010）『中国反右運動数拠庫：1957』香港中文大学†（第2章・第10章）

――編（2013）『中国大躍進：大飢荒数拠庫1959〜1964』香港中文大学中国研究中心（第2章）

――編（2014）『中国50年代初中期的政治運動資料庫：従土地改革到公私合営1949〜1956』美国哈仏大学費正清中国研究中心（第2章）

――編（2015）『反右絶密文件』全12巻、国史出版社（第2章）

――編（2015）『千名中国右派的処理結論和個人檔案』全6巻、国史出版社（第2章）

宋恩繁・黎家松編（1997）『中華人民共和国外交大事記：1949.10〜1956.12』第1巻、世界知識出版社†（第6章）

宋慶齢（1952）『為新中国奮闘』人民出版社†（第12章）

――（1967）『宋慶齢選集』中華書局†（第12章）

――（1992）『宋慶齢選集』上下、人民出版社†（第12章）

宋慶齢基金会・中国福利会編（1999）『宋慶齢書信集』上下、続集、人民出版社†（第12章）

研究文献・史料一覧

総参謀部賀龍伝編写組編（1989）『賀龍軍事文選』解放軍出版社†（第5章）
宋任窮（1996）『宋任窮回憶録続集』解放軍出版社、1996†／再版2007『宋任窮回憶録』にタイトル変更（第5章）
宋炳輝・張毅編（2009）『王蒙研究資料』上下、天津人民出版社（第11章）
粟裕伝編写組（2000）『粟裕伝』当代中国出版社／第3版2012（第5章）
孫玉蓉編（2001）『兪平伯年譜』天津人民出版社（第11章）
孫平化（1986）『中日友好随想録』世界知識出版社†〔安藤彦太郎訳（1987）『日本との30年：中日友好随想録』講談社〕（第6章）
── （1998）『我的履歴書』世界知識出版社†（第6章）
── （1998）『私の履歴書：中国と日本に橋を架けた男』日本経済新聞社†（第6章）
── （2009）『中日友好随想録：孫平化が記録する中日関係』遼寧人民出版社〔武吉次郎訳（2012）『中日友好随想録：孫平化が記録する中日関係』上下、日本経済新聞出版社〕（第6章）
孫立川・王順洪編（1991）『日本研究中国現当代文学論著索引：1919～1989』北京大学出版社（第11章）
戴伯韜（1985）『戴伯韜教育文選』人民教育出版社（第10章）
第四次文代会籌備起草組（1979）『60年文芸大事記：1919～1979』文化部文学芸術研究院理論政策研究室†（第11章）
大連市史志辦公室編（2004）『婦聯志』大連出版社（第12章）
台湾文学発展基金会編（2011～）『台湾現当代作家研究資料彙編』国立台湾文学館（第11章）
竹内実編（1992）『中国近現代論争年表：1895～1989』同朋舎出版†（第11章）
竹中憲一（1983）『中国文芸理論に関する文献解題・総目録：1949～1966』不二出版†（第11章）
中央教育科学研究所編（1983）『中華人民共和国教育大事記：1949～1982』教育科学出版社†（第10章）
──編（1984）『周恩来教育文選』教育科学出版社†（第10章）
──編（1986）『徐特立教育文集』人民教育出版社（第10章）
中央人民政府内務部編（1949）『各界人民代表会議文件彙集』出版社不明（第3章）
中央人民政府農業部編（1950）『華北典型村調査：1949年度』中央人民政府農業部（第9章）
中央人民政府法制委員会編（1952～1955）『中央人民政府法令彙編』全5冊、人民出版社／法律出版社†（第4章）

中央宣伝部辦公庁・中央檔案舘編研部編（1996）『中国共産党宣伝工作文献選編』学習出版社（第10章）
中央檔案館編（1989〜1992）『中共中央文件選集』全18冊、中共中央党校出版社†（第1章・第2章・第3章）
──編（2000）『共和国雛型：華北人民政府』西苑出版社†（第3章）
中央檔案館・河北省社会科学院・中共河北省委党史研究室編（1998）『晋察冀解放区歴史文献選編：1945〜1949』中国檔案出版社†（第3章）
中央檔案館・中国出版科学研究所編（1995〜）『中華人民共和国出版史料』中国書籍出版社†（第1章）
中央統戦部・中央檔案館編（1988）『中共中央解放戦争時期統一戦線文件選編』檔案出版社†（第3章）
中華人民共和国外交部外交研究室編（1993）『周恩来外交活動大事記：1949〜1975』世界知識出版社†（第6章）
中華人民共和国外交部・中共中央文献研究室編（1990）『周恩来外交文選』中央文献出版社（第6章）
──編（1994）『毛沢東外交文選』中央文献出版社・世界知識出版社†（第6章）
中華人民共和国国家経済貿易委員会編（2000）『中国工業50年』全20冊、中国経済出版社†（第8章）
中華人民共和国国家統計局工業司編（1958）『我国鋼鉄、電力、煤炭、機械、紡織、造紙工業の今昔』統計出版社†（第8章）
中華人民共和国国家農業委員会辦公庁編（1981）『農業集体化重要文献彙編』上下、中共中央党校出版社†（第9章）
中華人民共和国国家发展改革委政策研究室編（2005）『歴届全国人民代表大会計画報告彙編』中国計画出版社（第3章）
中華人民共和国司法部編（1987）『中華人民共和国司法行政歴史文件匯編：1950〜1985』法律出版社（第4章）
──編（1988）『中華人民共和国司法行政規章匯編：1949〜1985』法律出版社（第4章）
中華人民共和国全国婦女聯合会（1949）『中国婦女第1次全国代表大会』新民主出版社†（第12章）
──編（1958）『中国婦女第3次全国代表大会重要文献』中国婦女雑誌社†（第12章）
中華人民共和国全国婦女聯合会宣伝教育部（1960）『人民公社怎様積極辦好公共食堂』農業出版社†（第12章）
中華人民共和国第1届全国人民代表大会第3次会議秘書処編（1957）『中華人民共和国

第1届全国人民代表大会第3次会議彙刊』人民出版社†（第3章）
中華人民共和国第1届全国人民代表大会第2次会議秘書処編（1955）『中華人民共和国第1届全国人民代表大会第2次会議彙刊』人民出版社†（第3章）
中華人民共和国中央農業部計画司編（1952）『両年来的中国農村経済調査彙編』中華書局†（第9章）
中華人民共和国農業部計画司編（1989）『中国農村経済統計大全：1949～1986』農業出版社†（第9章）
中華人民共和国農業部土地利用総局編（1956）『農業生産合作社土地規画概要』財政経済出版社†（第9章）
中華人民共和国農業部農業機械管理局（1958）『中国農業機械化問題』河北人民出版社（第9章）
中華全国供銷合作社棉麻局・中国棉麻流通経済研究会編（2005）『中国棉花統計資料彙編：1949～2000』全4冊、中国統計出版社（第9章）
中華全国婦女聯合会婦女研究所・陝西省婦女聯合会研究室編（1991）『中国婦女統計資料：1949～1989』中国統計出版社（第12章）
中華全国婦聯会婦女運動歴史研究室編（1991）『中国婦女運動歴史資料：1949～1989』人民出版社†（第12章）
中華全国文学芸術工作者代表大会宣伝処編（1950）『中華全国文学芸術工作者代表大会紀念文集』新華書店†（第11章）
中華全国民主婦女聯合会（1952）『婦女児童福利工作経験』中華全国民主聯合会†（第12章）
中華全国民主婦女聯合会宣伝教育部（1953）『中国婦女運動的重要文件』人民出版社†（第12章）
中華全国民主婦女聯合会籌備委員会（1949）『中国解放区婦女運動文献』新華書店†（第12章）
中共河北省委組織部・中共河北省委党史資料徴集編審委員会・河北省檔案局編（1990）『河北省政権系統・地方軍事系統・統一戦線系統・群衆団体系統組織史資料：1949～1987』河北人民出版社†（第3章）
――編（1990）『中国共産党河北省組織史資料：1922～1987』河北人民出版社†（第3章）
中共広東省委農業辦公室編（1958）『辦好公共食堂』広東人民出版社（第9章）
中共広州市委員会宣伝部編（1951）『中国人民政治協商会議第1届全国委員会第3次会議文件彙集』中共広州市委員会宣伝部（第3章）

中共江蘇省委員会党史工作辦公室編（2006）『粟裕年譜』当代中国出版社／第2版 2014（第5章）
──ほか編（2003）『"三反"、"五反"運動』江蘇巻、中共党史出版社（第2章）
中共山西省黎城県委組織部ほか編（1993）『中国共産党山西省黎城県組織史資料：1937～1987』山西人民出版社（第2章）
中共珠江地委宣伝部編（出版年不明）『土改参考資料』出版社不明（第9章）
中共瀋陽市委党史研究室編（2000）『城市的接管与社会改造』瀋陽巻、遼寧人民出版社（第2章）
中共西蔵自治区委員会党史研究室編（2005）『中国共産党西蔵歴史大事記：1949～2004』全2冊、中共党史出版社（第7章）
中共石家荘市委組織部・中共石家荘市委党史研究室・石家荘市檔案局編（1990）『中国共産党河北省石家荘市組織史資料：1922～1987』河北人民出版社†（第3章）
中共石家荘市委党史研究室編（1997）『中国共産党石家荘歴史大事記記述』新華出版社（第3章）
中共石家荘市委党史研究室・石家荘市中共党史研究会編（1990）『黎明的石家荘』河北人民出版社（第3章）
中共石家荘地委組織部・中共石家荘地委党史資料徴集編審辦公室・石家荘地区檔案処編（1991）『中国共産党河北省石家荘地区組織史資料：1925～1987』河北人民出版社（第3章）
中共中央組織部・中共中央党史研究室・中央檔案館編（2000）『中国共産党組織史資料』附巻3、中共党史出版社（第2章・第3章）
中共中央統一戦線工作部・中共中央文献研究室編（1984）『周恩来統一戦線文選』人民出版社†（第2章・第3章）
中共中央党史研究室著・胡縄編（1991）『中国共産党的70年』中共党史出版社†（第2章）
中共中央党史研究室（2001）『中国共産党簡史』中共党史出版社（第2章）
──（2002）『中国共産党歴史・第1巻：1921～1949』上下、中共党史出版社†（第2章）
──（2010）『中国共産党歴史・第2巻：1949～1978』上下、中共党史出版社†（第2章）
──（2011）『中国共産党歴史大事記：1921.7～2011.6』人民出版社†（第2章）
──（2016）『中国共産党的90年』全3冊、中共党史出版社ほか（第2章）
中共中央統戦部編（1991）『民族問題文献彙編：1921.7～1949.9』中共中央党校出版社

†（第7章）

中共中央文献研究室編（1983）『毛沢東書信選集』人民出版社†（第3章）

――（1985）『関於建国以来党的若干歴史問題的決議注釈本』修訂版、人民出版社†（第2章）

――編（1987～1998）『建国以来毛沢東文稿』全13冊、中央文研出版社†（第1章・第2章・第3章）

――編（1992～1998）『建国以来重要文献選編』全20冊、中央文献出版社†（第1章・第2章・第3章・第4章）

――編（1993）『劉少奇論新中国経済建設』中央文献出版社†（第3章）

――編（1993）『周恩来経済文選』中央文献出版社（第3章）

――編（1993）『朱徳伝』中央文献出版社†（第5章）

――編（1996）『劉少奇年譜：1898～1969』上下、中央文献出版社†（第2章・第3章）

――編（1997）『周恩来年譜：1949～1976』上中下、中央文献出版社†（第2章、第6章）

――編（1997）『周恩来軍事文選』全4巻、人民出版社（第2章・第5章）

――編（1998）『劉少奇年譜』修訂本、上下、中央文献出版社†（第3章）

――編（2000）『陳雲年譜：1905～1995』上中下、中央文献出版社†（第2章）

――編（2002）『毛沢東文芸論集』中央文献出版社（第2章）

――編（2002）『毛沢東年譜：1893～1949』上中下、中央文献出版社†（第2章・第3章、第6章）

――編（2005）『陳雲伝』上下、中央文献出版社†（第2章）

――編（2006）『朱徳年譜・新編本：1886～1976』上中下、中央文献出版社†（第2章・第5章）

――編（2008）『周恩来伝：1898～1976』上下、中央文献出版社†（第2章・第3章）

――編（2008）『劉少奇伝：1898～1969』上下、中央文献出版社†（第2章・第3章）

――編（2009）『鄧小平年譜：1904～1974』上中下、中央文献出版社†（第2章）

――編（2013）『毛沢東年譜：1949～1976』上中下、中央文献出版社†（第2章、第3章・第5章）

――編（2014）『鄧小平文集』全3巻、人民出版社（第5章）

中共中央文献研究室・軍事科学院編（1993）『毛沢東軍事文集』全6巻、中央文献出版社・軍事科学出版社†（第5章）

――編（1997）『朱徳軍事文選』解放軍出版社（第5章）

――編（1997）『葉剣英軍事文選』解放軍出版社（第5章）

――編（2004）『鄧小平軍事文集』全3巻、軍事科学出版社・中央文献出版社（第5章）
――編（2010）『建国以来毛沢東軍事文稿』全3巻、軍事科学出版社・中央文献出版社（第2章・第5章）
――ほか編（1983）『毛沢東新聞工作文選』新華出版社†（第2章）
中共中央文献研究室・中央檔案館編（2005〜2008）『建国以来劉少奇文稿』全7冊、中央文献出版社†（第1章、第2章、第3章、第6章）
――編（2008）『建国以来周恩来文稿』全3冊、中央文献出版社†（第1章・第2章・第3章、第6章）
――編（2013）『中共中央文件選集：1949年10月〜1966年5月』全50冊、人民出版社†（第1章・第2章・第3章・第4章）
中共中央文献研究室・中共西蔵自治区委員会編（2005）『西蔵工作文献選編』中央文献出版社（第7章）
中共中央文献研究室・中共西蔵自治区委員会・中国蔵学研究中心編（2008）『毛沢東西蔵工作』中央文献出版社・中国蔵学出版社（第7章）
中共中央文献研究室第二部編（2002）『劉少奇自述』解放軍文芸出版社（第3章）
中共中央文献編輯委員会編（1991）『彭真文選：1941〜1990年』人民出版社（第4章）
中共中央辦公庁（1956）『中国農村的社会主義高潮』上中下、人民出版社†（第9章）
中共党史人物研究会ほか編（1980〜）『中共党史人物伝』全89巻、陝西人民出版社†（第2章）
中共内蒙古自治区委党史研究室編（2001）『中国共産党与少数民族地区的民主改革和社会主義改造』上下、中共党史出版社（第2章）
中国科学院経済研究所編（1957）『国民経済恢復時期農業生産合作社資料彙編：1949〜1952年』上下、科学出版社†（第9章）
中国科学院図書情報工作35年編委会編（1985）『中国科学院図書情報工作35年』中国科学院図書館（第10章）
中国科学院文学研究所編写組（1963）『10年来的新中国文学』作家出版社†（第11章）
中国教育工会全国委員会（1951）『中国教育工会工作者手冊』工人出版社（第10章）
中国教育年鑑編集部編（1984）『中国教育年鑑：1949〜1981』中国大百科全書出版社†（第10章）
――編（1986）『中国教育年鑑（地方教育）：1949〜1984』湖南教育出版社†（第10章）
中国共産主義青年団（1964）『中国共産主義青年団章程』中国青年出版社（第10章）
中国共産主義青年団中央委員会辦公庁編（1955〜1958？）『団的文件彙編』中国共産主義青年団中央委員会辦公庁†（第10章）

中国共産党甘粛省委員会農村工作部編(1954)『甘粛省土地改革文集』党内文件†（第9章）
中国共産党貴州省委員会辦公庁編(1960)『人民公社万歳：貴州省人民公社調査』貴州人民出版社†（第9章）
中国共産党中央華南分局宣伝部編(1950)『第1届政治協商会議第2次主要文件集』新華書店†（第3章）
中国供銷合作社史料叢書編輯室編(1990)『中国供銷合作社史料選編』中国財政経済出版社†（第9章）
〔中国基督教三自愛国運動委員会〕編(2006)『中国基督教三自愛国運動文選：1950～1992』中国基督教三自愛国運動委員会（第10章）
中国軍事博物館編(1994)『毛沢東軍事活動紀事：1893～1976』解放軍出版社†（第5章）
中国研究所編(1955～)『中国年鑑』†（第11章）
中国作家協会編(1956)『中国作家協会第2次理事会会議（拡大）報告発言集』人民文学出版社†（第11章）
中国社会科学院経済研究所・中央檔案館(1898～2011)『中華人民共和国経済檔案資料』中国城市経済出版社ほか†（第8章）
中国社会科学院文学研究所中国文学研究年鑑編輯委員会編(1981～)『中国文学研究年鑑』中国社会科学出版社〔1991～1992年版から『中国文学年鑑』に書名変更〕†（第11章）
中国新文学大系編輯委員会編(1997)『中国新文学大系：1949～1976』全20集、上海文芸出版社（第11章）
中国人民解放軍高級将領伝編審委員会・中共党史人物研究会編(2007～2013)『中国人民解放軍高級将領伝』全40巻、解放軍出版社（第2章・第5章）
中国人民解放軍歴史資料叢書編審委員会編(1996)『解放戦争時期国民党軍起義投誠：川黔滇康藏地区』解放軍出版社（第2章）
———編(2002)『中国人民解放軍組織沿革』全2冊、解放軍出版社（第2章）
———編(2006)『剿匪闘争：中南地区』解放軍出版社（第2章）
中国人民銀行陝西省分行編(1958)『渭南和朝邑両県農村金融工作経験彙編』金融出版社†（第9章）
中国新民主主義青年団西北工作委員会宣伝部・西北人民出版社編輯部共編(1953)『婚姻自主：故事集』西北人民出版社†（第12章）
中国新民主主義青年団中央委員会少年児童部編(1955)『為少年先鋒隊工作的蓬勃開

展而闘争』中国青年出版社（第10章）

中国人民政協辞典編委会編（1990）『中国人民政協辞典』中共中央党校出版社†（第3章）

中国人民政治協商会議雲南省委員会文史資料研究委員会編（1962）『雲南文史資料選輯』雲南人民出版社（第7章）

中国人民政治協商会議河北省石家荘市委員会文史資料委員会編（1994）『人民城市的曙光：石家荘解放初政権建設紀実』中国人民政治協商会議河北省石家荘市委員会文史資料委員会（第3章）

中国人民政治協商会議甘粛省委員会文史資料研究委員会編（1981）『甘粛文史資料選輯』甘粛人民出版社（第7章）

中国人民政治協商会議四川省委員会編（1962）『四川文史資料選輯』四川省省志編輯委員会（第7章）

中国人民政治協商会議四川省甘孜蔵族自治州委員会編（1982～）『四川省甘孜蔵族自治州文史資料選輯』中国人民政治協商会議四川省甘孜蔵族自治州委員会（第7章）

中国人民政治協商会議青海省委員会文史資料研究委員会編（1963）『青海文史資料選輯』青海人民出版社（第7章）

中国人民政治協商会議全国委員会編（1950）『中国人民政治協商会議第1回全国委員会第2次会議主要文献集』民主新聞社†（第3章）

中国人民政治協商会議全国委員会研究室・中共中央文献研究室第4編研部編（1997）『老一代革命家論人民政協』中央文献出版社（第3章）

中国人民政治協商会議全国委員会秘書処編（1951）『土地改革参考資料選輯』五十年代出版社†（第9章）

――編（出版年不明）『中国人民政治協商会議第2届全国委員会第3次会議彙刊』出版社不明（第3章）

――編（出版年不明）『中国人民政治協商会議第3届全国委員会第1次会議彙刊』出版社不明（第3章）

――編（出版年不明）『中国人民政治協商会議第3届全国委員会第2次会議彙刊』出版社不明（第3章）

中国人民政治協商会議全国委員会文史資料研究委員会編（1984）『五星紅旗従這里昇起：中国人民政治協商会議誕生記事曁資料選編』文史資料出版社†（第3章）

中国人民政治協商会議全国委員会辦公庁編（1951）『中国人民政治協商会議全国委員会会議文件』人民出版社（第3章）

中国人民大学編（1958）『高等学校右派言論選編』中国人民大学（第10章）

中国人民大学法律系審判法教研室編（1958）『北京市司法界右派分子是怎様進行反党破壊活動的』中国人民大学出版社†（第4章）
中国人民大学法律系内部編（1982）『中華人民共和国婚姻法資料選編』第1冊、中国人民大学法律系内部印刷（第12章）
中国政治法律学会資料室編（1957）『政法界右派分子謬論彙集』法律出版社（第4章）
――編（1958）『為保衛社会主義法制而闘争：政法界反右派闘争論文集』法律出版社（第1章）
〔中国青年出版社〕編（1958）『論又紅又専』中国青年出版社†（第10章）
中国第二歴史檔案館・中国蔵学研究中心編（2009～）『中国第二歴史檔案館所存西蔵和蔵事檔案彙編』中国蔵学出版社（第7章）
中国農村慣行調査刊行会編（1952～1958）『中国農村慣行調査』全6巻、岩波書店†（第9章）
中国婦女管理幹部学院編（1988）『中国婦女運動文献資料彙編：1949～1983』第2冊、中国婦女出版社（第12章）
中国文学芸術界聯合会編（1953）『中国文学芸術工作者第2次代表大会資料』中国文学芸術界聯合会（第11章）
中国文学芸術研究会訳（1954）『郭沫若・周揚・茅盾、他：文学・芸術の繁栄のために（中国文学・芸術工作者第2回代表大会報告集）』駿台社†（第11章）
中国文学研究年鑑編輯委員会編（1981～）『中国文学研究年鑑』中国文芸聯合出版公司〔1991～1992年版から『中国文学年鑑』に改称〕†（第11章）
中国民主促進会中央宣伝部編（1985）『馬叙倫政論文選』文史資料出版社†（第10章）
中国民主同盟中央委員会編（2001）『中国民主同盟60年：1941～2001』群言出版社†（第1章）
――編（2012）『中国民主同盟歴史文献：1941～1949』中国社会科学出版社（第1章）
中国民主同盟中央文史委員会編（1991）『中国民主同盟歴史文献：1949～1988』上下、文物出版社†（第1章）
中国民主同盟中央文史資料委員会編（1983）『中国民主同盟歴史文献：1941～1949』文史資料出版社†（第1章）
中国民主同盟南方総支部宣伝委員会編（1952）『知識分子的思想改造問題』人間書屋†（第1章）
中南軍政委員会土地改革委員会編（1951）『土地改革重要文献与経験彙編』中南軍政委員会土地改革委員会†（第9章）
――編（1953）『中南区100個郷調査統計表』内部資料†（第9章）

221

中南軍政委員会土地改革委員会宣伝処編（1951）『土地改革試点資料』中南人民出版社（第9章）

〔中文学者図書公司〕編（1995）『建国初期天主教、基督教在中国大陸参考資料』中文学者図書公司（第10章）

中文出版物服務中心編（1995〜）『中共重要歴史文献資料彙編』〔中文出版物服務中心〕†（第1章・第4章）

趙尉青編（1953）『1953新編：高中投考指南』恵林出版社（第10章）

張雲逸伝編写組（2012）『張雲逸伝』当代中国出版社（第5章）

張何（1955）『什麼是人民代表大会制度』湖北人民出版社†（第3章）

張暁（1997）『西江苗族婦女口述史研究』貴州人民出版社（第12章）

張奚若（1989）『張奚若教育文集』清華大学出版社（第10章）

張健編（2012）『中国当代文学編年史』全10巻、山東文芸出版社（第11章）

張香山（1998）『中日関係管窺与見証』当代世界出版社†〔鈴木英司訳（2002）『日中関係の管見と見証』三和書籍〕†（第6章）

——（2000）『回首東瀛』中共党史出版社（第6章）

張思編（2012）『20世紀華北農村調査記録』第4巻、社会科学文献出版社†（第9章）

張思之口述・孫国棟整理（2014）『行者思之』牛津大学出版社（第4章）

趙樹理（1955）『三里湾』通俗讀物出版社†〔岡崎俊夫訳（1957）『三里湾』新潮社〕（第11章）

——（2006）『趙樹理全集』全6巻、大衆文芸出版社（第11章）

張辛欣・桑曄（1986）『北京人：一百の普通人的自述』上海文芸出版社†（第12章）

張宗遜（1990）『張宗遜回憶録』解放軍出版社／第2版2008（第5章）

張忠棟ほか編（1999〜2002）『現代中国自由主義資料選編』全9冊、唐山出版社（第1章）

趙南起（2009）『我們見証真相：抗美援朝戦争親歴者如是説』解放軍出版社（第5章）

張明編（1992）『武訓研究資料大全』山東大学出版社†（第11章）

陳郁（1958）『広東省人民委員会工作報告』広東省第2届人民代表大会第1次会議秘書処（第3章）

陳雨晨編（1973）『毛共政権最高学術領導中心：「中国科学院」』中華民国国際関係研究所†（第10章）

陳雲（1995）『陳雲文選』全3巻、人民出版社†（第2章）

陳毅（1996）『陳毅軍事文選』解放軍出版社（第5章）

陳毅伝編写組（1991）『陳毅伝』当代中国出版社／第3版2015†（第5章）

陳賡軍事文選編写組編（2007）『陳賡軍事文選』解放軍出版社（第5章）
陳賡伝編写組（2003）『陳賡伝』当代中国出版社（第5章）
陳康芬（2012）『断裂与生成：台湾50年代的反共／戦闘文芸』国立台湾文学館（第11章）
陳勝利、安斯利・寇爾（1992）『中国各省生育率手冊：1940〜1990』中国人口出版社（第12章）
陳思和編（1999）『中国当代文学史教程』復旦大学出版社（第11章）
陳平原ほか編（1989、1997）『20世紀中国小説理論資料』全5巻、北京大学出版社（第11章）
陳芳明（2011）『台湾新文学史』聯経出版〔下村作次郎ほか訳（2015）『台湾新文学史』上下、東方書店〕（第11章）
陳明光編（1996）『中国衛生法規史料選編：1912〜1949.9』上海医科大学出版社（第12章）
通渭県志編纂委員会編（1990）『通渭県志』蘭州大学出版社†（第2章）
程郁・朱易安（2013）『上海職業婦女口述史：1949年以前就業的群体』広西師範大学出版社（第12章）
定宜庄（1999）『最後的記憶：16位旗人婦女的口述歴史』中国広播電視出版社（第12章）
程玉鳳ほか編（2000〜2004）『戦後台湾民主運動史料彙編』全12冊、国史館（第1章）
鄭万鵬（2000）『中国当代文学史』北京語言文化大学出版社〔中山時子ほか翻訳監修（2002）『中国当代文学史』白帝社〕（第11章）
丁民（2010）「中日平和友好条約締結交渉のいきさつ」石井明・朱建栄・添谷芳秀・林暁光編『記録と考証：日中国交正常化・日中平和友好条約締結交渉』岩波書店†（第6章）
丁玲（2001）『丁玲全集』全12巻、河北人民出版社（第11章）
田東平（1996）『中国教育書録』北京師範大学出版社†（第10章）
鄧穎超（1994）『鄧穎超文集』人民出版社†（第12章）
唐家璇（加藤千洋監訳）（2011）『勁雨煦風：唐家璇外交回顧録』岩波書店（第6章）
陶希晋（1988）『新中国法制建設』南開大学出版社（第4章）
唐金海ほか編（1983）『茅盾専集』上下、福建人民出版社†（第11章）
唐沅ほか編（1988）『中国現代文学期刊目録彙編』上下、天津人民出版社†（第11章）
鄧子恢（1996）『鄧子恢文集』人民出版社†（第9章）
――（2007）『鄧子恢自述』人民出版社（第9章）
陶駟駒編（1996）『新中国第一任公安部長：羅瑞卿』群衆出版社†（第4章）
鄧小平（1993）『鄧小平文選』全3巻、人民出版社†（第2章）

当代中国研究所編（2004〜2014）『中華人民共和国史編年』1949〜1962年巻、当代中国出版社†（第2章）

当代中国叢書教育巻編輯室編（1986）『当代中国高等師範教育資料選』華東師範大学（第10章）

当代中国叢書編輯部編（1984〜1996）『当代中国』中国社会科学出版社ほか†（第5章・第8章）

──編（1986）『当代中国的衛生事業』全2冊、中国社会科学出版社（第12章）

当代中国的計画生育事業編輯委員会編（1992）『当代中国的計画生育事業』当代中国出版社（第12章）

董必武選集編輯組編（1985）『董必武選集』人民出版社†（第3章）

董必武伝撰写組編（2006）『董必武伝：1886〜1997』全2冊、中央文献出版社（第3章、第4章）

董必武年譜編纂組編（2007）『董必武年譜』中央文献出版社（第4章）

董必武文集編輯組編（1986）『董必武政治法律文集』法律出版社†（第4章）

東北行政委員会財政局農業税処編（1954）『東北区農業税徴収統計資料：1952〜1953』東北行政委員会財政局農業税処（第9章）

東北人民政府司法部宣伝科（1951）『婚姻法宣伝手冊』東北人民出版†（第12章）

杜潤生（2005）『杜潤生自述：中国農村体制変革重大決策紀実』人民出版社〔白石和良ほか訳（2011）『中国農村改革の父杜潤生自述：集団農業から家族経営による発展へ』農山漁村文化協会〕（第9章）

富坂キリスト教センター編（2008）『原典現代中国キリスト教資料集』新教出版社（第10章）

内閣官房内閣調査室編集（1957）『中共：人民内部の矛盾と整風運動』大蔵省印刷局†（第11章）

内政部調査局編（1955）『共匪怎様運用「政治協商会議」』台湾政治大学国際研究中心所蔵（第3章）

──編（1954）『共匪的基層選挙』台湾政治大学国際研究中心所蔵（第3章）

内蒙古自治区人民代表大会常務委員会辦公庁編（1988）『内蒙古自治区人民代表大会資料選編：1954.7〜1988.1』出版社不明（第3章）

日本国際問題研究所中国部会編（1963〜1971）『新中国資料集成』全5巻、日本国際問題研究所†（第1章、第2章）

──編（1973〜1974）『中国大躍進政策の展開』上下、日本国際問題研究所†（第1章、第2章）

——編（1970〜1975）『中国共産党史資料集』全12巻、勁草書房†（第2章）

農業出版社編（1959）『人民公社万歳』農業出版社†（第9章）

梅志（1987）『往事如煙：胡風沈冤録』生活・読書・新知三聯書店（第11章）

馬学強・王海良編（2015）『密勒氏評論報総目与研究』上海書店出版社（第1章）

巴金（1981）『巴金専集』全2巻、江蘇人民出版社†（第11章）

薄一波（1992）『薄一波文選：1937〜1992』人民出版社†（第2章）

——（1993）『若干重大決策与事件的回顧』上下、中共中央党史出版社／修正版1997、人民出版社†（第2章・第3章）

馬社香（2012）『農村合作化運動始末：百名親歴者口述実録』当代中国出版社（第9章）

馬叙倫（1958）『馬叙倫学術論文集』学術出版社†（第10章）

——（1983）『我在60歳以前』三聯書店†（第10章）

——（2012）『馬叙倫自述』中国大百科全書出版社（第10章）

番愚人民公社出版社編（1958）『番愚人民公社試行簡章』番愚人民公社出版社†（第9章）

潘光旦・全慰天（1952）『蘇南土地改革訪問記』生活・読書・新知三聯書店†（第9章）

范明（2009）『西蔵内部之争』明鏡出版社（第7章）

万里（1995）『万里文選』人民出版社†（第2章）

樋口進・秋吉久紀夫編（1964〜1968）『近代中国文学を理解するための試論』全4巻、中国文学評論社†（第11章）

費孝通（小島晋治ほか訳）（1985）『中国農村の細密画：ある村の記録1936〜82』研文出版†（第9章）

馮英楊（1987）『回憶楊秀峰』河北教育出版社（第10章）

馮剛ほか編（2010）『中華人民共和国学校徳育編年史』中国人民大学出版社（第10章）

馮雪峰（1981〜1985）『雪峰文集』全4巻、人民文学出版社†（第11章）

復旦大学中文系趙樹理研究資料編輯組編（1981）『趙樹理専集』福建人民出版社†（第11章）

復旦大学百年記事編纂委員会編（2005）『復旦大学百年記事：1905〜2005』復旦大学出版社（第10章）

福地いま（1954）『私は中国の地主だった』岩波書店†（第9章）

武衡編（1992）『当代中国的科学研究事業』当代中国出版社（第10章）

傅光明ほか編（1992）『蕭乾研究専集』華芸出版社（第11章）

藤井省三監修（2010）『中国文学研究文献要覧：近現代文学　1978〜2008』日外アソシエーツ（第11章）

福建師範学院中文系中国現代文学教研組資料室編（1961）『中国現代文学作家作品評論資料索引』出版社不明／影印版1967†（第11章）
福建人民出版社編（1958）『河南地区辦人民公社的経験』福建人民出版社†（第9章）
──編（1958）『怎様辦人民公社』福建人民出版社†（第9章）
巫嶺芬編（1990）『夏衍研究専集』上下、浙江文芸出版社（第11章）
文化部辦公庁編（1958）『文化工作重要文件選編』文化部辦公庁（第10章）
文振庭編（1987）『文芸大衆化問題討論資料』上海文芸出版社（第11章）
北京市人大常委会辦公庁・北京市檔案館編（1996）『北京市人民代表大会文件資料彙編：1949～1993』北京出版社（第3章）
北京市人民委員会辦公庁編（1956）『北京市第1届人民代表大会第4次会議彙刊』出版社不明（第3章）
北京市檔案館・中共北京市委員会党史研究室編（2001～2007）『北京市重要文献選編』全17冊、中国檔案出版社†（第4章）
北京師範大学中文系現代文学教学改革小組編（1959）『中国現代文学史参考資料』全3巻、高等教育出版社／影印版1968、大安†（第11章）
北京出版社編（1957）『首都高等学校反右派闘争的巨大勝利』北京出版社†（第10章）
北京政法学院民法研究室編（1957）『中華人民共和国農業生産合作社法参考資料彙編』上下、法律出版社（第9章）
北京地方志編纂委員会編（2007）『北京志・人民団体巻・婦女組織志』北京出版社（第12章）
北京中小学教学参考資料編集委員会（1955）『初級中学課本衛生常識：教学参考資料』第1分冊、北京大衆出版社（第10章）
鮑俠影・陶瑞予ほか（1949）『農村辦学経験』生活・読書・新知三聯書店（第10章）
彭真（1991）『彭真文選：1941～1990』人民出版社（第2章）
彭真生平思想研究編輯組編（2008）『彭真生平思想研究』中央文献出版社（第4章）
彭真伝編写組編（2012）『彭真伝』全4冊、中央文献出版社†（第4章）
──編（2012）『彭真年譜：1902～1997』全5冊、中央文献出版社†（第4章）
彭瑞金（1991）『台湾新文学運動40年』自立晩報社〔中島利郎ほか訳（2005）『台湾新文学運動40年』東方書店〕（第11章）
彭徳懐（1981）『彭徳懐自述』人民出版社†（第5章）
彭徳懐伝記組（2009）『彭徳懐全伝』全4巻、中国大百科全書出版社（第5章）
彭徳懐伝編写組（1993）『彭徳懐伝』当代中国出版社／第3版2015†（第5章）
──編（1988）『彭徳懐軍事文選』中央文献出版社†（第5章）

彭珮雲編（1997）『中国計画生育全書』中国人口出版社（第12章）
房文斎（2012）『昨夜西風凋碧樹：中国人民大学反右運動親歴記』秀威資訊（第10章）
マックファーカーほか編（徳田教之ほか訳）（1992〜1993）『毛沢東の秘められた講話』上下、岩波書店〔MacFarquar, Roderick et all ed. (1989), *The Secret Speeches of Chairman Mao,* The Council on East Asian Studies, Harvard University〕（第2章）
丸山昇編（1969）『周揚著訳論文・周揚批判文献目録』第4輯、東洋文化研究所附属東洋学研究情報センター†（第11章）
三谷孝編（1993）『農民が語る中国現代史』内山書店†（第9章）
──編（1999）『中国農村変革と家族・村落・国家：華北農村調査の記録』全2巻、汲古書院†（第9章）
蒙蔵委員会編訳室（2005〜2007）『蒙蔵委員会駐蔵辦事処檔案選編』全14冊、蒙蔵委員会†（第7章）
毛沢東（1952〜1960）『毛沢東選集』全4巻、人民出版社†（第2章・第3章）
──（1958）『毛沢東同志論教育工作』人民教育出版社†（第10章）
──（1974〜1975）（東京大学近代中国史研究会訳）『毛沢東思想万歳』三一書房†（第2章）
──（1977）『毛沢東選集』第5巻、人民出版社†（第2章・第3章）
──（1991）『毛沢東選集』第2版全4巻、人民出版社†（第2章）
──（1993〜1997）『毛沢東文集』全7巻、人民出版社†（第2章・第3章）
──（出版年不明）『毛主席文選』出版社不明†（第2章）
毛沢東文献資料研究会編、竹内実監修（1970〜1972）『毛沢東集』全10巻、北望社／第2版1983、蒼蒼社†（第2章）
孟繁華・程光煒（2011）『中国当代文学発展史』修訂版、北京大学出版社（第11章）
森住和弘（1995）『50年の変遷：孫平化氏に聞く』今日中国出版社†（第6章）
文部省調査局（1956）『中華人民共和国教育法令：解説と正文』桜書房†（第10章）
友聯研究所編（1965）『中華人民共和国政治社会関係資料』友聯研究所†（第10章）
俞建平ほか（1986）『建国以来法制建設記事』河北人民出版社（第4章）
楊海英編（2009〜）『内モンゴル自治区の文化大革命：モンゴル人ジェノサイドに関する基礎資料』風響社（第2章）
葉剣英（1996）『葉剣英選集』人民出版社†（第2章）
葉剣英伝編写組（1995）『葉剣英伝』当代中国出版社／第3版2015†（第5章）
楊秀峰（1987）『楊秀峰教育文集』北京師範大学出版社†（第10章）

楊振亜（2007）『出使東瀛』上海辞書出版社・漢語大詞典出版社（第6章）
葉石濤（1987）『台湾文学史綱』文学界雑誌社〔中島利郎ほか訳（2000）『台湾文学史』研文出版〕（第11章）
〔楊成武〕（2014）『楊成武文集』全3巻、解放軍出版社（第5章）
葉飛（2007）『葉飛回憶録』解放軍出版社†（第5章）
楊沫（1958）『青春之歌』作家出版社〔島田政雄ほか訳（1960）『青春の歌』至誠堂〕†（第11章）
楊立三文集編輯組編（2004）『楊立三文集』上下、金盾出版社（第5章）
淶源県地方志編纂委員会編（1998）『淶源県志』新華出版社†（第2章）
羅栄桓（1997）『羅栄桓軍事文選』解放軍出版社（第5章）
羅栄桓伝編写組（1991）『羅栄桓伝』当代中国出版社／第4版2015†（第5章）
羅瑞卿（2006）『羅瑞卿軍事文選』当代中国出版社（第5章）
蘭州大学図書館編（1957）『文芸資料索引：1949～1954』第1輯、甘粛人民出版社†（第11章）
——編（1957）『文芸資料索引：1955』第2輯、甘粛人民出版社†（第11章）
李維漢（1986）『回憶与研究』全2冊、中共党史資料出版社†（第2章、第3章）
李鋭（1989）『廬山会議実録』春秋出版社・湖南教育出版社†（第2章）
——（1996）『「大躍進」親歴記』上海遼東出版社†（第9章）
李海文・王燕玲編（2002）『世紀対話：憶新中国法制奠基人彭真』群衆出版社（第4章）
李輝（1989）『胡風集団冤案始末』人民日報出版社〔千野拓政・平井博訳（1996）『囚われた文学者たち：毛沢東と胡風事件』上下、岩波書店〕（第11章）
李玉琦編（2010）『中国共青団史稿：1922～2008』中国青年出版社（第10章）
陸定一（1992）『陸定一文集』人民文学出版社†（第11章）
李広田ほか（1951）『我們参観土地改革以後』五十年代出版社（第9章）
李向東・王増如編（2006）『丁玲年譜長編』上下、天津人民出版社（第11章）
李作鵬（2011）『李作鵬回憶録』上下、北星出版社（第5章）
李小江編（2003）『譲女人自己説話：親歴戦争』生活・読書・新知三聯書店（第12章）
李小江編（2003）『譲女人自己説話：独立的歴程』生活・読書・新知三聯書店（第12章）
李小江編（2003）『譲女人自己説話：文化尋綜』生活・読書・新知三聯書店（第12章）
李小江編（2003）『譲女人自己説話：民族叙事』生活・読書・新知三聯書店（第12章）
李仁柳（1953）『農業合作社的発展路向』中華書局†（第9章）
李青・陳文斌・林祉成編（1991～1992）『中国資本主義工商業的社会主義改造』全34巻、中共党史出版社†（第9章）

李先念（1989）『李先念文選：1935～1988』人民出版社†（第2章）
李先念伝編写組編（2011）『建国以来李先念文稿』全4冊、中央文献出版社†（第2章）
李達軍事文選編写組編（1993）『李達軍事文選』解放軍出版社（第5章）
李稲（2000）『中華留学教育史録：1949年以後』高等教育出版社（第10章）
李文海編（2005）『民国時期社会調査叢編』郷村社会巻、福建教育出版社†（第9章）
劉継賢編（2007）『葉剣英年譜』上下、中央文献出版社（第5章）
劉光編（1990）『新中国高等教育大事記』東北師範大学出版社†（第10章）
劉俊南（横澤泰夫訳）（1991）『毛沢東側近回想録』新潮社†（第2章）
劉少奇（1981、1985）『劉少奇選集』上下、人民出版社†（第2章）
柳青（2005）『柳青文集』全4巻、人民文学出版社（第11章）
劉徳有（1981）『在日本15年』生活・読書・新知三聯書店〔田島淳訳（1982）『日本探索15年』サイマル出版会〕（第6章）
――（1999）『時光之旅：我経歴的中日関係』商務印書館†〔王雅丹訳（2002）『時は流れて：日中関係秘史50年』上下、藤原書店〕（第6章）
劉伯承伝編写組（1992）『劉伯承伝』当代中国出版社／第3版2015（第5章）
劉賓雁（1989）『劉賓雁自伝』時報文化出版社／新光出版社版1990〔鈴木博訳（1991）『劉賓雁自伝』みすず書房〕†（第11章）
劉秉栄（2006）『賀龍全伝』全4巻、人民出版社（第5章）
廖承志文集編輯辦公室（1990）『廖承志文集』全2冊、三聯書店†（第6章）
遼寧省地方税務局（2005）『遼寧省農業税収統計資料彙編：1950～1983年』遼寧省地方税務局（第9章）
梁斌（1958）『紅旗譜』中国青年出版社〔松井博光訳（1961～1962）『燃え上がる大地：紅旗譜』至誠堂〕†（第11章）
林強（2007）『葉飛伝』上下、中央文献出版社（第5章）
――編（2001）『"大躍進運動"』福建巻、中共党史出版社（第2章）
林豆豆・劉樹発編（2012）『林彪軍事文選』中国文革歴史出版社（第5章）
黎家松編（2001）『中華人民共和国外交大事記：1957.1～1964.12』第2巻、世界知識出版社†（第6章）
――編（2002）『中華人民共和国外交大事記：1965.1～1971.12』第3巻、世界知識出版社（第6章）
廉正保編（2003）『中華人民共和国外交大事記：1972.1～1978.12』第4巻、世界知識出版社†（第6章）
論新中国的政法工作編輯組編（1992）『論新中国的政法工作』中央文献出版社†（第

4章）

若林敬子・聶海松編（2012）『中国人口問題の年譜と統計：1949〜2012年』御茶の水書房（第12章）

〈英語〉

Ford, Robert W.（1957）, *Captured in Tibet*, London: G. Harrap & Co.†〔近藤等訳（1959）『赤いチベット』新潮社〕†（第7章）

Gyalo Thondup and Anne F. Thurston(2015), *The Noodle Maker of Kalimpong: The Untold Story of My Struggle for Tibet*, New York: Public Affairs.（第7章）

Goldstein, Melvyn C., Dawei Sherap, and Siebenschuh William R.,(2004), *A Tibetan Revolutionary: The Political Life and Times of Bapa Phüntso Wangye*, Berkley: University of California Press.（第7章）

Liu, Binyan(1990), *A Higher Kind of Loyalty: a memoir by China's foremost journalist*, New York: Pantheon Books.（第11章）

Sadutshang, Rinchen(2016), *A Life Unforeseen: A Memoir of Service to Tibet*, Somerville: Wisdom Publication.（第7章）

Taring, Rinchen Dolma（1970）, *Daughter of Tibet*, London: Murray.†〔三浦順子訳（1991）『チベットの娘』中央公論社〕（第7章）

Tashi Tsering, Goldstein, Melvyn C. and Siebenschuh William R.,(1997), *The Struggle for Modern Tibet: The Autobiography of Tashi Tsering*, New York: M.E. Sharpe.†（第7章）

The Fourteenth Dalai Lama(1962), *My Land and My People*, New York: Potala Corp.〔木村肥佐夫訳（2015）『新版・チベットわが祖国』中央公論新社〕†（第7章）

――(1990), *Freedom in Exile: The Autobiography of the Dalai Lama of Tibet*, London: Hodder and Stouthton.〔山際素男訳（2001）『ダライ・ラマ自伝』文藝春秋〕（第7章）

Thubten Jigme Norbu(1961), *Tibet Is My Country: The Autobiography of Thubten Jigme Norbu*, Brother of the Dalai Lama as told to Heinrich Harrer, New York: E. P. Dutton & Co., Inc.†（第7章）

Tsarong Dundul Namgyal(2000), *In the Service for his Country*, Ithaca: Snow Lion Publications.（第7章）

Yuthok, Dorje Yudon(1990), *House of the Turquoise Roof*, Ithaca: Snow Lion

Publications.（第7章）

〈チベット語〉

Mda' zur li thang dgra phrug ngag dbang(2006〜2008), *Li thang lo rgyus yig tshang phyogs sgrigs*(*Lithang Historical Records*), 4 Vols. Dhalamsala: Amnye Machen Institute.（第7章）

Stag lha phun tshogs bkra shis(1995), *Mi tshe'i byung ba brjod pa*, Dharamsala: Library of Tibetan Works and Archives.（第7章）

Tsha rong dbyangs can sgrol dkar(2014), *Bod kyi dmag spyi che ba tsha rong zla bzang zla 'dul*, Dehradun: Tsarong House.（第7章）

Tsong kha lha mo tshe ring(1992〜2008), *Btsan rgol rgyal skyob*(*Resistance*)6 vols., Dhalamsala: Amnye Machen Institute.（第7章）

〈その他〉

Ngag rgyun lo rgyus deb phreng(*Oral History Series*)(1996〜), Dharamsala: Library of Tibetan Works and Archives.（第7章）

編者不明（1949）『各界人民代表会』出版社不明（第3章）

あとがき

　現代中国を知るためには、その歴史、とくに現在の人民共和国がその容貌を整えてくる1950〜1960年代が鍵になる。そして歴史理解の基礎は、何よりも真実におかれなければならない。「はじめに」に書いたとおり、本書は、そうした思いをともにする研究者の共同作業としてまとめられた。

　本書の第1の特徴は、史料ハンドブックという副題が示すとおり、歴史の真実を探るための史料の紹介に多くのページを割いたことである。長い間ベールに包まれていたこの時代に関しても、近年、大量の史料が使えるようになった。本書にはそうした史料類の全容と所在、利用法などが記されている。

　第2に、網羅する分野の多様性も、本書の特徴の一つとして挙げなければならない。現代中国研究の最前線で活躍する多数の研究者の協力を得て、当初の構想をはるかに上回る多彩な内容となった。

　第3に、これが最も重要なことかもしれないが、内外の様々な情報を利用することができ、学問の自由が保障された日本における現代中国研究の優位性を遺憾なく発揮したことである。対象が現代中国である以上、現代中国にはたくさんの情報がある。しかし、その大部分は、中国国内の研究者ですら、自由に利用することができない。本書はそうした制約を超えたところで誕生した。

　本書は、人間文化研究機構「現代中国地域研究」東洋文庫拠点第2期研究計画（2012〜2016年度）で組織された「1950年代史資料研究班」の成果を基礎としている。収集した史料そのものの検討にも重点をおいたこの研究班は、東洋文庫の研究員である中村元哉、大澤肇、久保亨の3名が世話人となり、

王雪萍、河野正、杜崎群傑、吉見崇らの中堅・若手研究者らとともに、次の2点を意識しながら史料の検討を重ねてきた。

　1点目は、1950年代の中国は、良くも悪くも、現在の中国を方向づけた重要な10年間だった、という意識である。現在の中国は、人民共和国の成立から約70年の時を経て、政治面でも経済面でも大国化したが、現在の繁栄の裏側にある様々な問題を紐解いていくと、その制度的要因が1950年代にまでさかのぼれることも少なくはない。したがって、これらの制度的要因がどのように形成されたのかを知ることは、現在の中国を観察し、その将来を見通す上で重要となってくる。

　2点目は、1950年代中国に関する研究が海外で、とりわけ中国、台湾、アメリカで活発になっている、という意識である。中国では華東師範大学の中国現代史研究センターや冷戦史研究センターが、台湾では中央研究院近代史研究所が、アメリカではウィルソンセンター、スタンフォード大学、ハーバード大学などが中心となって、1950年代中国史研究や冷戦史研究に関するプログラムが次々に準備され、研究者の交流が活発化した。そうした世界的な新たな研究潮流のなかで、日本の中国近現代史研究者はどのように研究を発展させるのかを問われることになった。

　とはいえ、当初のコアメンバーだけでは、カバーできる領域が限られていた。そのため、田中仁、山口信治、小林亮介、大川謙作、和田知久、小浜正子の諸氏にご協力を仰ぎ、最終的に本書のような構成となった。また、本書で扱った膨大な史料と参考文献の一覧は、河野の多大な労力を費やした成果でもある。関係各位には、この場を借りて深くお礼申し上げておきたい。

　万全を期して本書に取り組んだとはいえ、残された課題も多い。本書でカバーできなかった諸領域、とくに都市社会史、宗教史、チベット以外の少数民族史、映画・ラジオ・メディア史は、今後の発展が期待される重要な研究領域であることを指摘しておく。

　最後に、出版をご快諾下さった東方書店の川崎道雄氏には深く感謝したい。私たち3人の編者が見落としていた細部にまで、丁寧な確認作業をおこ

あとがき

なって下さった。本書が一人でも多くの方々に利用される良書となっているのであれば、それは川崎氏のご尽力によるものでもある。そうなっていることを願いつつ、筆を擱くことにしたい。

編者一同

執筆者一覧

編　者

中村　元哉（なかむら　もとや）
東京大学大学院博士課程修了、現在は津田塾大学学芸学部教授。専門：中国近現代政治史・思想史、東アジア国際関係論。主要業績：『戦後中国の憲政実施と言論の自由1945〜49』東京大学出版会、2003年、共編著『憲政と近現代中国――国家、社会、個人』現代人文社、2010年、共著『リベラリズムの中国』有志舎、2011年、など。

大澤　肇（おおさわ　はじめ）
東京大学大学院博士課程修了、現在は中部大学国際関係学部講師。専門：中国近現代教育史。主要業績：共編著『新史料からみる中国現代史――口述・電子化・地方文献』東方書店、2010年、共訳著『文革――南京大学14人の証言』築地書館、2009年、「中華人民共和国初期における学校教育と社会統合」『アジア研究』55巻1号、2009年など。

久保　亨（くぼ　とおる）
一橋大学大学院博士課程中退、現在は信州大学人文学部教授。専門：中国近現代史。主要業績：『シリーズ中国近現代史（4）　社会主義への挑戦』岩波書店、2011年、共著『現代中国の歴史：両岸三地100年のあゆみ』東京大学出版会、2008年、編『1949年前後の中国』汲古書院、2006年など。

執筆者

王　雪萍（おう　せつへい）
東洋大学社会学部准教授。専門：戦後日中関係史。主要業績：王雪萍編著『戦後日中関係と廖承志――中国の知日派と対日政策』慶應義塾大学出版会、2013年、共著『歴史問題ハンドブック』岩波書店、2015年。

大川　謙作（おおかわ　けんさく）
日本大学文理学部准教授。専門：チベット現代史、社会人類学。主要業績：「包摂の語りとその新展開――チベットをめぐる国民統合の諸問題」『史潮』第79号、2016年。

河野　正（こうの　ただし）
日本学術振興会特別研究員。専門：中国現代社会史。主要業績：「高級農業生産合作社の成立と瓦解――河北省を中心に」『史学雑誌』第124巻第4号、2015年。

小浜　正子（こはま　まさこ）
日本大学文理学部教授。専門：中国ジェンダー史、中国近現代社会史。主要業績：共

編著『現代中国のジェンダー・ポリティクス』勉誠出版、2016年、共編著『アジアの出産と家族計画——「産む・産まない・産めない」身体をめぐる政治』勉誠出版、2014年、共編著『歴史を読み替える—ジェンダーから見た世界史』大月書店、2014年。

小林　亮介（こばやし　りょうすけ）
ハーバード大学イェンチン研究所客員研究員。専門：近代チベット史。主要業績：「チベットの政治的地位とシムラ会議——翻訳概念の検討を中心に」岡本隆司編『宗主権の世界史——東西アジアの近代と翻訳概念』名古屋大学出版会、2014年。

田中　仁（たなか　ひとし）
大阪大学大学院法学研究科教授。専門：中国政治史、20世紀中国政治。主要業績：共編著『戦前期モンゴル語新聞『フフ・トグ(青旗)』データベースの構築・公開に向けて』大阪大学中国文化フォーラム、2016年、編『20世紀中国政治史の視角と方法——東洋文庫政治史資料研究班ワークショップの記録』大阪大学中国文化フォーラム，2014年、共編著『共進化する現代中国研究——地域研究の新たなプラットフォーム』大阪大学出版会、2012年。

杜崎　群傑（もりさき　ぐんけつ）
中央大学経済学部助教。専門：中国近現代政治史。主要業績：『中国共産党による「人民代表会議」制度の創成と政治過程——権力と正統性をめぐって』御茶の水書房、2015年。

山口　信治（やまぐち　しんじ）
防衛省防衛研究所地域研究部主任研究官。専門：中国政治、中国の安全保障、中国現代史。主要業績：「朝鮮戦争と中国の軍事工業——中華人民共和国建国初期における軍事工業建設計画1949～1953」『戦史研究年報』第17号、2014年。

吉見　崇（よしみ　たかし）
日本学術振興会特別研究員。専門：中国近現代政治史。主要業績：「中国国民党政権による検察改革：1938～1945年」『歴史学研究』第927号、2015年。

和田　知久（わだ　ともひさ）
中部大学国際関係学部准教授。専門：中国近現代文学。主要業績：「徐則臣「跑歩穿過中関村」を読む」『季刊中国』第104号、2011年。

現代中国の起源を探る　史料ハンドブック
2016年10月31日　初版第1刷発行

編　者●中村元哉・大澤肇・久保亨
発行者●山田真史
発行所●株式会社東方書店
　　　　東京都千代田区神田神保町1-3　〒101-0051
　　　　電話 03-3294-1001　営業電話 03-3937-0300
組　版●株式会社 三協美術
装　幀●堀　　博
印刷・製本●株式会社 シナノパブリッシングプレス

定価はカバーに表示してあります。

Ⓒ 2016　Motoya Nakamura, Hajime Osawa and Toru Kubo
ISBN978-4-497-21609-0 C1032　　　　　Printed in Japan

乱丁・落丁本はお取り替えいたします。恐れ入りますが直接小社までお送りください。
Ⓡ 本書を無断で複写複製（コピー）することは著作権法上での例外を除き禁じられています。本書をコピーされる場合は、事前に日本複製権センター（JRRC）の許諾を受けてください。JRRC (http://www.jrrc.or.jp　Eメール: info@jrrc.or.jp　電話: 03-3401-2382)
小社ホームページ〈中国・本の情報館〉で小社出版物のご案内をしております。　http://www.toho-shoten.co.jp/

東方書店出版案内

〈中国・本の情報館〉http://www.toho-shoten.co.jp/

新史料からみる中国現代史
口述・電子化・地方文献

高田幸男・大澤肇編著／1990年代以降の「下から」の視点による史料を使った新しい研究潮流を「口述」「電子化」「地方文献」の3つでとらえ、その活用と問題点などを史料学的観点から論述する。

A5判368頁◎本体3800円＋税 *978-4-497-21017-3*

上海解放　夏衍自伝・終章

夏衍／阿部幸夫編訳／1949年に香港から北京へ、さらに上海へと入り、文教工作に従事した頃のこと、文化・文芸界を震撼させた一大政治運動「武訓伝批判」の顛末などを綴る。巻末に260余名についての注釈「人物雑記」を収める。四六判240頁◎本体2500円＋税 *978-4-497-21506-2*

中国当代文学史

洪子誠著／岩佐昌暲・間ふさ子編訳／1949年から2000年までの中国の文学の動きを重要な作家、作品、文学運動、文学現象に基づき論述する。巻末に2012年までの年表と作家一覧、人名・事項索引などを附す。

A5判752頁◎本体7000円＋税 *978-4-497-21309-9*

台湾新文学史　上・下

陳芳明著／下村作次郎・野間信幸・三木直大・垂水千恵・池上貞子訳／複雑な政治経験をもつ台湾文学の軌跡をダイナミックに論述。「解説」「日本における台湾文学出版目録」「人名・事項・書名索引」を付す。

A5判480・568頁◎本体各4500円＋税 *978-4-497-21314-3/978-4-497-21315-0*